范加尔传

路易斯·范加尔的内心世界

［荷］雨果·博斯特 著
刘罡 于泽华 译

O,LOUIS:IN SEARCH OF LOUIS VAN GAAL
O,LOUIS ©2014 by HUGO BORST
Simplified Chinese language edition published in agreement with David Luxton Associates Ltd. through The Artemis Agency.

图书在版编目（CIP）数据

范加尔传：路易斯·范加尔的内心世界/（荷）雨果·博斯特著；刘罡，于泽华译. -- 北京：新世界出版社，2016.9

ISBN 978-7-5104-5929-0

Ⅰ.①范… Ⅱ.①雨… ②刘… ③于… Ⅲ.①路易斯·范加尔—传记 Ⅳ.①K835.635.47

中国版本图书馆CIP数据核字（2016）第206549号

范加尔传：路易斯·范加尔的内心世界

选题策划：	蒋　祥　邓东文
作　　者：	［荷］雨果·博斯特
译　　者：	刘罡　于泽华
责任编辑：	丁　鼎
责任校对：	宣　慧
责任印制：	李一鸣　高　金
出版发行：	新世界出版社
社　　址：	北京西城区百万庄大街24号（100037）
发行部：	（010）6899 5968　　（010）6899 8705（传真）
总编室：	（010）6899 5424　　（010）6832 6679（传真）
	http://www.nwp.cn
	http://www.nwp.com.cn
版权部：	+8610 6899 6306
版权部电子信箱：	nwpcd@sina.com
印　　刷：	北京旭丰源印刷技术有限公司
经　　销：	新华书店
开　　本：	710mm×1000mm　1/16
字　　数：	270千字　印张：18.5
版　　次：	2016年9月第1版　2016年9月第1次印刷
书　　号：	ISBN 978-7-5104-5929-0
定　　价：	59.80元

版权所有，侵权必究

凡购本社图书，如有缺页、倒页、脱页等印装错误，可随时退换。

客服电话：（010）6899 8638

请诸位读者与我一起踏上去往范加尔内心世界的奇妙旅途吧。——雨果·博斯特

1980年，效力于荷兰鹿特丹斯巴达队的路易斯·范加尔正在比赛。

年轻时的路易斯·范加尔。"看台上的球迷都能看到他那被撞得变形的鼻子。"

1995年5月25日,范加尔率领阿贾克斯队赢得欧冠冠军后返回荷兰,途中与机长合影。

2000年5月10日，欧冠半决赛中，愤怒的巴萨球迷打出横幅表示对巴萨主教练路易斯·范加尔的不满。范加尔于该年辞职。

2003年1月29日，巴萨高层启动弹劾程序，范加尔将再次对诺坎普球场说再见。

2004年6月16日，在欧锦赛D组另一场比赛中，德国队与荷兰队1∶1战平。路易斯·范加尔和球迷在一起。

2007年3月15日,欧洲联盟杯1/8决赛次回合,阿尔克马尔2∶0击败纽卡斯尔。

2009年7月1日,2009/2010赛季德甲开赛前,拜仁慕尼黑主教练范加尔召开新闻发布会。

2009/2010赛季的德甲即将拉开战幕，范加尔在训练场上向球员们展示中国武术。

2009年7月17日,拜仁慕尼黑训练备战,主教练路易斯·范加尔和球员克里斯蒂安·莱尔交谈。

2009年7月28日，拜仁慕尼黑拍摄全家福。

2009年12月12日,拜仁慕尼黑主教练范加尔参加德国电视节目。

2010年5月9日，德国慕尼黑，2009/2010赛季德甲联赛冠军拜仁慕尼黑举行庆祝仪式。

2010年5月23日，拜仁慕尼黑赢得德国杯冠军，路易斯·范加尔高举奖杯。

2010年7月21日，意大利特伦蒂诺，拜仁慕尼黑备战新赛季，范加尔不满球员表现大发雷霆。

2010年10月6日,慕尼黑,拜仁慕尼黑主教练路易斯·范加尔推广自己的新书。该书分为上下两大册,封装在红色的盒子里。

2011年12月7日,荷兰哈莱姆,克鲁伊夫与10名阿贾克斯教练一起对其他4名阿贾克斯董事会成员自作主张任命范加尔为阿贾克斯俱乐部总监采取法律诉讼,当天,法院开庭审理此案。

2013年11月12日,荷兰,2013年国际足球友谊赛赛前,荷兰队集结备战。

2013年国际足球友谊赛,荷兰队对阵哥伦比亚队。

2014年5月12日，荷兰，2014年巴西世界杯开赛前，荷兰队训练备战。

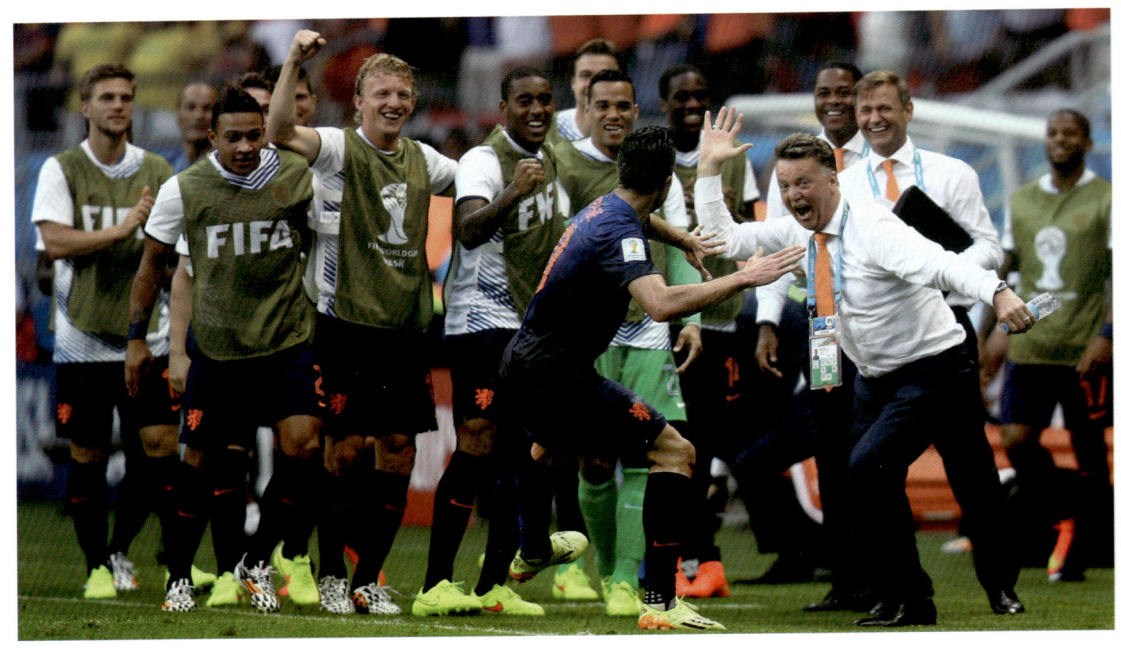

2014年6月13日，巴西萨尔瓦多新水源球场，2014年巴西世界杯小组赛B组，荷兰队5：1大胜西班牙队，范加尔高兴得与球员击掌庆祝。

2014年6月17日,巴西阿雷格里港,2014年巴西世界杯第6日,荷兰队训练备战并召开新闻发布会。

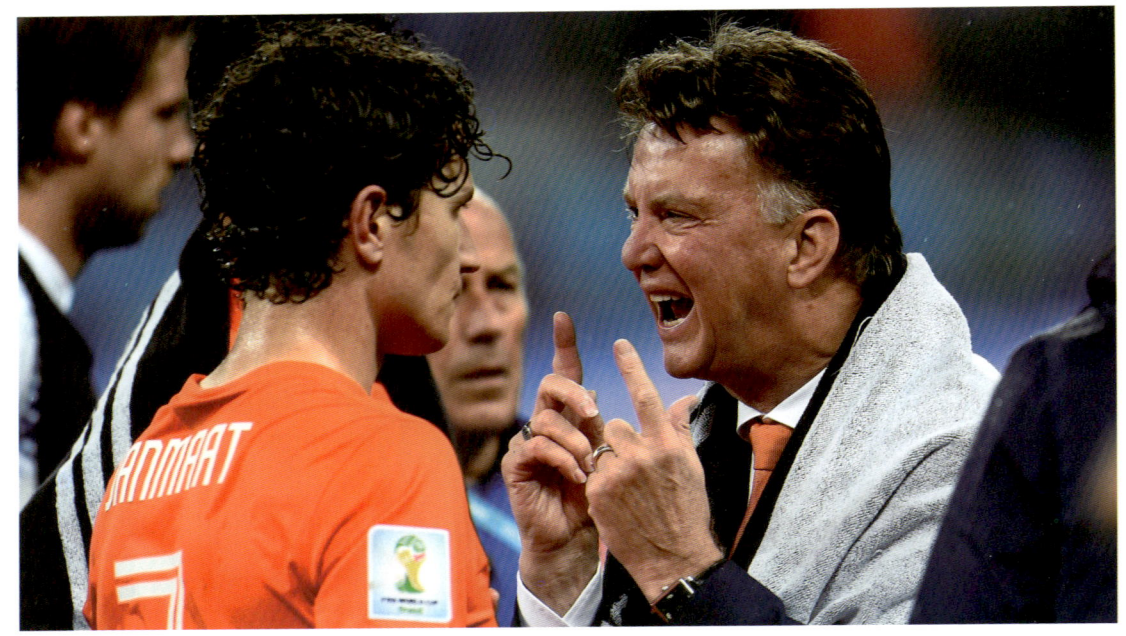

2014年7月9日,巴西圣保罗竞技场,2014年巴西世界杯半决赛,荷兰队点球2∶4不敌阿根廷队。

2014年7月12日,巴西巴西利亚国家体育场,荷兰队在2014年巴西世界杯三四名决赛中以3∶0击败东道主巴西队,从而获得季军。图为颁奖仪式上时任国际足联主席布拉特为范加尔颁发奖牌。

路易斯·范加尔和妻子特鲁斯。

2014年7月17日,英国曼彻斯特,2014/2015赛季英超开赛前,曼联主帅范加尔正式亮相。

虽然他已不再年轻,可他的眼神仍然很清澈,这是很吸引人的一点。——荷兰著名媒体人罗伯特·范德鲁尔

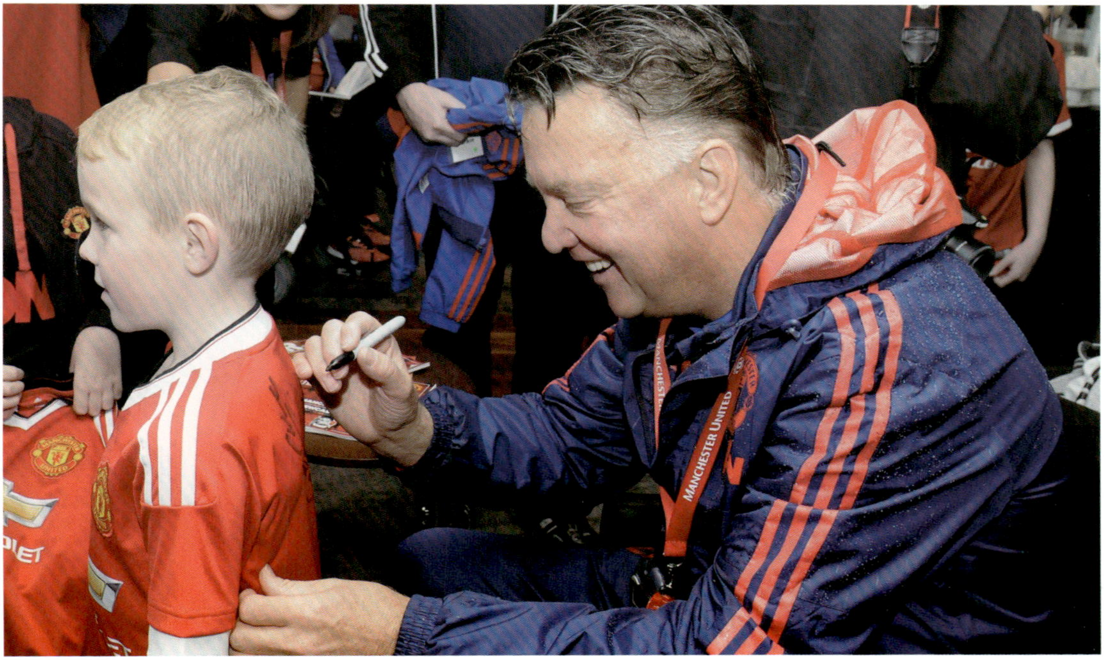

2015年9月21日,路易斯·范加尔亲切地给小球迷在衣服上签名。

2014年11月3日，曼城1∶0战胜曼联，克里斯·斯莫林被罚下后，韦恩·鲁尼和教练路易斯·范加尔交谈。

2014年11月27日,英国曼彻斯特,曼联主帅范加尔为老特拉福德球场圣诞树揭幕,一改往日严肃与孩子们合影。

2015年3月9日,英国曼彻斯特,2014/2015赛季足总杯第6轮,曼联1∶2不敌阿森纳,主教练路易斯·范加尔神色默然。

2015年9月30日，英国，2015/2016赛季欧冠小组赛，曼联2:1逆转沃尔夫斯堡。

2016年2月22日,被各家媒体团团围住的路易斯·范加尔。

谨以此书献给我的父亲亨克和我最亲爱的儿子查理。

新闻工作也是一种职业。

——路易斯·范加尔

前　言

***

1994年，新创刊的荷兰足球杂志《硬草皮》（Hard Gras）上刊登的一篇文章颠覆了我对体育文学的看法。这篇文章的主人公是伟大的荷兰前锋马尔科·范巴斯滕（Marco van Basten），但在文章中很少出现范巴斯滕本人的话语。向文章作者雨果·博斯特（Hugo Borst）讲述范巴斯滕光辉而短暂的职业生涯的人是范巴斯滕的父亲，他当时独自一人生活在范巴斯滕的故居。1992年，尼克·霍恩比（Nick Hornby）的《足球狂热》（Fever Pitch）告诉世人，足球世界发生的故事同样可以被写成一本好书。而现在，雨果·博斯特的佳作又告诉我们，球星传记也可以写得如此生动。雨果的视角十分独特，他将球星们当作一个个有血有肉的普通人去描写。他的作品向我们传达了这样一种信息：球星们也都来自一些平凡的家庭，只不过这些家庭受到了上天的眷顾。

从那时开始，我就对博斯特视角独特的文章格外留心。1995年，我在一次由《硬草皮》杂志主办的宴会上见到了雨果。我依然能够清晰地记起那个夜晚。那时，雨果还是一个谦逊甚至有些害羞的年轻记者。他来自鹿特丹，那是一个工业城市，几乎没出过什么文化名人。那天我们两人聊到很晚，我对他说他应该尝试写书。所以，假如我是路易斯·范加尔那样"沽名钓誉"的人，我会说我才是这本书的真正作者。

关注博斯特的并不止我一个人——几乎全荷兰的媒体都"盯上"他了。很快,这位害羞、谦逊的小伙子摇身一变,成了一个胡子拉碴、声名大噪的足球评论员。他出席的足球脱口秀节目有一大批忠实的观众。

雨果有很强的主见,除此之外,他在荷兰足球界的人脉也很广。相对英国来说,跟荷兰足球圈里的人攀上关系要更容易一些。这主要因为荷兰是一个更为民主的国家,即便是约翰·克鲁伊夫(Johan Cruyff)这样的名人也很随和——经常有人看见他在阿姆斯特丹骑自行车或吃炸薯条。但即便如此,像雨果这样交游广泛的记者还是很少。雨果如此神通广大有他本人的因素——他这个人比较有魅力,还有一个原因就是他从事这个行业为时已久。要知道年龄超过40岁的记者本就很少见,而雨果已经专注报道荷兰足球30年了。

雨果认识范加尔的时间甚至更长。20世纪70年代后期,当雨果还是个孩子的时候,他就已经每周末坐在鹿特丹斯巴达的体育场里,与父亲一起看球队踢球了。范加尔那时是鹿特丹斯巴达队中的绝对主力。他坐镇中场,试图为球队主导比赛。范加尔的技术很好,人很聪明,抢高空球时也足够强硬(不信你看他那扁平的鼻子),正如一位斯巴达队的球迷所说,范加尔在跑步时"就像顶着一把雨伞"。范加尔一直渴望能够代表荷兰国家队踢球,但他的梦想从未实现过。

范加尔当上教练时,雨果也刚刚成为一名记者。雨果曾经多次采访过范加尔,甚至一度跟他走得很近(正如雨果本人所说)。但很快,两个性格执拗的人惹恼了对方,最终闹翻了。在本书中,雨果·博斯特尝试用自己的视角去理解那个令人发疯的怪人——路易斯·范加尔。

这是一本不同寻常的书,与多数足球从业者流水账似的自传大相径庭。作者为范加尔的足球哲学所吸引,并用自己独特的笔触描绘了一个多元化的范加尔:他为许多继任者留下了宝贵的财富;他喜欢用第三人称来称呼自己;他会因为一些最平常不过的问题而对记者大加抨击;他与克鲁伊夫的嘴仗从未停息过,哪怕二者的足球理念一脉相承。借用一句《弗尔蒂旅馆》(*Fawlty Towers*)中的精神病学家对于弗尔蒂的评价来形容范加尔的复杂性:"我们大概要用整个会议去研究他的问题。"范加尔的确称得上是一位杰出的足球教练,他不断引发足球战术改革的浪潮,否则大家也不会对他如此感兴趣。

雨果是我见过的最为杰出的足球写手之一,马上,他的这本杰作就要被翻译成英文出版了。即便范加尔在曼联队一无所获,只要他的这段执教经历能让本书在红魔拥趸中得到推广,雨果也可以算是"功德无量"了。

西蒙·库珀(Simon Kuper)

写于 2014 年

序

***

咒　语

"去跟他握个手吧，雨果。"泰德（Ted）说道。

"去吧，雨果，你一定能做到的！"其他的队友们一边收拾自己的东西，一边开着玩笑。

我努力咧开自己的嘴角，露出一个僵硬的微笑，然后大踏步地离开球场。2008 年 4 月 13 日，鹿特丹。

我们的比赛结束了，现在我们这些踢野球的老家伙们要离开球场，把场地让给今晚的重头戏——鹿特丹精英队（Excelsior Rotterdam）对阵阿尔克马尔队（Alkmaar Zaanstreek）的比赛。还有半个小时比赛就要开始了。阿尔克马尔队的主帅路易斯·范加尔正站在球场边与精英队的主帅谈笑风生。

"勇敢点儿，雨果。你能做到的，老伙计。"

我的伙伴们不断地"怂恿"我。他们当然只是说着玩的。他们很清楚我和范加尔谁都不会主动跟对方握手的——但范加尔本该向我道歉。

这个浑蛋！他固执于自己的原则，占领着道德的高地，还经常标榜自己的诚信和正直。正直个啥啊！他明明知道他是错的。只要问问他的妻子，问问特鲁斯（Truus Opmeer），他就知道自己犯了错。想必到了那时，他还是不会道歉的。

"过去吧,雨果,走到他面前,对他伸出友谊之手,让他感到羞耻吧!"

除非有人拿枪指着我,否则我才不会这么做呢。

我的队友们还在取笑我。只有我最好的朋友和工作伙伴莱奥·维赫尔(Leo Verheul)没有吭声。他穿着并不合身的足球短裤,默默地站在一旁。只有他清楚我跟那个人之间的恩怨始末。

我只希望范加尔今天能够再次品尝失利的苦果。想必去年败给精英队的阴影仍然萦绕于他的心头,那场失利使得他的球队在联赛最后一轮中错失冠军。

"我打赌你肯定希望范加尔今天再次遭遇惨败,雨果。"泰德说道。

我耸了耸肩,说道:"无所谓了,泰德,生命中还有很多事情比范加尔更为重要。"

我走出球场,经过范加尔身边。当时我们两人之间只有 5 码[①]的距离。我在心中开始默念那段咒语:

"莫生气……莫生气……莫生气……"

透过眼角的余光,我看到范加尔正笔直地站在那里。他的表情很平静。距离比赛开始还有一段时间,但他已经展现出了十足的领导范儿。

这个该死的自大狂。

[①] 英美制长度单位,1 码等于 0.9144 米。——译者注。(如无特殊说明,书中的脚注均为译者注。)

目 录
CONTENTS

前 言
序

- 001　一　葡萄牙逸事（1）
- 001　　1. 百加得可乐
- 004　　2. 首　相
- 006　　3. 我的高尔夫球教练

- 010　二　哦，路易斯（1）
- 010　　1. 愚　蠢
- 011　　2. 经　典

- 013　三　You Tube（1）
- 013　　安迪·霍特坎普

- 016　四　哦，路易斯（2）
- 016　　传　记

I

018	五 起 点
018	1. 以父之名
020	2. 挺胸收肩
024	3. 掌 控

029	六 探寻范加尔（1）
029	1. 范加尔其人
030	2. 拉斯普金

035	七 哦，路易斯（3）
035	声 明
036	八 冲突（1）
036	解 雇

044	九 哦，路易斯（4）
044	1. 书名的来历
045	2. 病床前
046	3. 草 皮

049	十 探寻范加尔（2）
049	1. 开心果
052	2. 共处一室

055	十一 哦，路易斯（5）
055	1. 匿 名
056	2. 应对媒体

060	十二　探寻范加尔（3）
060	陷　阱
064	十三　You Tube（2）
064	约格·达尔曼

067	十四　探寻范加尔（4）
067	1. 巫　师
071	2. 坏　人

078	十五　相似之处（1）
078	恶　棍
080	十六　探寻范加尔（5）
080	克里希那穆提

085	十七　冲突（2）
085	庆　典
086	十八　探寻范加尔（6）
086	1. 诗　歌
088	2. 秉　性

093	十九　印象流
093	幽　默
097	二十　You Tube（3）
097	狂　热
099	二十一　葡萄牙逸事（2）
099	心形图案

III

103	二十二　相似之处（2）
103	巴洛特利
105	二十三　电视节目（1）
105	忘年交

113	二十四　哦，路易斯（6）
113	1. 肉毒杆菌
113	2. 法　斯
115	3. 标　准
117	二十五　电视节目（2）
117	重　放

124	二十六　冲突（3）
124	1. 决　裂
126	2. 信　件
126	3. 和解大师
127	4. 致路易斯
129	5. 耻　辱
130	6. 父　亲

131	二十七　哦，路易斯（7）
131	生　日
132	二十八　积　怨
132	1. 结　局
134	2. 幸灾乐祸

	137	二十九 哦,路易斯(8)
	137	1. 斯特罗曼
	138	2. 奥兰多

139	三十 探寻范加尔(7)
139	盲　点
144	三十一 哦,路易斯(9)
144	自恋症

	145	三十二 探寻范加尔(8)
	145	老　师
	147	三十三 冲突(4)
	147	操　场

148	三十四 探寻范加尔(9)
148	1. 厄　运
150	2. 零　分
150	3. 信　仰

	154	三十五 哦,路易斯(10)
	154	特鲁斯
	157	三十六 冲突(5)
	157	和平大使

158	三十七 哦,路易斯(11)
158	1. 友谊与金钱
159	2. 金钱与友谊

161		三十八　探寻范加尔（10）
161		指　挥
164		三十九　哦，路易斯（12）
164		1. 新闻发布会
167		2. 鼻　子

170		四十　冲突（6）
170		56.4号标志杆
173		四十一　哦，路易斯（13）
173		1. 张开双臂
175		2. 欢　呼
178		3. 看我的眼睛

179		四十二　冲突（7）
179		荣　幸
181		四十三　You Tube（4）
181		偷　拍

184		四十四　哦，雨果（1）
184		心理医生
193		四十五　哦，路易斯（14）
193		1. 南非世界杯闭幕式上
194		2. 反呛媒体

195		四十六　探寻范加尔（11）
195		优秀领导要素

202	四十七	哦，路易斯（15）
202		当代的希特勒

209	四十八	探寻范加尔（12）
209		1. 戏　子
213		2. 如何采访范加尔？
215		3. 会　诊

229	四十九	哦，路易斯（16）
229		1. 阿斯伯格综合征
231		2. 酒　话
233	五十	哦，雨果（2）
233		法斯宾德

235	五十一	哦，路易斯（17）
235		1. 假　牙
236		2. 言论自由
238		3. 谁才是传奇

240	五十二	探寻范加尔（13）
240		重新定义
244	五十三	哦，路易斯（18）
244		很受伤

245	五十四	世界杯
245		1. 郁金香雪耻
246		2. 神　棍

VII

247	3. 和平鸽
249	4. 变　革
251	5. "有文化是很可怕的"
252	6. 以父之名
254	7. 利特巴尔斯基和沃勒尔
255	8. 足球理念
256	9. 运　气
257	10. 变　通
258	11. 孟菲斯
259	12. 克鲁伊夫主义
260	13. "向您致哀"
261	14. 平　反
262	15. 尖　刻
263	16. 好孩子
264	17. 去死吧浪漫
266	18. 几　乎
267	19. 荷兰体系 2.0 版

269	五十五　哦，路易斯（19）
269	我真该死
271	五十六　黄昏终点站
271	拿破仑与特拉维斯·比克尔

276	致　谢
277	参考资料

一 葡萄牙逸事（1）

1. 百加得可乐

"你错了，莱奥。"门内传出范加尔的声音。他正在屋里与我的朋友交谈。"克罗地亚队用的是4-4-2阵型，而瑞士队用的是碗状阵型。"

我坐在阳台上，把椅子挪回阴影里。碗状阵型？我怎么没听说过？不过我可没空去想什么碗，交稿的截止日期就在眼前，我得加紧赶我的稿子。

蓦地，不远处水花四溅。原来是博纳文图拉（Bonaventura）一个猛子扎进了泳池里。

那是2004年的夏天，现在想来有种恍如隔世的感觉。葡萄牙南部毒辣的阳光下，我在好友博纳文图拉的家里住了3个星期。从此处到荷兰国家队的驻地只有10分钟的车程。这里以前是一个农场，每到夏天，博纳文图拉都会到这儿来度假。博纳①的度假庄园位于波利奎埃梅，坐落在一座"山"的山顶，不过恐怕只有荷兰人才会称这为山吧。我和几个来自鹿特丹的朋友应博纳之邀，于2004年欧洲杯期间来此做客。泳池旁，我在拼命地敲击着笔记本电脑的键盘，为我的报纸——《通用日报》（*Algemeen Dagblad*），简称AD——撰写一份关于荷兰国家队挣扎表现的评论稿。每隔4天，我都要到几

---

① 博纳文图拉的昵称。

英里外为荷兰国家电视台（简称 NOS）录制一档晚间体育类节目。NOS 有着"荷兰 BBC"的美誉，不过恐怕只有荷兰人会这么想。我要做的就是在电视机前直抒胸臆，用胸中的义愤激起观众们热烈的共鸣。

今天，博纳的家中有一位贵客到访，他就是前荷兰国家队主帅路易斯·范加尔。范加尔来葡萄牙是为一家荷兰的商业电视台做比赛点评。几天之前，我把他介绍给了我的朋友博纳，他们两人立刻打成一片。博纳已经 50 多岁了，是一个性格随和的人，高尔夫打得很好，这也让他与范加尔拥有了相同的爱好。今天早上，他们两人去切磋高尔夫球，我也获准随行。我的工作是当范加尔的球童。说实话，我不是一个随叫随到的人，但我挺给范加尔面子的。我跟范加尔在高尔夫球车上肩并肩地坐着，有人还帮我俩拍了一张照片，照片上的我们笑得很开心。

现在大家都在屋里观看克罗地亚对阵瑞士的比赛，而我正独自一人坐在太阳伞下，为我的专栏笔耕不辍。

半场休息时，看比赛的人们从房间里走出来，在庭院中的家具上横倒竖卧。

"这儿都快变成集中营了。"一位来自鹿特丹的朋友说。

"可不是吗，这简直是一种折磨。"我用手背擦拭了一下额头，答道。

话音刚落，有人放了一个屁。

莱奥·维赫尔用雪碧和柠檬给我调了一杯红酒。

范加尔坐在人群的中央。在听到我把这座美丽的农场内院称为天井后，他十分确定我用词不当。于是，他手握百加得可乐（Bacardi and Coke）①，在头脑中搜寻着那个正确的词语。

"这里好浪漫啊！"范加尔的女友特鲁斯感叹道。

"有点儿《圣经》的味道。"范加尔说。

我听后有些不知所云，看了一眼这个离经叛道的天主教教徒。

---

① 范加尔最喜欢的一种酒。

"你知道吗？"范加尔又说，"这里有点儿像棚屋。"

"棚屋？"我自言自语道。

这时，清洁女工从我们身旁走过。她的唇须很重。

我的一个哥们儿说，葡萄牙本地酒门萨拉斯，喝起来就像菲戈（Luis Figo）在舌头上撒尿。

"你是说菲戈？"范加尔问道，他的一只耳朵有些聋。显然他对此有些不以为然。

比赛之后，范加尔游了一会儿泳。在他坐着晾干的时候，我问他葡萄牙是否能一路杀进决赛。

"如果斯科拉里（Luiz Felipe Scolari）敢把菲戈拿下，那就有可能。"他答道。斯科拉里当时还是葡萄牙队的主帅。"罗纳尔多（Christiano Ronaldo）应该获得首发。他能为曼联效力是有原因的。"他接着说。

在范加尔面前，所有人都会显得无知。他的高谈阔论还在继续："鲁伊·科斯塔（Rui Costa）也该被德科（Anderson Deco）替下。德科这个赛季在波尔图发挥得很好。如果我是葡萄牙队的主帅，我就会按自己的意思排兵布阵，但我不认为斯科拉里那么有种，敢弃用菲戈。"

他讲话时气势汹汹，以至于我都不敢再问他早些时候的那句"碗状阵型"究竟是怎么回事。

"这不叫棚屋。"范加尔突然冒出这么一句。

"啊？"

"我说这不叫棚屋，这应该算是国营酒店。在西班牙，人们管这种地方就叫国营酒店。"

"呃……好吧。"我答道。

2. 首 相

2004年欧洲杯期间，担任荷兰国家队主帅的是迪克·艾德沃卡特（Dick Advocaat）。他对我大光其火。这让我很意外，因为迪克是一个好人。他认为我没有权利说荷兰队踢的是"保守且丑陋的足球"。彼时，迪克的换人正不断地遭到人们的批评。对阵捷克队时，他用名不见经传的保罗·博斯维尔特（Paul Bosvelt）替下了当日之星罗本（Arjen Robben）。在那之后，荷兰队千辛万苦建立起来的领先优势付之东流。艾德沃卡特的这次换人甚至被写进了历史——荷兰国家队史上最糟糕的换人之一。

2004年欧洲杯时，艾德沃卡特遭受到了猛烈的抨击。在那个夏天，你在电视上大声说句话都会有人指责你乱放嘴炮。人们变得十分敏感。

我可能确实有些口不择言，但荷兰队那时的表现也的确很糟糕，其实我从两年前就开始喊"艾德沃卡特下课"了。我也不是唯一一个对迪克展开嘴炮攻势的人。在荷兰，前阿贾克斯队（Ajax）前锋杨·穆尔德（Jan Mulder）在访谈节目上说的段子就在荷兰民众中广为流传。他说，荷兰主帅需要重塑自己的声望①。这个段子传遍了大街小巷。

即便是荷兰首相杨·彼得·鲍肯内德（Jan Peter Balkenende）也加入到了骂战中。"媒体做得太过分了，"他略带责备地说道，"关于艾德沃卡特先生的一些言论有些出格了。"

那天晚上，我们在金塔拉戈共进晚餐。"对那些真正伤天害理的事情，我们尊贵的首相大人反倒没什么作为了。"我说道。特鲁斯和博纳文图拉听得很认真。"你说是吧，路易斯？他就是典型的政客，他说这话只不过是为了博得民众的好感。"

范加尔还是没有发表任何意见。我注意到，每当我们谈论荷兰国家队在葡

---

① 此处为双关语，原文为 good stoning，英文中也指石刑。

萄牙欧洲杯上的前景时，范加尔的话题永远只针对球队的打法以及球员的状态。而对于迪克·艾德沃卡特的惨淡命运，范加尔却一再避而不谈。

"我们的首相只是想借这个机会让自己获利而已。"我又说道。

"你说什么？"范加尔问道。

范加尔让一个记者就某事为他做出解释，这种事情可不常见啊。我清楚地记得当时心中的自豪感。

"你听清楚他说什么了吗，亲爱的？"范加尔问特鲁斯。

特鲁斯冲着漫天的星斗翻了翻白眼。我跟博纳则笑得前仰后合。

之后，我用以下这句话结束了自己的"慷慨陈词"："承认吧，路易斯。鲍肯内德才不会去同情迪克呢，他只不过是在为自己的野心服务。他是在为自己的利益说话。想想看，当荷兰足球真正需要他的时候，我们的首相大人又在做些什么？下赛季足球流氓再度横行的时候，他还会这么积极地站出来表明立场吗？"

范加尔什么都没有说。

"要不我们换个话题吧，你们觉得呢？"特鲁斯问道，"让我们专心享受这个美好的夜晚和这些美味的食物吧，先生们。"

"我同意。"博纳说道。

接着，大家一起品尝了范加尔为我们挑选的美酒。"还不错吧？"他一边说一边用敏锐的目光看了我一眼，"你不觉得吗？"

"没错，这酒棒极了，路易斯。"范加尔在巴塞罗那待过一段时间，他在那里学会了品酒技能，他很希望自己挑选的美酒得到别人的肯定。

"路易斯在选酒方面可有一手呢！"特鲁斯说道。

"这可是大实话。"范加尔说道。

"另外那瓶酒也很美味。"特鲁斯补充道。

"什么叫'那瓶酒'？"范加尔突然发难，"你这么说话谁能听得懂啊，特鲁斯？你到什么时候才能明白这个道理呢？你要直接说名字，名字你懂吗？光说'那瓶酒'有什么用？名酒有成千上万瓶，还分红酒和白酒呢。"

"算了吧……"特鲁斯扶了扶眼镜说道。

"我说错了吗，特鲁斯？"

"我只是忘了那瓶酒的名字……"特鲁斯叹了口气说道，"放过我吧，行吗？"

范加尔在担任荷兰国家队主帅的时候也曾经历过打击。他带领的荷兰队甚至没有闯入到 2002 年世界杯的决赛圈。现在想想，他活该如此。他很清楚国内的媒体会给主教练带来多大的伤痛。那么，他为什么会对这件事情避而不谈呢？难道他对迪克就没有一丝同情吗？或者他只是在保护自己？还是他怕为艾德沃卡特说话会唤醒他心中那段苦痛的回忆？无论如何，如果他能针对此事在媒体面前明确立场，表现出优秀教练间的惺惺相惜，他会赢得尊重的。毕竟，范加尔是荷兰职业足球教练协会的奠基人之一，他有责任帮助荷兰职业足球圈中的每一位教练。难道是因为他和迪克之间道不同不相为谋？艾德沃卡特和范加尔是两种类型的教练，他们之间的确不存在什么友谊。我正要问他这些问题时，博纳却首先开口了："路易斯，什么时候再去打一局高尔夫吧？"

3. 我的高尔夫球教练

高尔夫球是老年人的游戏。我总是跟博纳说，我还不够老，等我 50 岁的时候再来找我打高尔夫吧。

但对于范加尔，我却主动开了后门。我们两个已经打过多年的交道了，但在此之前，我还从来没有如此近距离地观察过这位足球伟人。当然，我的"晋升之路"也格外顺利，短短几天时间，我已经从一名球童升级到了正式的高尔夫球手。

我们几个人站在位于维拉摩拉的老球场（Old Course）上。路易斯详细地对我讲解该如何站立，该站在离球多远处击球，该怎样握球杆。

博纳的高尔夫球技术比范加尔好很多，他颇具讽刺意味地看了我一眼，就好像在说："怎么？你跟他打球就不用等到 50 岁了吗？"

蓦地，范加尔一声大吼，吓得我心惊肉跳。不过还好，他其实是在赞美我："太不可思议了！你很有天赋你知道吗！我打高尔夫这么多年了还是没法掌握这种技巧！如果你听我的，就击打球的正中央，打出一记高飞球。但是你要仔细地听我指挥！"

我哪敢违背他的意愿啊。

随着我将球击出，一个庄严而雄浑的声音在耳边响起。

"太棒了！"我的"高尔夫球教练"喊道。

球飞出很远，身边的路易斯·范加尔高兴得手舞足蹈："你真的很有天赋！这简直难以置信。这球得有 120 码远吧！"

他的热情很有感染力。我他妈真是犯浑了！我那天心中满满的全是自豪感，遇到谁就跟人家说：范加尔说我是一个高尔夫球天才。

我在想，如果范加尔是荷兰国家队的主帅该有多好啊。路易斯善于引导和指挥那些缺乏主动性的球员，在这方面，他比迪克做得好多了。范加尔很清楚他该怎么做。在小组赛第一轮与德国队战平后，范加尔就在呼吁球队使用不同的打法："这届杯赛我们应该放弃传统的荷兰打法。你知道为什么吗？因为这批球员的技术根本踢不了那种足球。只有西班牙人才有那样的能耐，我们的球员根本达不到要求。如果我是艾德沃卡特，我就会采用英式打法。所有人都觉得路易斯·范加尔肯定瞧不起这种足球，但他们错了。你需要根据球员的能力和状态去布置战术。所以如果是我，我就会带上皮埃尔·范霍伊敦克（Pierre van Hooijdonk）。别的不说，就冲他的领袖气质我也会重用他。我会让他跟范尼（Ruud van Nistelrooy）搭档锋线。而且，我会选择那些能够给对手防线制造压力，能够给前锋喂球的球员。如果不能在阵地战中击败对手，你就必须去尝试不同的足球风格。这是一种赌博，但总比对阵德国队时的那种打法好。"

我们坐在高尔夫球车中缓缓行进，欢乐的眼泪不断地从我们的脸颊上滚落。在第一个球座上，我的好哥们儿莱奥准备将球沿球道击出 200 码，但他击出的球只行进了十几英尺就停了下来。他就这样一杆接一杆地把球往前"捅"。我和范加尔都捧腹大笑，根本停不下来。

这种开怀大笑可以扫除郁结在你心中的苦闷。我当时心中就有许多愁苦。欧洲杯期间，我在荧屏上毫无顾忌的评论引发了大量没有底线的回应。"白痴""我们最可怕的噩梦""麻烦制造专家""反社会怪胎""腆着囧脸的废物""傻帽儿"。除了这些称谓之外，我还"蠢笨如猪""恬不知耻"。观众们对我滔滔不绝的"胡话"和"梦呓"感到恶心，更别提我那"毫无遮拦的大嘴巴""傲慢的傻笑"和"不知羞耻的下流范儿"。

还有一个最恶毒的评价，那就是我"对足球一无所知"。

人们甚至对我展开了人身威胁。在荷兰，21 世纪初的那几年是一个奇怪的时间节点。在这个时间节点上，"言论自由"常常与"死亡威胁"相依相伴。在这个时间节点上，两位坦率直言、勇气可嘉的人被夺去了生命。一位是政治界的"异类"皮姆·福图纳（Pim Fortuyn），他在为大选造势时被人枪杀。另外一位就是文化界的"异类"提奥·梵高（Theo van Gogh），他因拍摄一部有关女性的争议影片而在街上遇刺身亡。

在足球领域，人们同样吵得不可开交。《荷兰人民报》（de Volkskrant）头版报道称：迪克·艾德沃卡特已经不堪其辱。荷兰国家队的新闻发言人则抱怨有人在迫害他们的主帅："现在有人毫无遮拦地侮辱我们的主帅。批评归批评，但没有节制的辱骂就大可不必了。我认为您应该在他人受到伤害以前悬崖勒马。"

而敌对报纸——《新鹿特丹商报》（NRC Handelsblad）还邀请到了一位

声名显赫的评论家来"直抒胸臆",他宣称:"这些都是来自苍颜匹夫的无礼嘲笑,如今的荷兰体育传媒界充斥着那些精心编排的表演、那些互相恐吓、那些人身攻击和那些政客的陈词滥调。这群人在用虚假的繁华来掩盖真正的问题。"

在 2004 年的刀光剑影中,有这样一个人,他拒绝与人们争吵,拒绝去蹚这趟浑水。他的安静让他显得与众不同。他的名字叫作路易斯·范加尔。

二 哦，路易斯（1）

1. 愚 蠢

"这是个愚蠢的问题，我觉得这个问题真是太蠢了。"

一位来自英国的记者刚刚问了荷兰国家队主帅这样一个问题："路易斯，我是来自BBC的记者。你能跟我们聊聊曼联队吗？你对这家俱乐部有哪些了解呢？我知道你之前曾经跟他们交过手。"

路易斯·范加尔看了这位记者一眼，只要是荷兰人都能读出他眼中那蔑视的光芒。

那天是2014年5月7日，星期三。范加尔正带领荷兰国家队在霍德鲁备战巴西世界杯。那时，曼联队与范加尔之间的合约已经几近完成。在这种情况下，如果我是范加尔，我一定会想："我一定要礼貌地回答这个记者。这次我要好好地跟媒体相处。"但很可惜我不是范加尔。这位可怜的记者刚刚问出这个开放式的、近似于聊天的问题，范加尔想都没想就用他最喜欢的词汇——"愚蠢"——做出了回应。

我坐在舒适的沙发上摇了摇头，暗想："你到底在想些什么啊，路易斯？为什么要以这种几近粗暴的姿态出现在全英格兰人面前呢？难道你想让所有人都把你当老大吗？难道你想让所有人都认为你是一个不可冒犯的彪形大汉吗？"

我的天哪！范加尔似乎还不"尽兴"，他又挤出了一个颇带嘲讽的微笑，露出了他那令人毛骨悚然的假牙。

2. 经　典

"是我太聪明了，还是你太笨了？"

恐怕所有荷兰人都清楚，上面这句话究竟出自何人之口。这句话已经在荷兰成为经典。但是，单独把这句话拿出来可能显得有些突兀。

现在让我们加入一些背景：

"你脑子进水了吗，泰德·范吕文（Ted van Leeuwen）？"范加尔问道，"你是真傻还是装傻啊？我开始的时候不是说了吗？防止阿贾克斯的队员被挖走是我的工作。我开始的时候也说了，这些球员是有合同在身的。那你为什么还要问这个问题呢？是我太聪明了，还是你太笨了？再说一遍，我们跟球员是签了合同的！而且在没有经过球员许可的情况下，我是无权谈论球员的。哦，哦，哦，哦……我已经说得很明白了不是吗？现在我又成了自大的浑蛋，又成了专制的浑蛋……但这些问题真是太蠢了。"

谁是泰德·范吕文呢？恐怕在荷兰国内也没几个人知道。几乎没有人能够记得范加尔究竟是在什么场合如此大发雷霆的。

阿贾克斯那天的对手究竟是谁呢？

范加尔那段"恶性循环"式的话语究竟说的是什么？是什么点燃了阿贾克斯主帅的熊熊怒火？

我倒是可以为大家补充一点儿细节。

那时是1996年，泰德·范吕文还在荷兰的《国际足球周报》（*Voetbal International*）供职。

阿贾克斯队那天的比赛对手是 NAC 布雷达（NAC Breda）队。

但是，究竟是什么点燃了范加尔的怒火呢？我怎么知道？即便是看着那段录像，亲眼看着他说出那些话，我还是搞不懂他究竟在为什么发火。记忆中只剩下那句席卷全国的话，直到今天，这句话还在网上广为流传。而范加尔愤怒的原因已经完全失去意义了。这句话超越了时间与地域的界限，至今仍被人们津津乐道。

三 You Tube[①]（1）

安迪·霍特坎普

2006年1月27日，罗达JC（Roda JC）与阿尔克马尔之间的比赛以2∶2的比分收场。赛后，时任阿尔克马尔队主帅的路易斯·范加尔对着安迪·霍特坎普（Andy Houtkamp）大吼大叫。安迪·霍特坎普是一名电台记者，供职于荷兰开播时间最长的一档体育节目《沿线》（langs de lijn）。

下文记载的是两人那次对话的全部内容。

范加尔（转头对别人说）："我不喜欢这个记者……"

霍特坎普："我知道，我知道。但您能告诉我为什么吗？"

范加尔（仍然转头对别人说）："我们俩每次看的都不是一场球，这次又是。"

霍特坎普："那您为什么总说那句话呢？为什么总说'我不喜欢这个记者'？而且还总是很生气的样子。我有那么讨厌吗？"

范加尔："如果这是一个问题的话，我会告诉你你有多么讨厌。"

霍特坎普："好吧……"

范加尔："因为你的人生观有问题。"

霍特坎普："按您这么说，如果有人跟您的观点不同，那他的人生观就有

[①] 世界上最大的视频网站。

问题？"

范加尔："你当然也可以对此持不同意见。你同样可以说你是专家，而我是外行。"

霍特坎普："我从来没这么说过，从来没有。我只是觉得很奇怪：您是最优秀的教练之一，您执掌着一家伟大的俱乐部，您的婚姻也很美满，然而您却总是这么愤怒。好像错都在别人似的。"

范加尔："不，我只是跟你生气而已。因为通常情况下你我的看法差别很大。于是我就开始产生怀疑了，因为我觉得我看事情还是很准的。"

霍特坎普："可我只是在问问题而已。"

范加尔："错，你不是在问问题，你没有在问问题，你是在把自己的判断强加给别人。上一场比赛就是这样，这一场比赛还是如此。"

霍特坎普："即便真是如此，咱们两人的判断也可以有所不同吧？"

范加尔："可以，当然可以。但不能每次都不同。如果我们的判断每次都不相同，我就会产生怀疑。这也是为什么我对你产生怀疑。这也是为什么你不是我最喜欢的记者。"

霍特坎普："好吧，我很高兴我们终于把误会澄清了。现在我们……"

范加尔："如果我是你，我就会把刚才那段播出去的。"

霍特坎普："我……嗯……这件事还是交给上面的人操心吧，但我觉得他们应该会播出去的。"

范加尔："我觉得这就是新闻。这不就是你一直把话筒往我嘴边伸的原因吗？你说我没有回答你的问题，但其实我一直是有问必答的。"

霍特坎普："那倒没错，我对此从不怀疑。毕竟我们都是成年人。"

范加尔："希望如此吧。"

霍特坎普："我们聊聊比赛吧。我们的确有很多分歧，但严谨地说，我觉得有一点我们可以达成共识，那就是：今晚只有一支球队配得上胜利。"

范加尔："是吗？你真是这么想的吗？这就是你的看法吗？"

三 You Tube（1）

霍特坎普："您看，您又来了，咱们就不能平心静气地谈谈吗？我是说，您总这样我们就没法对话了，不是吗？"

范加尔："没错，但我就不喜欢你每次都跟我持不同见解。"

霍特坎普："但我刚刚只是在问一个简单的问题，仅此而已！"

范加尔："没错，所以我才问：'是吗？'"

霍特坎普："但您刚才的语气也太……"

范加尔："我很惊讶你居然能接受我的看法，真的，我很惊讶。每次我跟你对话，你对比赛的描述都会跟我对比赛的看法大相径庭，你不觉得奇怪吗？咱俩对比赛的看法突然又变得一致了，你不觉得惊讶吗？"

霍特坎普："这没什么可惊讶的，您这么说是在讽刺我吧。"

范加尔："没错，没错，很对。你的这个观点我很同意，真的。"

霍特坎普："但我一向以礼待人，在我看来，您这种做法缺乏对我的尊重。"

范加尔："你怎么想是你的自由。因为你是一个成年人，你有权跟我持不同的观点。"

霍特坎普："好吧，那就这样吧。多谢您。祝您新年快乐。"

范加尔："多谢，你也一样。"

四　哦，路易斯（2）

传　记

《路易斯·范加尔——传记与见解》一书出版于2009年。该书分为上下两大册，封装在红色的方形盒子里。这本书的作者是罗伯特·胡克尔斯（Robert Heukels）。范加尔曾对我说过，罗伯特是一位"讨人喜欢"的记者。

在这本书中，名为《见解》的一册主要记载范加尔对于足球的理解。这册书的文字晦涩难懂，我个人十分建议非足球迷们珍爱健康，远离这册书。然而对于那些有志成为足球教练的人们，这册书却极具参考价值。马尔科·范巴斯滕就认为这册书十分有趣。

相比于"见解"部分，"传记"部分的篇幅要更多一些。刚读了7页，我就能从4位主席的叙述中领略到范加尔的独特个性。

1989至2003年期间担任阿贾克斯俱乐部主席的迈克尔·范普拉格（Michael van Praag）的描写比较低调，他只是举了两个例子来佐证范加尔的诚实。

2000至2010年期间担任荷兰职业足球协会主席兼秘书长的亨克·凯斯勒（Henk Kesler）的语气跟范普拉格很相似。他甚至表达出了一丝责备之意，他说，范加尔的"直白"有时候可以稍微表达得"委婉一点儿"。凯斯勒称，范加尔首次担任荷兰国家队主帅的经历"从竞技角度看是让人失望的"。他本可以将这段经历称为"灾难"的,因为那才是他的真实想法。但我觉得他之所以委婉地用了"让人失望",是源于他对这种轻描淡写式嘲讽的喜爱。

另外两位有幸帮范加尔的传记制造开篇亮点的人是巴塞罗那俱乐部主席约瑟普·路易斯·努涅兹(Josep Lluís Núñez,1978—2000年在任)和阿尔克马尔俱乐部的老板兼主席德克·谢林加(Dirk Scheringa,1993—2009年在任)。

由约瑟普·路易斯·努涅兹撰写的前言以这句话收尾:"路易斯,你的亚父(你经常如此称呼我)向你致以最真挚的祝福并送上最热烈的拥抱。"至于全文如何还是留给各位看官自己去品味吧。当然了,是否读这段文字,决定权完全在您自己。

德克·谢林加则为范加尔写了一段600字的赞歌,里面充满了各式各样的赞美,比如"现象级的""谜一样的男子""顶级的足球教练""专业""足球界的哲学家""战术大师""争议与赞誉并存""绝顶高手""直觉灵敏""内心世界丰富""值得信赖""总是比其他人快两步""个性卓越",等等。

他对范加尔最为夸张的褒奖是:"如果足球界也有诺贝尔奖的话,范加尔肯定会获奖的。"

谢林加的这段文字写得让人为之目眩,以致我读了三遍才弄懂如下这句话的意思:"只有范加尔自己才能读懂他内心的声音。"他真是个玩弄文字的天才。谢林加还写道:"只有范加尔才能完全理解他自己是个怎样的人。因此,这是一本独一无二的书。它给诸位读者搭建了通向范加尔内心世界的桥梁。"

但在我看来,这本书并未打开范加尔的内心世界。这真的很遗憾。不过,生命中有很多事情比读懂范加尔更为重要。

罗伯特·胡克尔斯撰写的这本传记也有它的过人之处。它为我提供了很多重要信息。但归根结底,这就是一本拍马屁的书。

五 起 点

1. 以父之名

范加尔已经存在于我深深的脑海里,我每天都会想起他。我向您保证,这是一件很奇怪的事情。他既不是我的朋友,又不是我的父亲。还好他不是。

我的父亲于 2008 年 8 月 13 日不幸去世了。同样,我每天都会想起他老人家,甚至比我想起范加尔还要频繁。这让我很是欣慰。

我每周至少会穿一次我父亲生前穿过的黑色棉衬裤,它已经磨得不成样子了,看起来就像一块旧抹布。我的裤兜里藏着一粒被涂成银色的花生,它也是我父亲的遗物,现在它成了我的护身符。父亲在世的时候,我的钥匙链上挂的是韦斯利·斯内德(Wesley Sneijder)的小幅照片。而现在,我的钥匙链上挂的是一块刻有字母"H"的皮革。"H"代表着我父亲的名字"亨克",这块皮革是我小时候送给父亲的礼物。

范加尔跟他父亲的感情就没那么好。在他授权撰写的传记中,他很少提到他的父亲老范加尔。

路易斯出生于一个天主教家庭,他是家里 9 个孩子中最小的一个。他的父亲患有心脏病,常年卧病在床。在他的传记里,范加尔回忆了他七八岁时的情景:"多数时间里,我们都要保持安静……他与我哥哥姐姐们相处的时间要比我长很多。"但那个人到后来已经生命垂危了啊,路易斯!

五 起 点

　　每当父亲发怒时，路易斯都会听到楼上传来的巨大响声。路易斯并不是一个恶棍，但像所有男孩子一样，他天性好动，有时会表现得大大咧咧，会不听话。"被路易斯惹恼时，老范加尔会用敲击地板的声音招呼自己的小儿子，每到此时，小路易斯都会清楚他面临着什么样的待遇。"胡克尔斯在书中写道，"他会爬上楼梯，进入父亲的病房内，横卧在老范加尔身前，接受父亲的惩罚——屁股上重重的几巴掌。"

　　路易斯11岁时，他的父亲去世了。

　　老范加尔是在家里去世的吗？
　　那时，路易斯又身在何方？
　　他是否站在父亲的遗体前？
　　他是否放声痛哭？抑或他只是心怀怨恨地想着屁股上隐隐作痛的掌印？
　　他是否还能记起父亲葬礼上的细枝末节？
　　自那之后，他可曾祭拜过父亲的墓碑？
　　在他踢球的日子里，他可曾希望自己的父亲出现在看台上？
　　如今，他是否会想起自己的父亲？抑或父亲的身影从未浮现于他的脑海里？

　　在那本传记中，路易斯的一位姐姐回忆起葬礼结束几个小时后路易斯打破家中死寂的情景："咱们能打开电视吗？我最喜欢的节目要开始了。"
　　对于一个十几岁的孩子来说，幼年丧父的经历会对他产生什么样的影响呢？可能对于一个年过花甲的老人来说，这种问题太过笼统。更何况我早已无法亲自对路易斯提问了。而在范加尔接受他人采访时，他又很少提及他的父亲。
　　然而，范加尔却让他的传记作者写下了这样的语句："大多数男孩跟父亲的关系都很亲密，但我是一个例外。"
　　很难想象路易斯这样一位敏感，甚至是过于敏感的人会说出这样冷漠的话语。

2. 挺胸收肩

我跟范加尔的缘分始于鹿特丹斯巴达队的主场——黑特·卡斯蒂尔（Het Kasteel）球场。从我6岁开始，父亲就带我去这座球场观看斯巴达队的比赛。10年之后，范加尔就在这里"诞生了"。"诞生了"？当然，我这么写是有道理的。这种说法会给范加尔增加一丝神秘的气息。其实范加尔本人就是一个充满传奇色彩的人物，就像上帝，就像查尔斯·曼森（Charles Manson）以及史蒂芬·弗雷（Stephen Fry）那样。无论如何，从我的角度看，范加尔就是那时才"诞生"的。

1978年，我16岁了。这一年，斯巴达队中来了一名新援，他就是路易斯·范加尔。在那之前，我从来没听说过他的名字。

我跟父亲一起去观看了斯巴达队那个赛季的第一场主场比赛，但具体的比赛细节我已记不太清了。斯巴达队在那场比赛中以1∶0的比分击败了费耶诺德队。新加盟的爱尔兰前锋（也是一个不折不扣的疯子）萨米·摩尔根（Sammy Morgan）打进了制胜一球。我会告诉你我是在网上查到这些信息的吗？那场比赛中，路易斯·范加尔也为斯巴达队披挂上阵了。同样，这也是我在网上查到的。

每隔一周，我都要坐在黑特·卡斯蒂尔球场冷硬的606号座椅上，俯瞰球队的表现。路易斯·范加尔就像一根竖起的手指，直挺挺地站在场地上。他的站姿笔直端正，似乎身着坚硬的铠甲。

他的相貌十分丑陋。看台上的球迷都能看到他那被撞得变形的鼻子。一家当地报纸在星期一刊登出了一张范加尔争抢头球时的照片，从这张照片中，我们能清晰地看到范加尔的鼻子为何会被撞成现在的样子。对于那些善于争抢头球的球员们来说，鼻梁骨折似乎成了一种"职业伤"。范加尔就是这样一位身材高大的球员。范加尔接受的是旧式的足球训练，那时人们还在用木杆吊起足球来训练球员们的争顶技术。在我们荷兰，那种木杆还有另外一个更为"高大上"的名字——绞刑架。

范加尔并不是我最喜欢的球员，但在几场比赛过后，我开始欣赏他在场上的表现。路易斯·范加尔在场上十分冷静，一旦拿到球，他就会拼命地护住。除此之外，范加尔还很善于阅读比赛。

不过，范加尔也有着致命的弱点：他在场上的移动速度十分缓慢。快速跑动并不是他的强项。他的身体条件就是如此——肌肉类型限制了他的跑动速度。处于无球状态时，范加尔基本没有任何威胁，这也是他为什么要牢牢地控制住球权。他无法容忍那种失去球的无助感。他想主导一切。而球场上的路易斯·范加尔就是一个来自阿姆斯特丹的傻大个儿。

范加尔得球之后的动作频率也不快。他做所有事情都有特定的节奏，不疾不徐。不过，我不记得有球迷拿他取笑，或者是对他大喊："动作快点儿啊，飞毛腿冈萨雷斯（Speedy Gonzales）！"这么做是在揭他的短。那时的鹿特丹斯巴达队还是一支荷甲中游球队，对于那样一支球队来说，范加尔这种球员也算不可多得了。当然，范加尔也是一个"便宜货"，大概花了俱乐部不到18万荷兰盾吧。

范加尔是从一家很小的职业球队——特尔斯塔（Telstar）俱乐部转会而来的。在那之前，他还在安特卫普队（Antwerp FC）效力过，这家比利时俱乐部在1973年从阿贾克斯队买到了范加尔。路易斯仅代表阿贾克斯一线队踢过一场比赛，那只是一场热身赛，球队中的大佬约翰·克鲁伊夫也没有出场。除此之外，范加尔一直混迹于阿贾克斯的预备队。可以说，正是球队中的传奇巨星——身披14号战袍的克鲁伊夫——间接造成了范加尔出走比利时。

这并不是范加尔唯一一次在阿贾克斯队中遭到克鲁伊夫的排挤。2011年，阿贾克斯俱乐部爆发了著名的"天鹅绒革命"，范加尔再次在权利斗争中败在克鲁伊夫手下。约翰·克鲁伊夫的身影将注定成为范加尔一生的梦魇。

让我们再把目光聚焦到路易斯身上，继续说他在斯巴达队效力的岁月。身体素质并不是范加尔的优势。但奇怪的是，范加尔缓慢的跑动速度却赋予他一种与众不同，甚至是高贵的气质。我们经常能看到路易斯大跨步地在球场上奔跑，他上身笔直，而他长长的脖颈使他在场上更有存在感。

1982年，球衣广告开始在荷兰盛行，此时，荷兰最早的游乐园"环球影城"（De Efteling）也终止了其对鹿特丹斯巴达队的赞助。这座游乐园里有一个童话主题馆，人们经常将里面的一个卡通人物与范加尔联系在一起——那是一个颈部可以伸缩的人物，原型是格林童话中的一个长脖子仆人。范加尔把这当成一种恭维。那时候，范加尔只是一名半职业球员，他每周要花29个小时的时间去阿姆斯特丹教体育。正如童话中那个长颈仆人一样，范加尔似乎对身边发生的事情十分警觉。

"你注意到没有，每当他拿球的时候，他总会抬头向前看，而不会向脚下看。"一个周日的下午，父亲对我说道。于是，我越来越多地将目光投向范加尔。因为我能从他的身上看到自己缺少的一些东西。我走路的时候，目光总是会看向脚下，也正因如此，我经常能在地上捡到钱——这儿捡5分钱，那儿捡10分钱，甚至有的时候能捡到一荷兰盾。很多小伙伴都因此嫉妒我。但从范加尔身上，我学到了这样的道理：如果你想取得真正的成就，你就必须站得更高，而且要直视前方的道路。只有这样你才能看清楚前路上发生的事情，才能做到"料敌机先"。

"挺胸！"我的体育老师范德里尔（Van Driel）先生喊道，"我只说一次，给我站直了，雨果！"他推了推我的后背。"收肩站好。你现在正是长身体的时候，得注意保持形体。"我不由自主地又想到了范加尔。他总是笔挺地站在那里。太累了，他是怎么坚持住的呢？

独特的站姿也体现了他的态度，体现了他对人生的看法。在《国际足球周报》上，28岁的范加尔"厚颜无耻"地说道："我坚持认为我们无法争夺榜首的位置，除非你是个自大的浑蛋。"

范加尔比我大11岁，他也是我的人生榜样：他与费尔南达（Fernanda

成婚，生下两个女儿，分别是布兰达（Brenda）和蕾娜特（Renate）。范加尔的自信会从他的举手投足间流露出来。而那时，我完全无法领会他保持自信的诀窍。每一天，不论是在家，还是在学校，抑或是在足球俱乐部，我都会被自我怀疑所包围。

让我为别人出谋划策？别搞笑了，我连自己该做什么都还没弄清楚呢。一点儿头绪也没有。不要问我怎么泡妞。我自己还没搞明白女孩呢，不过女孩们通常都喜欢那些年纪稍大、自信满满的男人。比如周日下午两点左右球场上的路易斯·范加尔。

再过不久我就要参加高考了。假设我能通过考试，那么然后呢？我这辈子到底要干些什么呢？如果幸运的话，我就能通过国家医疗机构的考试。但在我看来，那里就是人间地狱。人们每天都会对你大喊大叫，指手画脚。

每周日下午，我都会坐在看台上，呆呆地看着范加尔。我曾经看到过他在《国际足球周报》上对自己做出的评价："从荷兰人的角度看，我是一个非常有才华的足球运动员。我有很多优点，关键是我有上佳的技战术素养。更重要的是，我的悟性很高，还有领袖气质。"

我很好奇，谁给他这么大胆子，让他能够如此评价自己呢？

我不禁又想到，在茫茫人海中，我自己究竟处于怎样的位置呢？我在足球场上的能耐不值一提，在学校的成绩也很平庸。我的贞操也保持得十分完整。

"你的小脑袋在想些什么呢？"一天下午，母亲在为我倒茶时问道。

我很高兴路易斯·范加尔能帮助斯巴达队赢得比赛，但他那几近自大的自信却让我感到心烦意乱。这感觉就像学校里那些高年级的男孩在我心爱的女孩面前卖弄潇洒，或者是用他们肮脏的手在她身上乱摸一样。

我很纳闷，一个人如何才能做到一辈子都不对自己产生丝毫怀疑？

3. 掌 控

在范加尔为鹿特丹斯巴达队效力的 8 年时间里，俱乐部一直在荷甲三强——阿贾克斯、埃因霍温和费耶诺德队——的虎口下勇敢战斗。但在路易斯加盟球队的第二个赛季中，球队的状况变得更加糟糕。从特尔斯塔带来范加尔的罗马尼亚主教练米尔西亚·彼得斯库（Mircea Petescu）惨遭解雇。斯巴达队在那个赛季中以微弱优势惊险保级。那之后的赛季中，球队任命威尔士人巴里·休斯（Barry Hughes）作为主帅，但球队在赛季初的成绩依旧不见起色。就在人们苦恼万分的时候，救世主出现了。斯巴达队签下了迪克·艾德沃卡特和维姆·苏比尔（Wim Suurbier），这两名球员都是优秀的职业球员，他们也为球队带来了亟须的平衡性。一时间，所有人的士气都为之大振。

我在看台上目睹了球队的精彩表现。那时的球队可谓阵容鼎盛，除了激情四射、个性张扬的主帅休斯，"急先锋"艾德沃卡特和"花花太岁"苏比尔之外，斯巴达队还拥有"没面目"雷内·范德海普（René van der Gijp）、"疯子前锋"戴维·洛奇（David Loggie）、"冷面杀手"路德·海尔斯（Ruud Geels）以及"样样通"路易斯·范加尔。在那个伟大的赛季中，斯巴达队攻进了至少 75 粒进球，在积分榜上也仅仅落后于阿贾克斯和最终的冠军得主阿尔克马尔队——那时他们还叫阿尔克马尔'67队。

范加尔是一名足球运动员，但他在报纸上的言论看起来就像一位主教练。这引起了球队真正的主帅——巴里·休斯的不满。当时，这两个人的关系非常不好，就差吵架了。当然，巴里·休斯毕竟是球队的真正主帅，他用"技战术方面的原因"作为借口，将范加尔下放到二队中。范加尔当然心中有数，他知道休斯是不会得逞的，因为范加尔跟球队董事会的关系很好。"顺我者昌，逆我者亡！"范加尔的怒火燃烧了。这是一场"两块硬骨头"间的碰撞。

一位年纪稍长的队友林德特·德胡耶（Leendert de Goey）在旁观者的角度上看戏看得兴起，他说："其他球员刚来球队的时候都会比较老实，他们会先审时度势一番。但范加尔就完全不同。他刚到鹿特丹斯巴达队,就开启了嘴炮模式,甚至骂一些队友是无能的废物。进入一线队后,范加尔就更嚣张了,他什么事情都要插上一脚。当然了,他本人也有些领袖气质。说句实话,范加尔这种敢于顶撞教练的球员我还没见过几个。不过,范加尔阅读比赛的能力真的很强,他是一个优秀的前场组织核心。到了赛季末的时候,范加尔开始大吼着对队友们发号施令,指出队友们的失误。无论训练还是比赛,他都这么干过。我也不介意告诉你,我对此十分不爽。"

范加尔跟巴里·休斯的关系越来越糟,几近破裂。他向董事会表达了转会的意图。那时,有媒体爆料称阿贾克斯队有意回购范加尔,但俱乐部董事会与范加尔的关系十分密切,不愿将他出售。他们向有意者开出了80万荷兰盾的报价,对于那个时代的任何一家俱乐部来说,这都是个很高的价码。况且,又有哪家俱乐部会为一名跑步像做慢动作,且"臭名远扬"的球员一掷千金呢?最终,将帅二人达成了"暂时停火协议"。范加尔重回首发,并在那个赛季中打入5粒进球。

但发生过的事情就如泼出去的水,再也无法挽回了。范加尔从此不再仅仅是一个足球运动员,他已经晋升为球队的"幕后主帅"了。据接下来那周的《国际足球周报》透露,范加尔已经成了俱乐部的免费足球顾问。在接受采访时,范加尔声称:"我建议董事会卖掉路德·海尔斯。"

这跟罗宾·范佩西(Robin van Persie)建议格雷泽家族卖掉鲁尼,事后又把这事透露给媒体的做法何其相似啊!

俱乐部的一线队渐渐变得"群星云集"。20世纪80年代,丹尼·布林德(Danny Blind)、阿德里·范蒂格伦(Adri van Tiggelen)以及罗纳德·郎基(Ronald Lengkeek)等球员从青年队中脱颖而出,其中郎基还成了斯巴达俱乐部的队史最佳射手。一位来自阿姆斯特丹的体育老师承担起了照顾这些新人的角色,没错,他就是路易斯·范加尔。他向这些年轻人传授足球的诀窍,对于外界，他也从不隐瞒自己的"功绩"。范加尔认为他自己就是最佳足球导师，他将鹿特丹斯巴达青年队的进步都归功于自己。当然，他也因此承受了不少折磨。

范加尔在那几年中忙得不可开交。除了当体育老师，当斯巴达队的领袖之外，他还学着当教练。他还曾作为职业足球协会的代表，为同行们的权益奔走疾呼。正因如此，范加尔给荷兰足球界的大佬们留下了十分深刻的印象。

当然，疲于奔命的范加尔也没少来回折腾，他平均每天驾驶180英里，从阿芬霍伦的家中赶往鹿特丹，中途还要在阿姆斯特丹暂作停留。他偶尔也会将车停进停车场，在那里小憩一会儿。他会闭上眼睛，休息10分钟，为自己超负荷运转的身体充充电。但半职业球员的生活还是让他付出了代价——在这8年时间里，范加尔因为疲劳驾驶遭遇了3次车祸，每次都把车撞到报废，但他每次都能幸运地死里逃生。

那几年，范加尔一直从年轻球员尊崇的目光中汲取快乐。他们把他当作偶像。在球员休息室里，经常能看到范加尔为球员们评点比赛。他身着欧宝牌运动衫，手拿笔记本，身旁还放着一杯百加得可乐，俨然就是一位足球教练。那时候，范加尔已经拿到了B级教练证书，他总是抱怨荷兰足协的那群人不尊重他的足球理念。他认为这群人的态度十分可笑，他还会向所有乐于聆听的人倾泻满腹的不平："我不仅是一名足球运动员，我还对足球有着正确的认识……荷兰足球需要我这样的人。" 30年之后，范加尔昔日的队友们对此津津乐道——他们每个人都很乐于谈论范加尔的那些"名言"。"他确实让我们变得更好了，甚至可以说好多了。"亚德·安德里森（Aad Andriessen）说道，"我们都知道他总有一天会成为一名足球教练的，而且还会是一个很棒的教练。"

在为斯巴达队效力的8年时间里，范加尔在平辈或者老一辈的球员中并不是很受欢迎。德胡耶曾如此评价过他的昔日队友："路易斯是一个非常自信，甚至自大的球员……忘掉你的处事原则吧，在范加尔面前，那些都是狗屁。要我说，这货的词典里就没有'自省'这个词。每次发布荷兰国家队大名单的时候，范加尔都会因为没有入选而感到失望。"

　　斯巴达队的门将皮姆·杜斯堡（Pim Doesburg）为俱乐部效力了15个赛季，已经成了地道的斯巴达人。1980年，路易斯·范加尔建议董事会卖掉这位老门将。皮姆听说之后怒不可遏。在接受采访时，范加尔表现得毫不犹豫："我对俱乐部的主席说，这名35岁的老将明年就要合同到期了，与其让他被免费签走，还不如用他换20万荷兰盾呢。这种生意值得做。"

　　究竟怎么做才是正确的？父亲和我都没有搞清楚。就个人而言，我非常喜欢这个每时每刻都显得无比紧张的老门将。皮姆已经成了俱乐部的象征。1979年的一个下午，斯巴达队在比赛的最后时刻还以1∶2的比分落后于特温特（FC Twente）队。此时，斯巴达队获得全场最后一个角球。皮姆冲出禁区，冲到对方的球门前，接到队友罚出的角球头球攻门，皮球击中立柱内侧弹进网窝。一位供职于鹿特丹本地报纸的摄影记者用照相机捕捉到了这一时刻，我和父亲也出现在了这张照片中。照片中的我们站在破旧的看台上，虽然只是两个模糊的像素点，但这是我跟父亲在追随斯巴达队那段岁月中拍下的唯一一张照片。

　　路易斯·范加尔似乎格外喜欢战斗。他遇到的反抗越大，就会变得越强。俱乐部里的很多事情都要按照他的意思去办。而真正的主帅——巴里·休斯也不得不委曲求全。在1982/1983赛季，他甚至让范加尔担任球队的队长。这是一个值得纪念的赛季。斯巴达队最终排名联赛第四，顺利晋级欧洲联盟杯。让范加尔格外欣慰的是，巴里·休斯辞去了俱乐部主教练的职务。虽然他的替代者——贝尔特·雅各布斯（Bert Jacobs）——扮演的不过是提线木偶的角色，但范加尔却对他赞赏有加，说他非常专业。雅各布斯和范加尔相处得很融洽。

　　在1983/1984赛季，斯巴达队成为在欧洲联赛中走得最远的一支荷兰球队。直到1983年12月，鹿特丹斯巴达队才被莫斯科斯巴达克队淘汰出局。

在那个赛季的国内联赛中，斯巴达队最终取得了第 6 名，只差一点儿就可以晋级欧洲联赛。此时，范加尔在俱乐部中的地位已经不可动摇。

一年以后，斯巴达队重新站在了欧洲联盟杯的赛场上，并在 1985 年 10 月 2 日那天淘汰了 1983 年的欧冠冠军汉堡队。突然之间，这支让西鹿特丹引以为傲的球队占据了各种国内外体育报刊的头条。由传奇教练恩斯特·哈佩尔（Ernst Happel）带领的德甲巨人在自己的地盘输掉了一场惊心动魄的点球大战，惨遭淘汰。本场比赛，鹿特丹斯巴达队的英雄是秃头门将巴斯·范诺特维克（Bas van Noortwijk），他扑出了德国人的 3 粒点球。在那之后，范加尔冷静地打入了关键性的第 5 粒点球，并面无表情地从禁区内跑回中圈弧。这个画面同样让我难以忘怀。淘汰汉堡队的这场比赛是斯巴达俱乐部的光辉时刻。对于这场比赛，我百看不厌，当然，这其中也少不了路易斯·范加尔的功劳。

六　探寻范加尔（1）

1. 范加尔其人

您可能认为我会按照时间顺序继续描写范加尔的生平事迹，但我要让您失望了。毕竟这并不是一本自传。

这本书充其量（我这是谦虚一下）也就算是对范加尔性格的一次探索。我向您保证，这本书的体裁绝对别具一格。有读者可能会问了："这算是一本游记吗？"没错，这种说法我倒是很赞同。那就请诸位读者与我一起踏上去往范加尔内心世界的奇妙旅途吧。

是什么造就了范加尔的性格？他为何让我着迷？我们两个又因何事闹翻？

他是谁？他究竟是怎样的一个人？路易斯·范加尔是一个具有双重性格的人，他既是一个不可理喻的狂徒，又是一个追求完美的职业教练。不可否认，他是一位战术大师，但他有时也会变得顽固无礼。一位范加尔的亲信曾经称他是"杰出的疯子"。而在说这句话时，他显得惴惴不安。

在探寻范加尔性格的道路上，我并没有跟足球运动员、足球教练、俱乐部主席或俱乐部董事会的成员打过多的交道。为了探索范加尔的内心世界，我决定在从事其他职业的人群中寻找"向导"。在破解"范加尔之谜"的道路上，我与一位牧师，一位政客，一位精神病专家，一位模仿演员，一位剧场导演，一位媒体顾问，几位作家，几位诗人，几位记者同行和几个头脑敏锐、谈吐风趣的人建立起了联系。我坚信他们能够帮我找出"范加尔之谜"的真相。没错，亲爱的读者，既然范加尔经常说自己是一个"完人"，那我就从"完人"的角度去审视范加尔。我只能说，我会尽量做到最好。毕竟保持客观不是我的强项。

2. 拉斯普金

今天，我要驱车前往比利时。范加尔在 1973 至 1977 年间曾效力于比利时的安特卫普俱乐部，他代表球队一共踢了不到 50 场比赛。4 年时间只踢 50 场比赛，这着实有些少。那么，板凳生涯对于范加尔这样一个骄傲的人会有什么样的影响呢？

"范加尔是安特卫普的一名饮水机管理员兼超级替补。"路克·帕西弗（Luk Perceval）解释道。在 20 世纪 70 年代早期，帕西弗是安特卫普青年队的成员。如今，他已是世界上最好的剧场导演之一。今晚，由他改编的安东·契诃夫（Anton Chekhov）的作品《普拉东诺夫》（*Platonov*）将在根特上演。演出开始之前，帕西弗应我之邀讲述他记忆中的足球往事："当时安特卫普的主帅古伊·蒂斯（Guy Thys）要求一线队的球员们观看青年队的主场比赛，那也是我第一次近距离观察范加尔。他来看过我几次。我之所以能记得这么清楚，是因为他是少数几名能坚持来看青年队比赛的成年球员之一。能跟他并肩站在场边，我当时真的感到非常自豪。我那时得有 14 岁了吧。"

路克·帕西弗从童年起就是安特卫普队的死忠。帕西弗笑道："范加尔在场上——当然，我必须说，他上场的次数非常少——经常发号施令。他的传球很准，特别是长传球。他身上有种导演的气质。"

都是恭维的话。我大老远到根特来可不是为了听这些话。我想知道在安特

六　探寻范加尔（1）

卫普队的那4年时间是否对范加尔的自信有所打击。不过，既然著名导演都说年轻时的范加尔有种导演的气质，这些话还是值得一记的。不过，从帕西弗的话中我还是了解到了一些关于范加尔的信息，那就是：他是一个懂得变通的人。在人们的印象中，"变通"这个词并不总是能跟范加尔画上等号。

那晚，我在根特做了一件平时很少去做的事情——我去了剧院。路克·帕西弗坐在我前面4排的位置上，他戴着帽子，观看演员们表演《普拉东诺夫》。他是从德国乘飞机来到这里的，德国是他生活和工作的地方。

我是戏剧方面的白痴，对于剧中的深意，我自然是一概不懂。但我还是被演员们努力、专注并且生动的表演震撼了。其中一位名叫延斯·托马斯（Jens Thomas）的歌手一边弹奏着钢琴，一边演唱。他的歌声让我想起了安东尼·赫加蒂（Antony Hegarty），我被感动得潸然泪下。

一位旧相识曾经对我说，如果说戏剧界也有一位范加尔的话，那这个人一定是路克·帕西弗。帕西弗就是这样一位难以对付的、喜欢用他自己的标准去要求别人的人。演员出身的帕西弗对于合作过的导演们并不满意，于是他决定自己当导演，去做一个藐视世俗、敢于逆流而上、敢于尝试新鲜事物的导演。帕西弗认为，一名演员应该为他所扮演的角色做好一切身心上的准备。你以为身为大牌演员就可以在表演中懈怠吗？帕西弗会证明你是错的。

他把彩排的时间安排得很长，要求也很严格。在演员们放松或者热场时，他会让演员们背诵台词——就像念咒语一样。他是一位高标准严要求的导演，对跟他合作的人也是真正地关心。他手下的演员们可以任意地发挥想象力，但同时，他也会确保表演的真实性。尽管我还无法完全理解范加尔"高尚的灵魂"，但他的这些特质都很有范加尔的味道。

那天下午，我在《普拉东诺夫》表演开始之前跟他分享了我的这一看法，他当时就大笑道："路易斯·范加尔是被阿贾克斯队扫地出门的。他的足球生涯开始于阿贾克斯队，结果却被'遗弃'至安特卫普队，可以说是退了一大步。没想到，这么多年过去了，他居然成了阿贾克斯队的主帅，我当然对此十分惊讶。他刚成为足球教练的时候，我还嘲笑过他呢。我当时觉得很不可思议，范加尔这种人居然突然之间成了顶级俱乐部的主帅。但 1990 年左右，身为主教练的范加尔开始引起我的关注。那时我经常跟朋友们去酒吧里观看重量级的足球比赛，范加尔一次又一次地出现在电视荧屏上。又过了一段时间，几乎到处都有范加尔的身影，他已经成了一位足球大师。"

"呃……大师？"

"范加尔为职业足球教练们设立了一个新的标杆。穆里尼奥（José Mourinho）和瓜迪奥拉（Pep Guardiola）之辈都跟范加尔是'一路货色'——他们既是全队的精神领袖，又是人们眼中的自大狂。在足球产业不断壮大的今天，媒体需要这些拉斯普金（Grigori Efimovich Rasputin）一样的人物。没错，他们就是拉斯普金式的人物。想象一下身为巴塞罗那、皇家马德里或是拜仁慕尼黑主帅时你肩上所承担的压力吧。那时你的一言一行就不仅仅代表你自己了。随便说错一句话，你就会陷入万劫不复的境地。哪怕你瞪一下眼睛，也会有无数媒体把这作为头条新闻。对我而言，足球就是一场大戏。它不仅仅包括那些完美的传球、绝妙的进球、精妙的假动作和无瑕的技术。足球已经成了一个巨大无比的戏剧舞台。布拉特（Joseph Blatter）的狂想以及乌利·赫内斯（Uli Hoeness）的财政阴谋，这些都很有莎翁作品的味道。"

把足球比作戏剧？这我倒是头一次听说。不过，仔细想想这也不无道理。毕竟每个人眼中的足球都不尽相同。

大导演的高谈阔论还在继续："足球最吸引我的地方是它所蕴含的心理学特质。我能够理解在球场上错失良机所带来的沮丧感，也能理解板凳球员们的焦躁不安。你要知道，足球运动员们其实只是一群年轻人，而我们往往会忽略这点。这些二十一二岁的孩子哪里有什么人生观啊。你在范加尔身上看到的是一种孩子般的不成熟，我在工作时，也经常能在自己身上看到这种特质。正是这种不经世事的孩子气才激发出了最好的我们。无论是足球教练还是导演，我

六 探寻范加尔（1）

们都要从那些毫无顾忌的年轻灵魂中获取力量，从那些孩子般'任意妄为'的球员或者演员身上汲取灵感。这就是范加尔和我所需要的东西——那种不为世俗所污染的纯净才华。可能这话听起来有些专横，但我们就是需要任性，需要内心的驱动力！在我看来，无论是导演还是足球教练，都需要依赖于他人才能成功。如果没有灵感的火花，他们无法完成伟大的创作。他们需要年轻人身上的激情和野心。如果你的球员不再渴望胜利，你的演员不再渴望演出，他们不再渴望去探索、去追寻，你就会感到无能为力。话说回来，那些年轻的球员也同样需要一个范加尔这样的人。他们需要他强大的思想，需要他的专注和冷静，因为这些都是年轻人稀缺的品质。"

那么，那些大龄球员们呢？他们是否也同样需要范加尔的引导？我刚要插话，突然想到，如果范加尔听到导演的这番思考，他一会很高兴的，他们还会把范加尔的自负当作一种难得的个性看待。我甚至能听到范加尔正在用他洪亮的嗓音责问我："你竟敢打断这位弗兰芒友人的大论，谁给你这么大胆子？"于是我只好把冲到嘴边的话吞了回去。导演继续说道："足球与现实生活有着千丝万缕的联系。你看看克里斯蒂亚诺·罗纳尔多，再看看莱万多夫斯基（Robert Lewandowski）。罗纳尔多这样的球员就是为完美而生的，他在场上就像在跳华尔兹，头上还抹着闪亮的发胶。对于他这样的球员或者演员，我的态度就是：能避就避。因为他们不会把团队的利益当成第一位。而莱万多夫斯基这样的球员就完全不同，他像是一位普通的邮递员。他身上就没有那种自负的气质。"

"所以，您就像范加尔一样，更愿意跟莱万多夫斯基式的演员合作是吗？"我问道。

"没错。莱万多夫斯基这样的球员不会像罗纳尔多那样背上沉重的'名人包袱'。看克鲁伊夫踢球你就会有这样的感觉。你会看到，对于他而言，足球就是全世界。他与整个球队心灵相通，只消一个手势，队友就会把球传到位。

他完全地融入到了球队中，并把球队串联成了一个整体。同理，想成为一名天赋异禀的演员，也要具备相同的素质。小孩子在演戏时经常会忘掉有人在看他表演，他就能够摆脱剧本上陈词滥调的束缚。想达到这种物我两忘的境界，演员就要全身心地投入到表演中。克鲁伊夫踢球时就是这个状态。"

　　糟糕，他提起那个人了。路克·帕西弗居然在评论范加尔的时候对克鲁伊夫大夸特夸。我很想把"克鲁伊夫"这四个字从我的书中删除。因为我这本书是写范加尔的，我不想让书中的主角抱怨说"克鲁伊夫"占据了过多的篇幅。奇怪，我为什么会突然间如此在意范加尔的感受……

七　哦，路易斯（3）

声　明

我拿起电话，拨通了荷兰国家队新闻官吉斯·杨思马（Kees Jansma）的电话。

"您好，能麻烦您转告范加尔我正在写一本关于他的书吗？我宁愿他从我的口中得到这个消息。"

"没问题，"杨思马答道，"我会转告他的。"

八 冲突（1）

解 雇

"放逐"，用这个词来形容在英超效力的荷兰球员着实有些奇怪，但这就是布莱恩·罗伊（Bryan Roy）当时情况的真实写照。在被路易斯·范加尔从阿贾克斯队扫地出门后，这名左脚前锋在1995至1997年间效力于诺丁汉森林队（Nottingham Forest）。

让我们把时光拨回到1992年的秋天。那时，罗伊还是个毛头小子，他还在为阿贾克斯队踢球。我在一次采访中跟他的主教练——路易斯·范加尔——提起了他的名字。紧接着，我的耳边响起了"雷鸣声"："你在说什么呢？为什么我对待布莱恩·罗伊的方式就意味着球队资金的短缺？你是怎么得出这个结论的？如果我无法去做我认为正确的事情，我该如何保证球队的竞争力？要是我做什么事情都要去考虑球员们的身价，那我这个教练也不用干了！在场上贯彻教练组的战术思想是球员们的责任。如果我连便宜行事的权利都没有，我就会失信于球员。罗伊已经耗尽了我的耐心。还有，在足球的世界里，首发球员比替补球员身价高也是很正常的事情。"之后他还得意扬扬地说，尽管罗伊的身价有所下跌，但其他两名阿贾克斯球员——约翰·范斯奇普（John van't Schip）和阿隆·温特（Aron Winter）——的身价却有所升高，这是他带给俱乐部的巨大"福利"。然后，范加尔愤怒地总结道："你们这些记者啊，整天就

八 冲突（1）

盯着罗伊的事情不放……关于这件事我已经解释过很多遍了！你们自己不愿意去理解，我又有什么办法？！"

我惊呆了。这就算是采访结束了？才过了 10 分钟而已啊！

就在几个月之前，范加尔刚刚带领阿贾克斯队在欧联杯中夺冠，像这样的机会可不是每天都有的。承蒙同行好友莱奥·维赫尔的关照，我得以采访到范加尔。莱奥一直以来跟范加尔处得很好。那几年，我跟莱奥一同供职于《全景画》（*Panorama*）杂志。"好吧，我同意了。"范加尔不情愿地说道，"这可是看在你的面子上，莱奥。我跟你的那位同事可不怎么合得来。我在阿尔克马尔的时候，那个叫博斯特的家伙曾经问了一个让我难堪的问题。你别以为我把这事给忘了。"

其实，我同样无法忘记那次采访的经历。1986 年，范加尔从鹿特丹斯巴达队转会至阿尔克马尔'67 队。在他职业球员生涯的最后一个赛季中，他曾许诺将成为阿尔克马尔 B 队的教练。这也算是范加尔成为正式主教练前的一种过渡，至少范加尔是这么想的。

但"当我们正在为生活疲于奔命时，生活已离我们而去"。这是约翰·列侬（John Lennon）的名句，不是我说的。路易斯的计划也因阿尔克马尔队的人事变迁而宣告破产。作为球员的范加尔缺少绝对的实力优势，他那时的状态也一直不怎么好，而把他带到阿尔克马尔队的主帅也在 5 个月后宣告辞职。他的继任者是汉斯·伊肯布鲁克（Hans Eijkenbroek）。汉斯让范加尔担任他的助理教练，路易斯的球员生涯也因此戛然而止。

范加尔真的搞清楚自己的地位了吗？他本该作为伊肯布鲁克的副手，但他却事事冲在最前面。球员们都无法容忍这位"独裁"的前队友骑在自己头上。为此，范加尔做了一件现在看来十分符合他风格的事情——他将 B 队中最具天赋的 7 名球员补充到了一线队阵容中。此举也收到了很好的效果。

场边的范加尔生龙活虎。如今，我们当然已经习惯了范加尔的那些古怪行为（我们无法忘记 1995 年欧洲冠军杯决赛中范加尔那记笨拙的空手道回旋踢）。但在 1987 年时，教练们都比较保守，少有范加尔这样特立独行的人物。一些董事会成员、记者以及球迷认为范加尔过于抛头露面，而伊肯布鲁克则面色苍白地坐在那里，安静得近乎可笑，两个人形成了鲜明的对比。范加尔凡事亲力亲为，与球员们并肩作战，无论他的动机如何，他的所作所为的确帮到了俱乐部。在 1986/1987 赛季，阿尔克马尔'67 队惊险保级。但 6 个月之后，事态急转直下，时年 36 岁的助理教练范加尔失业了。

那时我刚刚成为一名足球记者，供职于《国际足球周报》。我习惯于在星期一安排颇具时效性的电话采访。那天是 1987 年 12 月 14 日，星期一，我拨通了范加尔的电话，并用一句对于事实的描述开始了我的采访："您被解雇这件事引起了足球界的阵阵嘲弄。"

"这很符合逻辑，"范加尔答道，"最近几个月一直有些体育杂志在造我的谣，比如你所在的那家杂志。他们都说我要架空伊肯布鲁克，但这都是胡扯。"

"快得了吧，"我责备道，"当时就是你在掌控球队，伊肯布鲁克根本没有实权。"

范加尔哪能忍受这种言论，我敢说他当时就怒了。他气冲冲地答道："媒体一直在误导大众！"

"所以，如果我没有理解错的话，这都怪我们喽？"

"是的，这就是我下课的主要原因之一！"范加尔说道，"你们根本无法获得关于球队的真实信息。就是你们的凭空造谣才让我被足球界的人'阵阵嘲弄'。这是你刚才的原话。"

接下来，我又问他谁才是球队真正的主帅，范加尔的愤怒爆发了："到现在为止，我一直在含糊其词，因为我要保护一些人的权益。但总有一天，我会将事情的真相透露给大家。因为这件事让我受到了攻击，因为路易斯·范加尔一直在当替罪羊，因为我的名誉受到了玷污，因为人们一直被错误的舆论导向

八 冲突（1）

牵着鼻子走，他们想毁掉我的形象。此时此刻我什么都不会说的，但总有一天我会说出真相！这一天不会太远了，这件事情也会给牵涉其中的人留下不可磨灭的印迹。回想一年之前，1986年12月的时候，为什么身为球员兼教练的路易斯·范加尔会接替因病离职的汉斯·伊肯布鲁克？这其中发生了什么？1987年1月到7月之间发生的事情，背后又隐藏着些什么？那个时候没有人抹黑我，没有人说我抢班夺权。就连你们《国际足球周报》也没有这么做。这又是为什么呢？还不是因为球队的成绩不错！"

"那么现在就是您澄清自己的机会了。"

"我现在还不准备这么做，"范加尔说道，"这样会让我失信于某些人的。"

"您是说，汉斯·伊肯布鲁克吗？"

"不仅仅是他。"

……

几年之后，范加尔讲述了事情的真相。那时，主帅汉斯·伊肯布鲁克的病情比他本人所透露的要严重得多，他也将掌管球队的权利交给了路易斯·范加尔，但他有一个条件，那就是不许让任何人知道他患有过度换气综合征。

我那天对于范加尔的"拷问"还并未结束。

"18个月之前，你参加职业足球教练培训课的申请被回绝了，这对你而言可谓另一个重大打击。那么你会因此告别足球界吗？"

"我的申请为什么被拒绝了？"范加尔反问道。

"因为他们没有向你提供许可。"

"他们为什么没有向我提供许可，你知道为什么吗？"

"嗯……我记得是我在提问题吧。"

"你在提问题之前，要确保自己了解所有的事实真相。要确保自己消息的可靠性。"

"我的消息很可靠。你参加那次培训课的申请被拒绝了,不是吗?这件事你跟其他人说过吗?"

"我跟一两名阿尔克马尔球员说过。"范加尔承认道,"这几个球员出尔反尔,才过了 24 小时就把我出卖了。我对这些球员的人品感到很失望。"

"你不觉得你过于聪明了吗,路易斯?"

"我可不这么想。我无话不可对人谈。以我的经验来看,球员们都很希望了解事实的真相,但在我从事职业足球这 15 年里,却很少有人对我解释过什么事情。我很愿意跟球员们分享信息,我认为这是一种优良品质。"

"你至少要等 3 年才能再去考教练证书。"

"我的声誉已经严重受损了。"范加尔说道,"我的名声已经惨遭践踏。这其中,你所在的那家杂志也要负一定责任。我还要再等两年才能去参加培训,才能成为职业教练。与此同时,我不觉得会有人雇我当助理教练的。我没有选择,只能等待。"

事后了解到的一些信息使我能够更好地解读 1987 年的那次争吵,现在,让我为诸位读者做以下分析:

(1)这次采访让我们第一次领略到了范加尔多疑且敏感的个性——他认为媒体在误导大众,甚至间接导致了他的下课。

(2)这次采访让我们第一次见识到了范加尔作为一流教练的潜力——他渴望与球员们交流,他会在事前与球员们分享信息。

(3)路易斯·范加尔经常对同事们失望。那次,他就对阿尔克马尔队中一些球员的人品表示失望。

(4)范加尔不会回避冲突。同时,这次采访也凸显出了范加尔的另一个特征——他经常以第三人称来称呼自己,叫自己"路易斯·范加尔"。他是在试着用他人的眼光去审视发生的事情。他这样做得出的结论是:范加尔先生的

八 冲突（1）

威名被抹黑了。

不过，路易斯并没有因此一蹶不振。

他在此后的岁月里赢得了重重赞誉，哪怕是他的死敌也对他赞赏有加。

让我们再把目光转回到我在1992年代表《全景画》杂志采访范加尔时的画面。在我问了一个关于布莱恩·罗伊的问题之后，范加尔的办公室里变得"乌云密布"，气氛紧张。

范加尔不会一走了之吧？

这种让人窒息的安静大概持续了15分钟。莱奥在椅子上惴惴不安，而范加尔则用一种愤怒甚至是鄙视的眼神牢牢地盯着我的眼睛。不过还好，他至少没有拍屁股走人。

过了一会儿，范加尔终于开口了，这让我如释重负。早知如此，我之前就不该问他"罗伊事件"背后是否另有隐情。不过说实话，范加尔在几天之前曾对他的左边锋"恶语相向"。他毫不留情地指出，这名球员一事无成。这简直是一种侮辱。那么，这种在媒体面前竭力贬低自己球员的做法是否另有目的呢？范加尔是否又在玩"毁掉信心，重塑人格"的伎俩？

"这件事就是这么简单，没什么其他的原因。"范加尔坚持道，"你所做的那个假设根本没有任何依据，纯粹是瞎猜。"

他的音量还是那么大。我跟莱奥只能觍着脸硬挺下去。我都被吓得不敢开口了。主帅很生气，后果很严重。在他撒完气之前，我还是好好地当个安静的美男子吧。

"天啊，恐怕不会再有人像我一样把事情解释得如此清楚了。"范加尔说道，"我是不是非得像复读机一样把罗伊的事情重复个20遍啊？那才是对他人格的一种侮辱呢！那会给他带去巨大的压力，还会影响到他的发展、他的转会以及他的各个方面。我那么做只会让他更不开心。你认为我很愿意说这个话题是吗？我心里也是很难受的！"

"你快别扯淡了。"我心想。

很可惜，那天我没能录下这段对话，否则我就可以在多年之后一遍又一遍地重温当时的画面了。范加尔很好地诠释了"演员的自我修养"。

回想当初，真是感慨万千啊。我们那时都不敢相信自己的眼睛和耳朵。作为阿贾克斯队的主帅，范加尔经常把记者当成他的球员对待——他在记者面前同样直言不讳。在赛后的新闻发布会上，范加尔会对犯了错的记者进行"点名批评"，并会当着各位记者同行的面指出他错在哪里。这种做法的效果并不好。他曾告诉我和莱奥："我所提供的信息都被人进行了主观解读，甚至是篡改……有些人一味地哗众取宠。"

从那时起，范加尔就一直与某些记者交恶。"我太天真了，"范加尔解释道，"很多关于我的报道都在说谎。所有这些报道都在竭力描述我的自负。我是一个有主见的人，我也很自信。我行得正，坐得端。我的态度和我的人格的确很容易给人造成自大的假象。"

在范加尔被阿尔克马尔队解雇之后，托恩·哈姆森（Ton Harmsen）成了他的"救世主"。20世纪80年代，托恩·哈姆森是阿贾克斯俱乐部的主席。哈姆森是我足球记者生涯中遇到过的最为可怕的暴徒，同时也是最没有节操的骗子。如果有记者敢仗义执言他就会毫不犹豫地对其进行威胁。比如有一次，阿贾克斯俱乐部发生了一起医疗事故，我在进行报道时态度十分坚决。随后，哈姆森对我说道："如果我是你的话，我就会多加小心，雨果。你早晚会去见医生的！"他喘息道。托恩·哈姆森的呼吸总是非常急促。你会觉得他的每一次喘息都有可能是他的最后一口气。抑或是你的最后一口气。

哈姆森十分欣赏范加尔的轻狂。当然，范加尔也毫不犹豫地接受了阿贾克斯青训主管的职位。几年之后，范加尔以出色的成绩通过了最高级别的职业教练培训课程。1991年，时任阿贾克斯主帅莱奥·本哈克（Leo Beenhakker）

八 冲突（1）

转投皇家马德里队，范加尔接过本哈克的教鞭，成为阿贾克斯队的正式主帅。不到一年之后，范加尔率领的青年禁卫军捧起了欧洲联盟杯的奖杯。1995年，范加尔治下的阿贾克斯队再进一步，赢得了欧洲俱乐部的至高荣誉——欧洲冠军杯，并再接再厉，赢得了洲际杯的冠军。

我至今仍然对1992年的那次采访难以忘怀。我仍然能记得范加尔的话语以及他眼中闪烁的泪光："那些损坏我名誉的报道也让我清醒。看来我有必要跟他们谈一谈条件了。我不明白，为什么记者们要一次又一次地质疑我的诚实。我当教练这么久，从来没有说过一句谎话。我天生不会说谎。"

我确实认识一个不会撒谎的人，他还跟我十分亲近。他就是我的儿子。他患有未分类广泛性发展障碍（Pervasive developmental disorder not otherwise specified，PDD-NOS），属于自闭症的一种。

如果真有这样一个不想或不会撒谎的人，那他一定是自闭症或者类似疾病的患者。

据称在大概10年之前，每500个人里面就有一个自闭症患者。如今，这个数字变为了1/100。说不定我自己也是这些人中的一个。但我无权猜测范加尔是否患有这种疾病。

也许我该去拜访一位正准备对范加尔进行远程诊断的精神病学家。这可不是个简单的任务。

九　哦，路易斯（4）

1. 书名的来历

最开始，我本来想写一本关于马尔科·范巴斯滕的书。这本书我至今仍然在写，但我很害怕我写的东西会让他不开心。这几年来，我跟范巴斯滕的交流并不多，但我还是很尊敬他。他是一个好人，我不想跟他发生冲突。路易斯·范加尔则是一个完全不同的人。作为一名记者，他逼得你别无选择。如果他对你大吼大叫时你没有还击，你就不配记者之名。

我曾经一度想给这本书起名为"路易斯和我"。本来，这个书名也算比较合适。但后来，考虑到一些商业方面的原因，我最终放弃了这个想法。"路易斯·范加尔"这个名字本身就是书籍大卖的保证，我对此不敢怀疑。所以说，把"我"藏到书名中就显得毫无必要了。这反而会降低本书的"名人效应"。因此，我最终决定用范加尔的名字作为这本书的书名。连他的姓氏我都没有加上，这种待遇只有那些真正伟大的人才配得上。

在那之后，我突然有种想在"路易斯"三个字前面加上"哦"字的冲动。我这么做当然有自己的原因。

本书中有不少关于我自己的描写。这是不可避免的，因为我跟范加尔似乎是隔世的冤家，总是莫名其妙地纠缠到一起。我之所以选择"哦，路易斯"这个名字，是因为本书中包含了很多我对范加尔的理解。① 但除此之外，我也想借此表达自己的一种解脱感。

乌利·赫内斯曾对《电讯报》（De Telegraaf）的记者说，路易斯·范加尔不认为自己是上帝，他认为自己是"上帝之父"。那之后，一位朋友给我发来邮件，说这件事解决了我的书名问题。我要承认，我确实考虑过这个建议。从市场的角度来看，"路易斯·范加尔——上帝之父"这个名字的确有些噱头。不过这个名字还是有点冷漠，缺少人文关怀。说到底，这本书是在向路易斯·范加尔——这位近乎完美的足球教练致敬。

2. 病床前

讲述这个故事的时候，坐在我面前的那个男人眼中闪烁着泪光。他的名字叫塞斯·维尔堡（Cees Wijburg），我们两个人约定在希佛萨姆的一家餐馆见面。他是范加尔夫妇的朋友。颇具讽刺意味的是，维尔堡是一名传媒培训师。

2006年夏天，他告诉范加尔和特鲁斯，约翰·布兰肯斯坦（John Blankenstein）——一位著名的荷兰裁判——已经病入膏肓，命不久矣。他得了癌症。当天晚上，范加尔夫妇驱车赶到位于海牙的一家医院。在看清来访者后，布兰肯斯坦被疾病折磨得异常憔悴的脸上露出了一个大大的微笑。不久之后，布兰肯斯坦和范加尔居然谈论起了当裁判时和过往比赛中发生的故事。

"你知道吗，这就是范加尔的能耐，"维尔堡说道，"他总是能用某种方法激发起你心中的热情。约翰那时已经奄奄一息了，但当路易斯跟他回首过往的比赛时，我能看出来，他整个人都精神多了。那可能是他仅剩的气力了。很抱

---

① 考虑到种种因素，中文译本将书名译为《范加尔传：路易斯·范加尔的内心世界》。——编者注

歉,我不记得当时谈话的细节,但如果范加尔说过'不,约翰,在这件事上你就是错了'这样的话,我也不会感到惊奇。"

我跟维尔堡都笑了。我头脑中突然浮现出了这样一个画面:神采飞扬的范加尔正不断地激励着一位奄奄一息的病人,跟他一起重温1995年阿贾克斯对阵费耶诺德比赛中的某次铲球,争论他当时是否该依据有利进攻方的原则不吹停比赛。

此时,荷兰诗人布滕(P.C.Boutens)那句优美的诗闯入到了我的心中:"生命的微笑可以平息死亡的嘶吼。"范加尔就是这样的人。他告诉我们,生命的光辉永远不会熄灭;他告诉我们,即便在垂死病人的病床前,依然可以有生命的火种。

那天晚上,护士并没有对范加尔下逐客令。"范加尔一直待到晚上十点半,"维尔堡回忆道,"这就是生命的尊严,这就是人性的美好。三天之后,约翰病逝了。"

3. 草 皮

2005年12月,老于世故的电台记者安迪·霍特坎普听到了一些小道消息。他听说阿尔克马尔队将在下个赛季搬到新体育场后采用传统的天然草皮,而不是范加尔强烈呼吁的人工草皮。他感到十分吃惊,毕竟谁都知道,范加尔的话就是金科玉律。

于是,霍特坎普联系到了阿尔克马尔队的新闻官,向他求证俱乐部董事会是否决定在这件事上专制一把,驳回范加尔的建议。但新闻官只用一句索然无味的"无可奉告"来搪塞他。

在霍特坎普耳中,这句话肯定的意味要多于否定。好奇害死猫,急于刨根问底的霍特坎普决定在一次赛后采访时就此问题向范加尔提问。

九　哦，路易斯（4）

"你从哪里听到这个消息的？"范加尔呵斥道。

"传言都这么说。"

范加尔摇着头听完了霍特坎普的话，在随后的交谈中，两人打了一个赌：谁猜错新球场到底用哪种草皮，谁就欠对方一瓶好酒。

范加尔十分确定霍特坎普要开始考虑买酒的事情了。

就在第二天下午四点半左右，霍特坎普清楚地看到阿尔克马尔官网上发布的一条消息：球队将在下个赛季使用英式黑麦草。

几个星期之后，霍特坎普出现在了范加尔面前，向他索要一瓶里奥哈美酒。

"你什么意思？"范加尔咆哮道，"究竟要用哪种草皮，这得到周四早上才能最终决定呢。"换句话说，按照赌约，在周三晚上俱乐部仍有改用人工草皮的可能，所以范加尔从理论上讲还没有输掉赌约。

霍特坎普无法相信主教练居然还会抵赖，还会输不起！他被范加尔的孩子气震惊了。

至于那瓶酒，他从来就没拿到过。

故事还没有完。一周以后，霍特坎普和范加尔在一场比赛的赛后采访中再次相遇。阿尔克马尔俱乐部的新闻官带领范加尔来到霍特坎普身边，问他："你要采访路易斯·范加尔吗，安迪？"

其实霍特坎普也不是特别想采访他，毕竟他已经采访到了那天比赛的主角——一位在比赛中打入乌龙球并吃到红牌的倒霉蛋。霍特坎普刚下定决心："为什么不呢？"范加尔那边就开始嘟囔了："啊，又是这个人。我不喜欢这个记者。"

之后的故事想必您已经阅读过了——我们在前面的章节中已经领略过了一个咄咄逼人的范加尔与一个镇定冷静的霍特坎普之间的对话。

两个星期之后，霍特坎普得到消息：在他与范加尔发生冲突之后，阿尔克马尔主帅拒绝再接受他们电台所有记者的采访。

这就是赤裸裸的抵制啊！在被"打入冷宫"6个月后，霍特坎普接到了一份由范加尔授权签署的匆忙写就的声明：他的"禁赛"终于结束了。

不过从那以后，霍特坎普与范加尔的关系一直十分冷淡。

十　探寻范加尔（2）

1. 开心果

"说足球界的人都没有激情是不是太不公平了？"说这话的人很可能是荷兰最受欢迎的喜剧大师——安德烈·范杜恩（André van Duin）。他的表演以表情丰富、段子过硬而著称。他刚才的话是一个问句，随后他自己答道："罗纳德·科曼（Ronald Koeman）或是贝尔特·范马尔维克（Bert van Marwijk）这种主教练的新闻发布会通常都是循规蹈矩，没什么意思。顶多就是跟你呛两句。但范加尔的新闻发布会可就热闹多了，他经常给你爆出一两句经典语录来。他的发布会真是一切皆有可能。这真是太棒了，不是吗？他们应该对范加尔心存感激才对呢。他的存在也是我偶尔会看看足球的原因。"

我们的喜剧大师说得没错。范加尔是一个人生传奇，他甚至超越了足球的界限。这么多年来，范加尔给荷兰的电视观众带去了无数的笑料。但我想从荷兰喜剧之王那里弄清楚一个问题，那就是范加尔仅仅是表现得比较可笑还是他本人就极具幽默感？

喜剧大师曾经近距离地接触过范加尔，他曾扮演过一位兼具路易斯·泰鲁（Louis Theroux）花哨的采访技巧以及弗兰克·斯宾塞（Frank Spencer）无厘头搞笑气质的足球记者，他还曾到诺坎普"采访"了时任巴塞罗那队主帅的路易斯·范加尔。范杜恩对我说，他在"采访"前感到十分紧张："在那之前，我对范加尔几乎没什么了解。我们等了大概两个小时，才有人鼓起勇气敲响了范加尔的房门。他们一直告诉我们：'范加尔就在里面，但你们最好不要在这个时候打扰他。'还有人告诉我，在范加尔面前千万不要提克鲁伊夫的名字。说实话，我不知道这两个人之间发生了什么，但从那个好心人的面部表情来看，他们之间的矛盾似乎还挺深。我开始觉得自己是在花样作死。我不知道事情会进展得如何，所以我也提高了警惕。我们的任务只是拍几组能用的镜头，不过要是把范加尔惹火了，我们可就死定了。"

不过，喜剧大师的担心显然有些多余了。我们的喜剧大师充分地表现出了对于足球的无知，这让路易斯·范加尔可以尽情地纠正他的错误。范加尔在纠正人们错误的时候总是会表现出他最好的一面。整个拍摄过程中，范加尔都表现得十分配合，甚至主动进入角色，接受喜剧大师的"采访"。等到差不多拍够了的时候，范杜恩扮演的冒牌记者抛出了那个"重量级"的问题："那么，您是怎么看待克鲁伊夫这个人的呢？"

范杜恩笑着回忆道："我刚抛出这个问题，就急忙躲到了桌子底下，装作要躲开他的怒火。这招果然管用了。范加尔处之泰然，表现得十分和善。他看起来挺温厚、挺友好的。嗯，不对，也不能说是友好吧，他只是表现得十分配合。他的'表演'有模有样的，就像一个真正的职业演员。我那天一直告诉自己：'尽量不要提出反对意见，这样我们就可以快点结束了。'果然，太阳还没有落山，我们就结束了采访。那之后，我们和他的妻子特鲁斯一起共进晚餐，大家聊得很开心，每个人都很放松。早知如此，我们就该把拍摄安排在晚餐之后了。我跟范加尔仅仅一桌之隔，这也让我有机会去了解他到底是个怎样的人。"

"那他到底是个怎样的人呢？"我问道。

"特鲁斯问范加尔，她是否可以跟我们讲讲他俩相遇时的情景。范加尔装作被这个问题激怒了。他的表演真是韵味十足。他说：'好吧，亲爱的，如果你非要把这件事告诉全天下的人，我也无权阻止你。'之后又是初吻的事情。

'你介意我把初吻的事情告诉他吗,路易斯?'范加尔又假装长长地叹了一口气。真是太好笑了,大家都很高兴。特鲁斯那天谈兴很高。她每次都先征求范加尔的同意,然后就打开话匣子了。路易斯在一旁静静地听着,任由特鲁斯讲述两人过往的经历。特鲁斯负责滔滔不绝,范加尔负责装不情愿。两人这种反差也产生了极强的喜剧效果。他俩真是一对好演员。"

"范加尔到底是不是在演戏啊?"

范杜恩想了一会儿,说道:"范加尔很清楚自己在做些什么。他一直都知道。他知道如何引起人们的关注。有的时候,他甚至像在对记者说话:'看吧,这又是一个电视上的经典片段。'你知道吗,我觉得他之前那些'失态'都是装出来的。"

"什么?您是说他在演戏?"

"没错,"喜剧大师点头说道,"我就是这么想的。"

"您确定?"

"至少有一部分是在演戏。"范杜恩答道,"他是想达到某种目的。也许欧冠决赛上的那记回旋踢只是一时兴起,随性为之。但在那之后他面对德国观众喊道:'Wir sind die Besten!(我们是最棒的!)'这显然是他事先就'预谋'好了的。他知道这么做会产生什么样的后果,他对此很清楚。"

"您认为他是否有幽默感呢?"

"我认为他天生就很滑稽,"范杜恩毫不犹豫地答道,"他就是一个很滑稽的人。他不需要去装作很幽默。无论什么时候、什么地点,他都只是在做自己而已。"

"您觉得范加尔有可能成为一名喜剧演员吗?"

范杜恩点头说道:"没问题,他不仅知道如何去逗笑别人,他本人就是一个开心果。喜剧演员也有许多种。我确定他懂得该如何去博人一笑。他根本不需要什么剧本。他背的那首诗不就是他随手写的吗?"

我不禁大笑。对啊,范加尔还曾经当着众人的面朗诵过一首打油诗呢!我怎么把"范大诗人"的作品给忘了呢!

2. 共处一室

范加尔在公众面前究竟是否在演戏呢?为了解决这个问题,我决定前往埃里克·范姆斯温克尔(Erik van Muiswinkel)在赫姆斯特德的家。埃里克可能是荷兰最为"多栖"的艺人了。他的身份很多,包括演员、荷兰语言学权威、模仿演员[他曾经模仿过尼尔森·曼德拉(Nelson Mandela),如今这位伟人已经与世长辞了,呜呼哀哉]、独角戏喜剧演员、作曲家。他偶尔还会活跃于政治界。在"范加尔是不是极具天赋的演员"这一问题上,范姆斯温克尔很有发言权。因为他也曾代表一家足球杂志面对面地采访过范加尔,那时,范加尔还在拜仁慕尼黑队执教,并带领拜仁闯进了欧洲冠军联赛的决赛。

埃里克·范姆斯温克尔住在一幢白色的房子里,屋里全都是一些板球器械,这也证明他把板球看得比足球更为重要。

这也意味着,他对于这项荷兰人最热爱的运动只是怀有敬意,但并不狂热。范姆斯温克尔也认为自己只是一个初级的足球迷而已,算不上是足球专家。"足球比赛太复杂了,"他说道,"如果你像范加尔一样年纪轻轻就把足球看作自己的生命,你就会想从各个方面去探寻足球,你就会对每场比赛都异常用心。这样,在你跟一个门外汉聊起足球时,对方就会感到无比沮丧。"

他笑道:"我们在新闻发布会上和采访中经常能见到这种情况:教练或者球员们会被记者们的无知震惊。埃德温·范德萨(Edwin van der Sar)甚至将这种想法表达了出来。他用那双无神的眼睛紧紧地盯着他们,看着他们胡言乱语,然后说道:'我当然不会去承认你的观点。'他们的做法其实还算隐晦的。范加尔就绝不会这样,他会直接反驳你,他会跟你吵成一团。对于一名记者而言,能够把范加尔这样的人逼得浑身不舒服,逼得勃然大怒,然后收获几条头条新闻,这也是一种荣誉。不过我很奇怪,人们为什么这么热衷于对付范加尔呢?毕竟他只是说了一些符合身份的话,做了一些符合身份的事而已。而且,他也是唯一一个对大家坦率直言的人。"范姆斯温克尔的语音因激动而微微发颤:"那些所谓的明星球员,他们总是说出一些毫无营养的废话。他们什么都不想透露,所以记者们只能自己去猜测事情的真相。范加尔就不会这样,我很欣赏他这一点。他就像是一只霸王龙,他是唯一一个还没有被这个平庸的世界所同化的异类。"

"但您的喜剧同行范杜恩说范加尔一直在演戏。"我反驳道。

范姆斯温克尔略加思索之后摇了摇头,说道:"他在媒体面前的那些情绪失控绝对不是表演。你能从他的眼中看到怒火。他的脸会变得通红。他无法控制这种情绪。这些都是他真实的情绪,绝对不是他在摄像机面前演出来的。我曾亲眼见到他对朋友和知交发火,他甚至还对朋友的妻子和朋友的朋友发火,这都是他无法控制自己的表现。即便是那些慈祥的小老太太也难逃范加尔的愤怒。他无法容忍人们亵渎足球尊严的行为,而且在他的词典里,'亵渎足球尊严的行为'定义很广,他随时都有把自己逼疯的危险。"

"照您这么说,'范加尔是演员'这种说法是个伪命题喽?"

"我曾见到过他跟朋友们一起玩游戏。"范姆斯温克尔回忆道,"晚饭时,我跟他说:'您知道吗?您跟我说过的所有话我都会保密的,我可不是记者。'他用一种嘲笑的口吻答道:'是吗?可是你看起来就像一个记者!你怎么看,特鲁斯?你看看他那身打扮。'特鲁斯倒是愿意帮我说话:'但我觉得他那件夹克挺不错的啊,我觉得他的打扮没什么问题。''你真这么认为吗,特鲁斯?'他开始演戏了:'太不可思议了,你看他穿的那身夹克啊!你居然觉得这身打扮没什么问题?'"

"那您当时有感到不舒服吗?"我问道。

"他那都是在开玩笑。"范姆斯温克尔说道,"他当时心情很好。但我确实觉得他话中带刺。

范姆斯温克尔随后给我讲述了他与范加尔夫妇在慕尼黑共进晚餐的经历。那时,拜仁慕尼黑队刚刚在欧洲冠军联赛中赢得一场胜利。一同赴宴的大概有12个人,除了他们三人之外,还有范加尔的一些朋友和同事。

"在慕尼黑跟他隔桌相对的感觉一定很恐怖吧?"

"很明显,在教士餐厅的那次晚宴将由范加尔来组织,而范加尔也当仁不让。首先就是点菜,一位侍者推荐了一道香肠起司饼。范加尔告诉他们,荷兰人喜欢丰盛一点儿的食物,接着他就从菜单上挑选了一道最为油腻、最为传统的德国菜。然后,他逼着我们将这些食物吃了下去。那道菜里有大量的肥肉、厚厚的起司和很多火腿。他还点了一些猪蹄、烤猪肉、肉类合盘以及德国泡菜作为配菜。吃这些东西真是太折磨人了——那些半熟的猪的眼睛仿佛在紧紧地盯着你。这些食物都不是很健康。"

"那你都吃光了吗?"

"嗯,我不敢不吃啊。"

他稍微停顿了一下,继续说道:"范加尔会逼迫你处处谨慎的。他就像一个不会给你丝毫喘息机会的法语老师。但同时,他又是一个真正的名人。你不会去冒犯他的,因为你会想在他面前多待一会儿。还有,在范加尔的词典里就没有'闲聊'二字。这就意味着你在他面前永远不可能真正地放松。范加尔是一位世界名流,你跟他相处会有一种压迫感。那些足球明星的光辉会在他们退役的一瞬间消失殆尽。我实在记不起有哪位球星可以在退役之后仍然能让你感觉到那种'名人气场'。但范加尔就有这种能耐。你跟政治家和伟大的画家们共处一室时,会因为他们身体中所蕴藏的某种不可名状的气质而注意到他们。而在此之上其实还有另外一层更高的境界——有些人似乎天生就闪烁着伟大的光辉,跟他们共处一室,你会感觉到他们已经完全掌控了周围的环境,而你反倒成了闯入者。范加尔就是这种人。"

十一　哦，路易斯（5）

1. 匿　名

我写书的事情被一位不愿意透露姓名的记者同行知道了。他给我发了一封电子邮件，邮件的内容是关于他本人采访范加尔的经历。

"那其实都不能算是一间接待室。屋子四面都是光秃秃的墙壁，桌子上也空无一物，还有，那儿的咖啡也难喝极了。那个人坐在我的面前，表现得还算友好，但我总觉得有什么事情不对。我总觉得他好像有意隐瞒了很重要的事情。我们谈了两个小时，他跟我说，他肯花这么多时间接受我的采访已经是很给我面子了。他可能是在开玩笑，但他说话的语气却很认真，以至于我一时间无言以对。我不知道我是否该用一个礼貌且友好的笑容去回应他。他看起来也很受折磨。他很想表现得亲切一点儿，自然一点儿，但他真的做不到。他的体内蕴藏着一种巨大的力量，他无法控制这种力量，他永远也做不到。"

这位记者告诉我，他之所以选择让我匿名发表这段文字，是因为他不想给他的同事以及他所在的单位惹来麻烦。

"但您写的东西又不包含人身攻击的内容，"我在回信中写道，"您只是在描写一个纠结的人而已。无论如何，十分感谢您这段精巧生动的文字。"

2. 应对媒体

坐在我对面的那位女士看起来忧心忡忡。估计她是被我吓到了。她不知道我究竟只是太过紧张还是精神失常了。我坐在牙科候诊室里，随手翻着一份已经过期的《国际足球周报》。蓦地，我被一篇文章引得放声大笑。这篇文章的作者是米歇尔·范埃格蒙德（Michel van Egmond）。2013年夏天，范加尔率领的荷兰国家队在印度尼西亚和中国进行巡回赛，范埃格蒙德也趁此机会对其进行了观察和采访。

彼时，荷兰国家队的新闻发言人曾试图改变媒体与主帅之间的关系，但他的这一"魅力攻势"却适得其反。眼前这篇文章就是对此事的描写。荷兰足协预定了一间套房，国家队的随队记者也获许在这里与主帅范加尔进行一次非正式的会谈。按照范埃格蒙德的话，这次见面会的目的就是"塑造一个平易近人的范加尔。消除范加尔长期以来'愤怒大叔'式的不和谐形象"。

范埃格蒙德写道：

北京的大街上车来车往，间或传来一阵鸣笛，划过宾馆顶层房间内漫长的死寂。终于，一名记者问道："您对事情的进展还满意吗？"

"满意。"范加尔答道。

之后，又是一阵让人不安的平静。荷兰主帅十分善于让访客感到无所适从。他在新闻发布会上也曾展现过这项"技能"。只要他一进房间，屋内顿时会充满紧张的气氛。也正因为如此，人们才会抓住那些并不好玩的笑话狂笑一番以缓解内心的紧张。

事实上，真正可笑的是范加尔那蹩脚的英语。但这已经无所谓了，因为他随便发表一句笑点隐晦的评论，人们都会像抓住救命稻草一般。路易斯·范加尔——一个不需要讲笑话的喜剧大师。

客观来讲，荷兰国家队新闻发言人的这一举动也算是一番好意，但这件事情的顺利进行要以范加尔的"合作"为前提，而这正是问题所在。我继续读了下去：

有人问范加尔，他将如此多的年轻球员召入国家队是否是一种冒险？因为他们还年轻，无法稳定保持自身的状态。按说这算是一个不错的问题，但显然我们的主教练对此并不赞同。

"我不这么认为。你说这话是在把我往沟里带，我不喜欢这样。"

"我并没有诱导您的发言，"那名记者说道，"我并没有暗示什么。"

"不，你有。你在暗示这些年轻人无法承担国家队的责任。至少我是这么理解的。我认为这也是你想说的。但想当年，我带领一群十八九岁的孩子赢得了欧洲冠军联赛的冠军。所以，我已经证明了你是错的。依我看，你这个问题纯属胡扯。"

对于那样一个还算合理的问题，这种回答显然过于咄咄逼人。另外一个记者却揪住这个问题不放，他表示年轻球员的确无法长期保持稳定的状态。范加尔用一种带有压迫感的语调答道："按你这么说，斯内德也无法长期保持稳定的状态。要是我说错了，你可以纠正我，但我记得范佩西也有很长时间没有进球了。你怎么不去关心这个问题呢？这跟年龄没有关系，这些都是媒体编造出来的不实观点。"

范加尔回答问题的语调已经把整个"亲善计划"变成了一个笑话。他似乎是来吵架的。之后，又有一个记者问道："韦斯利·斯内德的伤病是否与他放纵的生活方式有关，而您又是否曾跟他谈起过此事呢？"这个问题终于点燃了范加尔的怒火。"但我有权利提出问题，不是吗？"那个记者抗议道。"不，你没有权利问那样的问题，"范加尔答道，"这个问题已经越过道德底线了。"他紧接着又说："你以为你是谁啊？"

之后，有人向范加尔提出了这样的问题："您说韦斯利·斯内德在关于队长人选的讨论会过后曾经离开过球队，这到底是什么意思呢？他是回到自己的住所还是短暂离开了训练营？"这是一个关于事情细节的问题，本来也没什么大不了的，但范加尔却将它视为公然的挑衅。他提高了自己的嗓音，此时距离会谈开始仅仅过了20分钟。"这太不可思议了！你真是个烦人精！"他对这位目瞪口呆的记者喊道，"这太不可思议了！你总是把事情往坏处想。他只是回了他的住所而已，只是回到了他的房间而已！"

"可我只是在探究事实而已。"记者说道。

"没错，但你完全可以换一种提问方式，你可以问：他是不是回到房间了？但你没这么问，你问的是：他是不是离开训练营了？你就是这么说的。你让我说你什么好……"

路易斯的这种举动实在很有喜感。可问题来了，他为什么会如此激动？这着实让人毫无头绪。

在目睹了现场发生的一切之后，范埃格蒙德用如下这个问题表达了他的困惑。

"您为何这样激动呢？"

"我没激动，一点儿也没有。"

"可您一直是很生气的样子。"

"不，我没生气。我只是在批评他们的提问。"

"那您为何毫无原因地大动肝火呢？"

"没有，我一点儿也都没有生气。"

随后，荷兰国家队主帅再度恢复了沉寂。他闭口不语的样子就像一道千古谜题。

"路易斯，您说的话和您的肢体语言都表现出了您的愤怒。当然还有您的那几声假笑。是因为我们犯了什么错误吗？抑或这就是您面对媒体时的一贯态度？"

"并非如此。传媒界也有值得我尊敬的人。"

"但那些人今天都没有到场，是吗？"

"这可是你说的。你又来了，把自己的话强塞到我的嘴里。这真是很奇怪的做法。"

"不，我没有，这跟其他人的发言一样，只是一个问题而已。"

"没错，是一样，其他人的问题也是在向我灌输他们的看法。"

"我没有向您灌输任何个人观点。"

"你有。这太有趣了。记者们总是将他们脑子里的看法用问问题的方式传递给我。"

"我真的没有任何个人观点，我只是在问问题而已。"

"好吧，但你的问题却暴露了你的想法。有什么话你不妨直说。"

"我只是坐在这里，观察您的一言一行，然后我发现您的举动都透露着愤怒。这没什么大不了的，甚至可以说很正常。我只是想知道，您在面对媒体时一直都是这种心情吗？"

"不是，传媒界也有值得我尊敬的人。"

关于范埃格蒙德的记述我们先写到这里。

几周之后，我与荷兰国家队的新闻发言人——吉斯·杨思马通了一次电话。他对我说，他对范加尔在中国的表现十分失望，他居然在一次旨在亲善媒体的非正式活动中肆意攻击各位记者。不过，杨思马的语气也透露出了一丝无奈："他就是这样的人……"

让范加尔这样的人在曼联执教将是怎样的一番情景啊！红魔的新闻发言人是否也想"教"范加尔如何应对媒体？如果他真的这么想，他能做到吗？我已经对那个可怜的人感到万分同情了。

十二 探寻范加尔（3）

陷 阱

作为一位社会民主党领袖,身兼前工党领导人、前财政部长、前副首相的沃特·博斯(Wouter Bos)曾私下里对范加尔与记者们的冲突"大加赞赏":"我曾在一次工党的大会上引用了范加尔的金句'是我太聪明了,还是你太笨了',这句引用博得了全场的笑声。但依我看,范加尔的这种做法并不明智。不过,看到他'收拾'某些人时,我还是会心中暗爽。我自己就曾有过痛揍某些记者的冲动,因为他们总是歪曲事实。要我看,他们要么是真的不了解情况,要么是对真相视而不见。作为一名政客,我总是很羡慕范加尔,我要是能像他那么畅所欲言该多好啊。但总有人告诉我不要那样做。"

他的脸上露出了一丝微笑。

可以说,博斯这20多年的从政之路并非一帆风顺,他在与媒体打交道时显得尤其挣扎。博斯继续说道:"我离开政坛时,形象已经被毁得差不多了。在仕途中,我曾转变过自己的观念,也表达了自己的疑问,这让我被看成是一个不可靠的人、一个朝三暮四的人。"所有这些都告诉我们一个道理:想在公众面前抛头露面,自己就得强硬一点儿。"范加尔在这一点上就做得十分出色。"博斯笑道。

"学一些公关方面的技巧应该就可以避免落入记者们的圈套了吧。"我建议道。

"嗯，无非就是谨言慎行，保持礼貌，保持回答的简洁性，不要做落井下石的事情。当然，最重要的就是不要主动引发争吵。"博斯叹道，"但范加尔的个性太强，有的时候他会禁不住忘记这些注意事项。没错，范加尔是一位伟大的足球教练，但他也是一个非常情绪化的人，他'任性'的毛病总会不合时宜地发作，这多少会让他名声受损，给大家造成一个'范加尔十分易怒'的印象。人们甚至觉得范加尔是一个不合群的人。"

"范加尔的遭遇多少引起了您的共鸣吧？"

"没错，"博斯说道，"我就是那种一看到假新闻就忍不住拿起电话投诉的人。我也要学会保持缄默。负责公关的人总是跟我强调，让我永远不要卷入与记者们的骂战中。否则他们随时有可能写出一篇让你陷入万劫不复的报道来。你对此毫无办法，只能保持信息的公开。但说实话，看着范加尔做出那些我敢想而不敢去做的事情的确可以治疗我心灵上的创伤。"

"那在范加尔情绪失控的时候，您会对他感到同情吗？"

"我本人很愿意看到那样的情景，"博斯承认道，"但我同时也在想：'不要这么做啊，路易斯。'这也就是说，我认为范加尔一直是正确的。范加尔十分善于分析事情。他很清楚记者们的某些问题中暗含了一些假设，这些假设是记者本人凭空捏造出来的，它们既不真实，又缺乏考证。于是，范加尔决定摧毁这些问题。国务大臣皮亚特·海因·唐纳（Piet Hein Donner）跟媒体的关系也很紧张。他曾经对我说：'作为一名政客，你最怕记者问这样的问题："那么唐纳先生，您现在还打老婆吗？"如果你说是，那你无论如何都死定了。如果你说不是，那就意味着你承认了自己曾经打过老婆。所以你只能去攻击这个问题，但这样的话你也会处于不利的境地，因为人们会质疑你为何如此敏感。'说实话，足球记者们也总是会提出这种问题，而范加尔对此就完全无法容忍。"

"如果范加尔学会控制愤怒的话，他会成为一名更好的教练吗？"

"范加尔从事的工作要求他全身心地投入，要求他保持内心的平和。从这一点来看,愤怒只会干扰范加尔的内心,让他失去冷静。除此之外,无论是荷兰足协还是荷兰的足球俱乐部,他们都致力于营造与媒体间的和谐氛围。不过,范加尔的个性也让他收获颇丰——尽管他遭受到了记者们的批评,但每个人,或者说几乎每个人,都会承认他是一个极为职业的足球教练。能得到这么多人的尊重也可以说是一种殊荣。"

"您刚才说'几乎每个人',您是指……"

"只有那些身处'克鲁伊夫阵营'的人才会对范加尔有所质疑。不过,回到你刚才的问题上,如果范加尔真的学会控制他的脾气,他很可能会变得更强大,很可能会上升到一个更高的境界。我能感觉到,他在每次发火之后,都会总结经验教训,避免下次再落入到同样的陷阱中。从一些事情上,我们还是能够看到范加尔正在变得更加成熟。在跟球员们打交道的时候,范加尔的控制欲不像以前那么强烈了。这无疑与他的年龄有关,但更为重要的是,范加尔有着不断学习、不断追求进步的良好品质。另外,范加尔对某些人表现出来的忠诚也让我十分钦佩。当然,这些人也对范加尔足够忠诚。拿帕特里克·克鲁伊维特(Patrick Kluivert)来说吧,他和范加尔之间就很有默契。不论克鲁伊维特做过什么糟糕的事情,范加尔都会毫不犹豫地将他召唤到荷兰国家队中,担任助教。这种忠诚是人类最美好的品质之一。"

忠诚,信任。博斯开启了一个很大的话题。"忠诚"二字的确让范加尔做出过不少让人匪夷所思的事情。很少有球员像克鲁伊维特那样让范加尔频频失望,特别是他在场外的表现,更是让范加尔近乎绝望。但范加尔就像万能的上帝一样,原谅了他所有的过错。

"那么,您认为我们见到的'范加尔'就是全部的'范加尔'吗?他的身上是否还藏有不为人知的一面?"

"我本人对他在英格兰执教的前景感到十分好奇,"博斯说道,"他总是能做出让人意想不到的事情。那次,他在德国的一家电视台接受采访时,居然说起跟特鲁斯做爱的事。他当时怎么说的来着?亲亲抱抱?我当时就在想:我的天哪！你怎么会说这种事情？还有他在重返阿贾克斯时作的那首打油诗。换成是我，想作也作不出来啊。"

"那您认为学习一些公关方面的技巧会对范加尔有帮助吗？"

"不会的。"博斯坚定地说道。

"您对范加尔身上那种让人厌烦的'专家范儿'有什么好的建议吗？"

"这就是他的性格，很遗憾，我自己的性格中也有这样的一面。我总觉得自己的工作干得很好，于是我就想告诉那些与我意见相左的人：其实你们什么都不懂。"

"我觉得人们会把这种态度称为'自大'。"

"没错，这种态度很接近自大了，"博斯说道，"但我觉得真正擅长某种工作的人就应该时常有这种'自大'。"

"总结起来，范加尔的世界观就是：老子一个人站在世界的顶端，批评我的人什么都不懂。"

"我经常能看到他露出'这个记者狗屁不懂'的表情。他不认为这是一种个人观点上的分歧，他会认为'这些事我都懂，他都不明白'。当然，这些'观点冲突'中有一半是范加尔真的在理。而另一半呢，别人提出不同看法也无可厚非。所以也没有必要在这些事儿上争个谁对谁错。我认为这种争吵毫无意义。"

"也就是说，召开新闻发布会就是在浪费时间？媒体人无法让范加尔展现出最好的自己？"

博斯纠正道："不，范加尔的'宿敌'不是媒体人，而是无知和肤浅。他无法容忍足球界存在无知，更无法容忍这种无知呈现在公众面前。"

十三　You Tube（2）

约格·达尔曼

2010年11月4日，拜仁慕尼黑队在一场欧冠联赛的比赛中击败了克鲁日队。

赛后，供职于德国私有电视台Sat I的记者约格·达尔曼（Jörg Dahlmann）向范加尔提出了这样一个问题："请您谈谈戈麦斯（Mario Gómez）吧。是不是我们所有人——包括您在内——在赛季初对戈麦斯的看法都错了？"

范加尔："不，我没有犯错。我的工作就是提升球队的表现，而他的工作就是进球。他在赛季初进了许多球，但在那之后，他遭遇到了瓶颈。作为球队的主帅，我要把他跟队中其他前锋放在一起进行比较和权衡。如果你连这种事情都无法理解的话，那是你自己有问题，跟我无关。"

达尔曼："您没必要如此强硬吧，我又没说什么消极的话。"

范加尔："不，你们总是这么消极。"

达尔曼："您能听我说句话吗？"

范加尔："不能。"

达尔曼："我就说一句。"

范加尔："你们总是这么消极。"

达尔曼:"不,我没有消极啊,我从来没有消极过。"

范加尔:"你刚才问的问题还不够消极吗?"

达尔曼:"我知道您是在按照自己的方式去工作……"

范加尔:"你想说:'你犯了个错误。'这就是你问题中隐含的意思。"

达尔曼:"那是因为……嗯……毕竟我是个记者。我是想说,戈麦斯现在表现得很好,这是一件好事啊。"

范加尔:"不,你刚才问了一个消极的问题。"

达尔曼:"好吧……接下来我还想问一个'消极的'问题。可能这个问题也会让您感到不舒服:您准备如何处理与赫内斯的关系呢?您准备如何把这一页翻过去呢?"

范加尔:"我为什么要把这一页翻过去?发生的事情就是发生了。"

达尔曼:"但现在你们之间出了一些问题。每个人都在谈论这件事。"

范加尔:"我只看到你在说这件事。"

达尔曼:"没错,我当然说了。"

范加尔:"什么叫'当然'?你看到我俩闹矛盾了吗?"

达尔曼:"这么说,您跟赫内斯之间是没什么矛盾喽?"

范加尔:"我的确曾对他发表的一些言论有过质疑,但那都是过去的事了。我也就此问题发表过一次声明。为什么你又在这儿提起这件事?你应该有时间去读我们发表的声明吧?"

达尔曼:"我是有时间,但我总不能盲目地相信一份声明吧?毕竟一份声明不能代表你们两人已经重归于好了。"

范加尔:"你说错了,当我跟赫内斯握手时,就代表我们两人都向前看了。我的职责是执掌球队,训练球员。我不是俱乐部主席。这不是一个概念。我要跟我的球员、我的职员,还有俱乐部董事会的成员打交道。或许我跟董事会成员以及俱乐部主席会面的次数会多一些。不过这也很好啊,这可以增进我们之间的了解。这又有什么问题呢?"

达尔曼:"好的。那我就告辞了,十分感谢您!"

范加尔:"好的,多谢,多谢了!"

范加尔怒视着这名记者,然后转身离开。

十四　探寻范加尔（4）

1. 巫　师

　　让我们回到我在根特的那段旅程。比利时大导路克·帕西弗已经跟我讲述了他作为青训球员在安特卫普队（也是他最爱的球队）效力的往事。也跟我分享了超级替补范加尔坐在场边看他们比赛时，他心中的骄傲。他还夸范加尔天生有导演之才。

　　但除此之外，我还对范加尔另外一个时期的故事感到十分好奇：这位足球界的伟人在德国，准确地说是在拜仁执教时究竟犯了什么错？路克·帕西弗虽然是比利时人，但他已经在德国工作了12年，所以他一定能为我揭开更多的谜底。

　　平时细声细气的比利时大导在谈到这个话题时音量明显提高了，而且他眼中也燃烧着热情的火焰："范加尔进步神速。他一下子就从寂寂无名走上了欧洲之巅。他夺得了那么多冠军，而且带领的还是那么年轻的一群球员。我开始觉得范加尔像一个巫师。他可不仅仅是在调教足球天才，他还把自己的足球意识灌输到了这群年轻人的头脑里。我一直是他的崇拜者，直到他去拜仁以后。"

　　"为什么？他在拜仁做错了什么事情？"

路克·帕西弗在 21 世纪初搬到了德国，先后辗转于汉堡、慕尼黑和柏林。从安特卫普东尼浩斯剧院的著名导演到柏林邵宾纳大剧院的一名驻院导演，这看似是一种退步，但事实证明，这次角色转换对帕西弗来说是一次职业生涯的飞跃。帕西弗坚信自己具备成为知名导演的一切条件，于是他满怀信心地开始了工作。"我发现柏林的媒体十分狭隘，十分势利。他们拥有了太多好东西，以致过犹不及。这种态度有点儿类似慕尼黑。他们总认为：我们是最大的城市，那些优秀的戏剧作品早晚都要在我们这里上映。这种想法会导致自满的滋生，会让他们变得玩世不恭。柏林得有比利时一半大，因此，五个大剧院之间的明争暗斗有点像部落之间的战争。每个剧院都认为自己是最好的，他们认为自己不需要从外界吸收营养，这让他们失去了好奇心。但一家剧院最需要的就是这种好奇心，就是一种不受世俗干扰的见识。柏林曾以开放而闻名，但这都是谣言。柏林其实很穷。那时我经常把这些话讲给愿意听的人。但我其实犯了一个典型的范加尔式的错误——我不该把所有问题都告诉媒体。结果我的诤言换来了柏林人的报复，他们说要让我付出代价。我万万没想到人们会是这种反应。"

"但您已经在德国待了 12 年了，您的事业依然十分顺利。而范加尔却在两年之后就断送了自己的前程。"

"这是因为我很幸运，我在适当的时机搬去了汉堡，"帕西弗解释道，"汉堡可不像柏林那样分为东柏林和西柏林。来到这里，你会感到柏林就是贫瘠的沙漠而汉堡就是梦的海洋。这座城市的气息也更为美好，大海给这座城市带来了生机。那里是世界上最大的港口城市之一。"

在范加尔执教拜仁的首个赛季中，他带领球队夺得德甲联赛的冠军，并闯入欧冠决赛。球队中的年轻人在他的引领下茁壮成长。范加尔不怕与卡尔·海因茨·鲁梅尼格（Karl-Heinz Rummenigge）以及乌利·赫内斯这样的俱乐部大佬们掰手腕。但在第二个赛季结束之后，俱乐部因为一系列糟糕的战绩将范加尔解职。

"您觉得范加尔是否该表现得更谦逊一些？我们在 You Tube 上能看到范加尔庆祝联赛夺冠时的情景。他当时对着镜头声嘶力竭地狂吼。要知道在此之前人们一直把范加尔看作一个喜欢对旁人大吼大叫的自大狂，他在那样做之前应该多考虑一下后果吧？拜仁庆祝夺冠时，您究竟有没有想过：'路易斯，你最好别这么做。'"

"怎么说呢，"帕西弗说道，"我有好多次都想劝他三思而后行，但我觉得他无法控制自己的情绪。"

"那您对他有什么忠告吗？比如说尽量不要落入某种圈套之类的？"

"其实我最想对他说的是，我一直对他十分同情。"

"您知道吗，卢克？我感觉您对他是一见钟情了。"我开玩笑道。

帕西弗的表情仍然很平静，他真诚地说道："我之所以没有给他任何忠告，是因为我觉得范加尔不是那种从善如流的人。我十分确定他身边没有人能给他任何忠告。假如你跟他说：'路易斯，我觉得你应该换个角度去看待身边的事情。'这反而会让他感到厌烦。我不觉得他能听得进这些话。"

"看着一位荷兰足球教练功成名就，并在市区广场大肆庆祝，德国民众有什么想法吗？"

帕西弗耸了耸肩，说道："他们也很高兴，毕竟拜仁赢得了联赛冠军，并且也闯入了欧冠决赛。作为一名外国人，范加尔赢得了尊重。因为他做得比德国人要好。而且他是在德国足球的首都赢得的这一切，他是在拜仁——万能无敌——慕尼黑队赢得的这一切。在那种荣耀的时刻，国别什么的都不重要。范加尔那时春风得意，所有人都认为他是最适合拜仁的主帅。但在几个月之后，拜仁被多特蒙德队打得满地找牙。一时间，全队军心涣散，战意全无。取而代之的是内乱的爆发。这种事情居然发生在范加尔治下，这简直让人觉得不可思议。不过像范加尔那样时不时发个强硬的声明，跟俱乐部大佬们过不去，抑或在权力斗争中扮演一个搅局者的角色，惨淡的收场就在所难免了。这种事情在柏林戏剧界时有发生，遗憾的是，贵为德甲'班霸'的拜仁慕尼黑队也难以幸免。从那时起，事情就变得不受范加尔控制了。"

"那您会给范加尔哪些建议呢？您在德国就干得很好啊。您有什么秘诀吗？"

"我只是学会了用沉默去面对世界的丑恶，并对美好的事情及时感恩。"

此时，我们两人的咖啡杯已经见底，我向侍者示意买单。

帕西弗继续说道："范加尔执教拜仁时，罗伯特·恩克（Robert Enke）因为抑郁症卧轨自杀了。范加尔在巴塞罗那执教时，恩克也在队中效力。荷兰人将恩克放在了替补席上。恩克的自杀震惊了整个德国。对于拜仁慕尼黑俱乐部以及范加尔来说，这是一段黯然的岁月。很快，恩克留给朋友的一本日记被公之于世，发表的内容对范加尔很不利。要我说，这是压垮范加尔的最后一根稻草。人们因为这件事情开始对范加尔冷眼相待，认为他是一个冷酷无情的教练。更何况范加尔已经有'前科'了——他居然在一次采访中说德国人根本不懂足球。"

说完，大导露出了一个勉强的微笑。

几天之后，我拜读了罗纳德·伦（Ronald Reng）的那本大作《转瞬即逝的生命——罗伯特·恩克的悲剧》（*Robert Enke，Een al te kort leven*）。罗纳德是恩克的朋友。大导提及的那本日记也被整合进了这本书里。除了范加尔，这本书还说到了现任阿贾克斯队主帅弗兰克·德波尔（Frank de Boer）。相比而言，德波尔在书中的形象更为糟糕。当时，恩克还效力于巴塞罗那队，他在一场比赛中犯了几次十分低级的错误，结果他在场上被德波尔痛骂了一顿。事后，德波尔还当着媒体的面批评了恩克。也许这种行为在阿贾克斯俱乐部不算什么大事，但在其他人看来，这是对足球同行的极度不尊重。恩克是一个敏感的年轻人，他对德波尔的做法感到非常伤心。其实恩克的麻烦还不止这些，他当时还被维克多·巴尔德斯（Víctor Valdés）挤出了首发阵容，被主帅范加尔打入了冷宫。

"你要去学习范德萨的比赛方式！"这是范加尔对恩克提出的要求。那个赛季，范加尔并没有跟恩克有过太多交流。但他的那个要求已经伤害了恩克的自尊心。

还在本菲卡效力的恩克曾在度假时给范加尔打过一个电话。恩克想知道巴塞罗那是不是真想签下他。根据伦在书中的记载，范加尔当时是这样回答的："不错啊，恩克先生，你这个电话就算打对了。因为我才是决定巴萨球员名单的人。"

范加尔继续说道：

"想买你的人不是我，而是巴萨的体育总监。我甚至都没听说过你！"

话说到这里，罗伯特·恩克已经不想再听下去了，哪怕在此之后范加尔又向他保证三名门将拥有同等的竞争机会，还对他说："如果你签约的话，你也一样有机会成为首发。"

最终，恩克还是选择了签约。事实证明，那个赛季对于德国门将来说就是一场噩梦。

罗纳德·伦还在书中写道："几年以后，罗伯特给我讲述了那通电话的事情，他强调，范加尔当时几乎是咆哮着对他吼道：'我甚至都没听说过你！'"

很显然，范加尔并没有说实话。他肯定是听到了巴塞罗那体育总监想买下恩克的消息才故意这么说的。无论如何，范加尔的做法实在欠妥。

在名为"双足"的章节中，伦写道："罗伯特·恩克刚到巴萨就已经知道自己的主帅是一个把残酷当诚实的人。"

2. 坏 人

荷兰人埃德温·温克尔斯（Edwin Winkels）居住在巴塞罗那附近一座名为锡切斯的海滨小镇中。温克尔斯是一位记者兼小说家，他已经在这个宁静的小镇生活了超过 25 年。埃德温曾经供职于一份名为《日报》（El Periódico）的报纸，每天都要对巴塞罗那队进行采访和报道。因此，他在评估范加尔巴萨生涯的功过得失上有着得天独厚的优势。在范加尔接手巴萨之前，温克尔斯曾见证过克鲁伊夫巴萨生涯的光荣与失落。1997/1998 赛季，范加尔正式成为加泰罗尼亚俱乐部的主帅。温克尔斯对范加尔这一年的一举一动都格外留心。

荷兰人微微一笑，陷入到了对往事的回忆之中。温克尔斯曾经写过《孤独的冠军》（De eenzame kampioen），讲述的就是范加尔在巴萨的执教经历。根据温克尔斯的描写，范加尔的出现使得巴塞罗那俱乐部中上演了一出表现足球文化冲突的戏剧。

在温克尔斯的协助下，我对范加尔初次执掌巴萨的经历（1997—2000）进行了回顾。范加尔为何会被解雇？他到底犯了哪些错误呢？对此，温克尔斯给出了详尽的解答。现在，我将温克尔斯的观点稍作整理，为各位读者朋友逐条列出：

（1）范加尔起用了过多的荷兰或是前阿贾克斯队的球员和员工。这些人包括：赫拉德·范德莱姆（Gerard van der Lem）、弗兰斯·霍克（Frans Hoek）、路德·海斯普（Ruud Hesp）、迈克尔·雷齐格（Michael Reiziger）、温斯顿·博加德（Winston Bogarde）、菲利普·科库（Phillip Cocu）、鲍德温·岑登（Boudewijn Zenden）、帕特里克·克鲁伊维特、亚里·利特马宁（Jari Litmanen）、德波尔兄弟以及他的助教罗纳德·科曼。球队中的荷兰元素过多，以致球迷缺少认同感。

（2）范加尔想将他的阿姆斯特丹战术体系移植到巴塞罗那。但巴塞罗那的球迷并不喜欢这种战术体系，他们觉得这种足球太过丑陋。球迷十分怀念克鲁伊夫"梦之队"的全攻全守，但范加尔不为所动。5 场比赛过后，范加尔的巴萨排名西甲联赛榜首，但球迷仍然挥舞着白手绢以示抗议。他们不管球队的排名如何,只想尽快摆脱这个教练!范加尔一共为巴塞罗那队带来3个冠军奖杯,但球迷们始终不为所动。

(3)范加尔在新闻发布会上的态度让人讨厌。他刚愎自用,冷酷直白,满怀敌意。他根本不懂得"圆滑"二字该怎么写。他生性多疑,其实人们根本不像他想象的那样要对他进行攻击。

(4)范加尔宣誓效忠约瑟普·路易斯·努涅兹,他是"除掉"约翰·克鲁伊夫的"罪魁祸首"。巴萨球迷对克鲁伊夫的喜爱固然是一个原因,更为重要的是,范加尔所效忠的努涅兹可不是什么好角色。努涅兹曾经为了降低建设成本而贿赂加泰罗尼亚的财税顾问,结果东窗事发,努涅兹也站到了被告席上。这起案件从1999年一直审理到2011年,最终,努涅兹被判入狱6年。目前,努涅兹正针对这一裁决向上级法院提出上诉。我始终搞不明白,范加尔为何要与努涅兹为伍?他哪怕有一点点情商也不会做出这种事情啊。当人们警告他远离努涅兹时,范加尔简直不敢相信,他竟一直效忠努涅兹到最后一刻。努涅兹倒台之后,范加尔也难免遭受池鱼之殃。范加尔是加泰罗尼亚地区少数几个支持努涅兹的名人之一,他们还在媒体面前公开拥抱过。当范加尔站到努涅兹这边时,他就选择了站到克鲁伊夫的对立面。在巴塞罗那,站错队可是一件大事。

(5)来到巴塞罗那的第一天,范加尔做了一次演讲,在演讲中他说了这样一句话:"现在,路易斯·范加尔就是这里的明星。"但在西班牙,场上的球员们才是真正的明星。

(6)巴塞罗那赢得联赛冠军之后,范加尔激动地大喊:"巴萨!巴萨!巴萨!"球迷们觉得他这么做有脑残之嫌。

(7)范加尔曾与里瓦尔多(Rivaldo Vitor Borba Ferreira)发生争吵,以致两人关系决裂。范加尔不喜欢巴西人。他在拜仁时就曾将卢西奥(Lucimar da Silva Ferreira)驱逐出队。范加尔不会处理与大牌球星之间的关系。

(8)范加尔曾设立了一间球员休息室,这在西班牙是前所未有的事情。很快,那里就成了荷兰人的天地。队中的西班牙球员都不会去那个地方。他们不愿意跟克鲁伊维特和德波尔这群人一起大吵大闹,一起大口喝酒。范加尔离任之后,这间休息室就再也没有启用过。

(9)范加尔在巴塞罗那说过的最糟糕的一句话是:"西班牙是一个十分宜居的国家,但在这里工作的感觉真是糟透了。"这句话引起了巴萨人的不满:"我们给你这么多工资,这就是你说'谢谢'的方式吗?"

(10)克鲁伊夫执掌球队时,体育记者可以拍摄到球队所有的训练环节。但范加尔却在训练基地周围设立了很多巨大的障碍物,以防记者进行偷拍。此举引起了我们的反感——我们有那么多报道任务在身,他却切断了我们的消息源,这分明是想砸我们的饭碗啊!

路易斯·范加尔曾在不经意间使得埃德温·温克尔斯成了西班牙家喻户晓的名人。1999年圣诞节前夕,巴塞罗那俱乐部在诺坎普举行了一场新闻发布会。温克尔斯也出席了这次发布会,他那天就坐在一位供职于西班牙《国家报》(El Pais)的记者身边。那位记者问了一个关于里瓦尔多的问题。里瓦尔多此时刚刚赢得国际足联金球奖,他告诉媒体,从现在起他只会踢前锋身后的那个位置,而不是范加尔要求他扮演的边路角色。而范加尔也放了狠话——里瓦尔多可以去看饮水机了。

温克尔斯回忆道:"《国家报》的那位记者同行问范加尔:'您是否承诺过会让里瓦尔多回到中路的位置上,然后又失信了呢?'范加尔听后立即爆发了。当然,我也要在这里说明一下,范加尔那时刚刚参加过球队的圣诞午餐,他喝了很多酒,所以难怪他会如此失控。况且那次新闻发布会的主题是要正式任命巴克罗(Jose Bakero)为球队的助理教练,所以这个问题也算有些不合时宜。范加尔当时大吼道:'Tu eres muy malo!(你是个坏人!)Siempre negativo, nunca positivo!(总是这么消极,从来不说积极的事情!)'我的同行回答道:'这取决于您怎么看了。'范加尔听后又喊了一句:'Tu eres muy malo！'我当时就对同事说：'我可不想继续坐在这儿了，他会把我们骂死的。咱们快走吧！'于是我们两人就起身离开了。当然，我俩起身离开的动作没有出现在那段著名的视频中。走到门口时，我转过身来，用嘲讽的口吻对范加尔说出了临别赠言'Feliz Navidad（圣诞快乐）'之后，范加尔咆哮道：'Si si, muy bien, Edwin Winkels！（是的，是的，我很好，埃德温·温克尔斯！）'就因为他提到了我的名字，所以大家都以为我就是那个挑起事端的记者。"

"不过至少你表明了自己的态度。你当时就起身离开了。在荷兰可没有人敢做这种事情。你觉得那个西班牙记者是故意激怒范加尔的吗？"

"作为足球教练，你总是会听到一些尖酸刻薄的问题。媒体需要这种噱头。但如果你有足够的自制力，你就不会上当。克鲁伊夫、里杰卡尔德（Frank Rijkaard）和瓜迪奥拉就不会被这种伎俩激怒。范加尔的问题就在于他凡事过于认真。这年头，认真你就输了。当然，语言问题也是一种障碍。它会让你在这种文字游戏中处于劣势。范加尔是不可能忍受自己处于劣势的。"

两年之后，范加尔的巴萨生涯落幕了。

温克尔斯又回忆起范加尔在离任时的另一句经典语录，他对于媒体"朋友"成功将他赶走表示祝贺："'Amigos de la prensa, yo me voy. Felicidades.（媒体朋友们，我要走了，祝贺你们。）'他不是故意搞笑的，但你还是会忍俊不禁。不过，看到他将责任归咎于我们记者，我还是感到很难过。范加尔一点儿也不笨，但他不明白，所有这一切都是他自己引起的。他在新闻发布会上从来没有表现出哪怕一丝的幽默。顺便说一句，穆里尼奥也是一样。他们总是一次又一次地陷入到嘴仗中。这可不是什么明智的做法。只要你在面对记者时表现得松弛一些，偶尔开开玩笑，你就不会把气氛弄得剑拔弩张了。克鲁伊夫在这一点上就做得很好，他更喜欢改变自己，适应环境。我觉得范加尔对他的职业操守几近'愚忠'，他就喜欢直来直去，喜欢保持绝对的诚实。以此类推，弗兰克·德波尔也该想想他究竟是否适合在西班牙执教。他经常口无遮拦地表达对某位球员的看法，表达他对球队表现的不满。这种做法在西班牙并不合适。瓜迪奥拉就从未这么做过。想在西班牙当好主教练，你就应该在外界面前展现球队积极的一面。只有在更衣室里，当你跟某位球员面对面时，你才能表现出你的不满。而且，你们身边还不能有其他球员。范加尔却对这种'潜规则'不屑一顾。另外还有一点，他不该一有机会就吹嘘自己是最好的。因为一旦人们意识到你并不是最好的，你就会被认为是自大狂。"

"难道他不是一位世界级的主帅吗？"

温克尔斯惊讶地看着我，说道："就说巴萨的这几位主帅吧，克鲁伊夫、里杰卡尔德以及瓜迪奥拉做得都比范加尔好。他们获得的荣誉更高，打法更加赏心悦目，也更加适应球队。他们其实也在按照自己的意愿去改变球队，但在这个过程中，他们很讲究方法。他们并没有引起球迷和球员的不满。如果你在赢得两次西甲冠军之后仍然无法获得球迷的爱戴，这就说明你的工作方式出了问题。"

"你认为范加尔是个自大狂吗？"

"我的确是这么想的。"温克尔斯说道，"他不管在哪儿执教，都认为自己是最伟大的。他总是把俱乐部取得的成就归功于自己，哪怕他已经离职很久。无论是巴萨，还是拜仁，他一直觉得自己是王朝的奠基者。他总不能说弗兰克·德波尔的阿贾克斯四连冠也有他的功劳吧？最让我感到惊讶的是，范加尔不断地寻求人们的认同，哪怕他已经很久没有取得过值得称道的成就了。从1999年到2007年，范加尔陷入了长时间的沉寂。在此期间，很少有豪门俱乐部或是豪强国家队对他抛出橄榄枝。如果你在这种情况下还在吹嘘自己是世界上最好的主帅，就说明你患有严重的自大妄想症。我听说范加尔在私下里是个异常随和的人。但我不觉得一个人在私下里和在公众面前能表现出截然不同的两种人格。他没有替身，也没有克隆人，不是吗？所以他为何会表现出这种人格上的差异呢？这简直就是人格分裂。不过，这都是心理分析方面的事情了，跟我们的关系不大。"

我对温克尔斯说，我确曾打算找一位精神病专家帮我"诊断"范加尔，或者至少找一个能帮我解读范加尔行为的人。

十五 相似之处（1）

恶 棍

隔着倾盆大雨，我能看到前面有两个身影正在向我们靠近。那是两个并排骑行的学生。

我跟妻子冒雨疾行。人行道太窄了，因此我们只能走在马路中央。还好，鹿特丹这片区域里没有太多车辆。

突然，两个学生身后出现了一辆汽车。司机猛地按下喇叭，一阵超长的鸣笛声在空中响起。两个男孩吓得急忙从自行车上跳下，那辆汽车与他们擦肩而过。好险。

我没有躲避那辆车，仍然走在马路的正中央。

"别多管闲事了。"妻子劝道。

汽车司机被迫踩下刹车，将他的欧宝车停在我面前。司机摇下车窗，他看起来得有70岁了。"你想干吗？"他问道。

"我想告诉你，你吓到那两个孩子了。"

"但他们并排骑行，这是违法的。"他说道。

"我看见了，我也知道这是违法的。但你真那么着急吗？"

他答道："现在的小屁孩总喜欢这么骑车，看见他们这样我就非常不爽。"

"就算他们无知，你也不用这么吓唬他们啊。你看看这天，雨下得这么大，你躲在车里舒舒服服的,那两个孩子浑身都湿透了!"

"你这个人很讨厌,你知道吗?"他说道。

"就因为我指出你的错误,你就觉得我讨厌了?像你刚才那样鸣笛恐怕不比并肩骑车好到哪里去吧?"

"你给我记着,老子迟早会再碰到你的!"

"我可不想再碰到你!"我答道,"再见了,你个恶棍!"

之后,他开车离开了。

妻子站在路旁,看着浑身湿透的我说:"有时候,你简直跟路易斯·范加尔一模一样。"

我没说什么。

"你自己意识到了吗?"她问道。

"看到这种人,你不觉得生气吗?"我反问道。

"不觉得啊,一点儿也不。"

"好吧,可我却气坏了。这是住宅区,你看他是怎么做的:把车开得飞快,还狂按喇叭。我特别讨厌这种人。"

"嗯,也对。可是你之前就没干过这种事情吗?"

我愣了一下,想道:"她说得对,我之前确实干过这种事情。"

之后我们两人就默默地走着,我脑子里想的全是妻子的话,她说我跟范加尔很像,这是真的吗?

又走了几步,妻子说:"咱们要过马路的话应该走斑马线吧?"

"没事,都一样,"我答道,"就从这儿过吧。"

十六　探寻范加尔（5）

克里希那穆提

弗雷克·德容格（Freek de Jonge）是荷兰的"国家良知守卫者"，但其实这是他自封的名号。弗雷克的父亲是一个牧师，而他本人则身兼多职。他的身份包括喜剧演员、丑角、主持人、讽刺作家和哲学家。他总是无休止地说教大众，总是觉得自己知道得最多。因为这些秉性，他没少挨骂。但同时，他也是荷兰艺术界的权威，是过去50年中荷兰戏剧界的领军人物，也有很多人对他十分尊敬。即便他已年近古稀，很多人还是习惯称呼他的名字——弗雷克。这个名字的读音与"lake（湖泊）"相近，而并非与"geek（怪胎）"相近。因此，这个名字也没有它看起来的那么悲催。

我们身边停放着好几辆闪闪发光的奔驰。这都是诋毁弗雷克的良好"证据"——他被一些人看作专注捞金的伪君子。有那么一段时间，左翼知识分子连奔驰都不敢开。

但这些奔驰并不属于弗雷克，他只是来这里养护自己的爱车……我们那天下午谈的并不是他平时所关注的经济危机、宗教、戏剧以及哲学上的问题。在我的提议下，我们谈起了范加尔。

"让人尊敬，受人爱戴抑或屡遭诽谤。有的人就能侥幸逃脱别人的腹诽心

十六　探寻范加尔（5）

谤，而有些人却总是惨遭谩骂。人和人的差距怎么这么大呢？"弗雷克自言自语道，他似乎只是在表达自己的疑问，似乎他自己也没有搞清楚这个问题。"你知道吗？"他说道，"范加尔无法表现他温和的一面。"

弗雷克认为范加尔是一个多疑的人，一般人很难接近他。他随后回忆起了自己为阿贾克斯队表演单人脱口秀时的情景。在表演当中，他说到了"癌症"这个词。要知道范加尔的第一任妻子费尔南达在不久之前就是死于癌症。事后，弗雷克觉得他无意间说出的话可能触及了范加尔的隐私，于是几天之后，他去拜访了范加尔。"我对他说：'我要向你道歉，路易斯。'他的反应让我感到十分奇怪，我直到现在还记得清清楚楚。他并没有接受我的道歉，他告诉我，他根本没有听到那句话，他说他对此一点儿也不关心。这太奇怪了。你至少也要意识到你在跟我谈话吧。你至少也该对妻子的逝世略表哀伤吧。"

"他可能对您产生戒心了。"

"可能是吧，但我当时感觉十分难受。"弗雷克说道，"我放下颜面前来道歉，结果他却不领情。这让我有种被拒绝的挫败感。"

我抿了一口茶，继续听弗雷克的讲述。

跟弗雷克聊天就像在一条支流众多的小河中漂游，你永远不知道他会冒出什么新的想法，抛出什么新的话题。弗雷克有这样一个理论，他认为这个世界正在经受一场前所未有的信任危机。"人与人之间信任的缺失正在毁掉一切事物。这种信任的缺失'无孔不入'，完全可靠的人已经不复存在了。没办法，现在就是这种环境。所以当你成为荷兰国家队或者曼联队的主帅时，总有那么一两个专栏作家想毁掉你的声誉。媒体总是看热闹不嫌事大，他们经常把很小的冲突无限放大，甚至歪曲事实。正因为如此，范加尔这种虔诚且顽固的道德信徒才会成为他们的死敌。"

"其实范加尔自己也有一些责任。他处理事情的方式有时显得极其幼稚……"

"相当幼稚！"弗雷克赞同道，"范加尔无法区分批评他的人和想伤害他的人。范加尔想在这个肮脏的世界里证明自己的清白。这很明显，不信你可以看他表现出来的正义感。在这个过程中，他也难免会犯一些错误。"

如何赢得人们的同情，如何让大众站在你这边，这是一门学问。很显然，范加尔尚未深谙此道。"我们的路易斯究竟是怎么了？"我装模作样地叹道。

弗雷克略加思索，答道："路易斯看问题的方式肯定与其他人不同，他有着十分特别的视角。他在球员时代'笨重'的比赛方式给人留下了一定印象，但他的能力并不突出。面对着如此平淡的球员生涯，范加尔却总是能为自己找到各种各样的借口。所谓'三岁看到老'，一个人的个性往往在他的童年时代就决定了。因此我们不妨回顾一下范加尔的童年。在与严父的短暂相处中，范加尔总是想得到大人们的认可，总是想办法表现自己，以博得长辈们的青睐。"

"那我们该怎么去帮助他呢？"

"范加尔总是抱怨媒体对他缺乏同情心，但反过来说，轮到范加尔同情别人时，他却不肯做出丝毫妥协。他总是喜欢以'完人'自居，但依我看，他应该稍微低调一点。毕竟他不是克里希那穆提，更不是巴关神，也不是先知。他只是一名足球教练。人类自以为对这个星球有着极大的影响，但其实我们只是沧海一粟。我们的存在是无比短暂的。在我们之前，地球已经存在了几十亿年；在人类灭绝之后，地球还将存在几十亿年。依我看，范加尔并没有意识到自身的渺小。最让我感到惊奇的是，尽管范加尔以'完人'的标准要求自己，但他十分缺乏对于自身的了解。范加尔一直有这样的幻觉——他自己绝不会犯错误。但拜托，谁又能一辈子不犯错呢？不过这也符合范加尔的个性，他曾在妻子病逝时把责任归咎于上帝：'到目前为止，我一切都好。但你听着，上帝，咱俩不算完。'他认为上帝不够尊重人的尊严，任由病痛和死亡发生在他妻子身上而不加阻拦。于是，他打算和'玩忽职守'的上帝撇清关系。但其实，'上帝'就是从苦难中降生的。他还没有理解'上帝'存在的意义。"

"他把上帝拟人化了。"

"没错，他把上帝当成了一位父亲，一位严父。或者说，当成了自己的父亲。"

"也就是说，在与'上帝'以及克鲁伊夫打交道时，在他担任荷兰国家队主帅时，范加尔都多少高估了自己的能力？"

"当然了！"弗雷克说道，"但我们所有人都会犯下高估自己的错误。于是我们又回到一开始的那个问题上：为什么有些人的自负就是伟大，就能逃脱大众的批评，而有些人的自负就是傲慢，就要惨遭谩骂？为什么约翰·列侬就是伟大的歌手，而保罗·麦卡特尼（Paul McCartney）就是个笨蛋呢？"

"形象。"

"没错！"弗雷克喊道，"形象就是这么一个要命的东西！"

"稍等一下，弗雷克。您的意思是说范加尔并没有错，犯错的是媒体？"

"完全正确！"

"您要再来一杯吗？"

弗雷克点了点头。我缓慢地走向冷水机。

"竞技体育到了最高境界就会演化为彻底的疯狂，"弗雷克沉思道，"就会变得完全失去理智！如果你执教一家顶级俱乐部，你自然而然就会进入'魔道'。这时的竞技体育就是一种娱乐形式。我不知道范加尔是否意识到他已经成了'体育娱乐产业'的一部分。人们对他的'口出狂言'喜闻乐见。这就是所谓的幸灾乐祸——人们从他人的痛苦中寻求快乐。这是一种最低级的幽默，这是一种胜利者的特权。当你想证明自己比他人更加优越时，你就会对他们的痛苦喜闻乐见。"

"您这么说有点小题大做了吧？"

"你可不要小看'幸灾乐祸'，"弗雷克坚持道，"在150年前的美国，黑人是受人嘲笑的，更别提女人了。随着文明程度的逐渐增高，人们才渐渐摆脱了愚昧。在现代社会中，我们当然不会在公共场合讥笑身体有缺陷的人。但如果有人在我们面前摔了个狗啃屎，我们肯定会大笑不止。所以范加尔要意识到这一点：如果他过于自我膨胀的话，他总有一天会膨胀出'屁'来，最终沦为别人的笑柄。"

"这就是事实。作为喜剧演员，你巴不得'放个屁'把别人逗笑。但作为荷兰国家队和曼联的主教练，你不该沦为别人的笑柄。这会让你的尊严受损。而尊严对于范加尔来说又至关重要。这在荷兰人里是很少见的。因为咱们荷兰人通常都会用正确的眼光来看待自身的尊严。"

"没错，范加尔就不是这样。这就是为什么他会对一些玩笑话感到生气，再不就是认为大家是在嘲笑他。"

"不过，有些玩笑也开得有些过火了。我们在电视上看到的那些段子都太庸俗，太低级趣味。"

"我觉得挺有意思啊，我经常忍不住大笑呢。"

"每个人的口味都不同吧。"弗雷克叹息道，"我就接纳不了这种幽默。我有时觉得这就是我们的民族劣根性。我们荷兰人根本不懂得尊重他人。更确切地说，我们不想去尊重任何人。"

"那您觉得路易斯在英格兰的日子会好过一些吗？"

"良知守卫者"又叹了口气，说道："希望如此吧！"

十七 冲突（2）

庆　典

鹿特丹斯巴达俱乐部即将举办成立 125 周年的庆典活动。俱乐部方面邀请我在庆典活动上将第一份新鲜出炉的庆典纪念杂志交给俱乐部的一位名人，我对此深感荣幸。出版商认为，应该把这样一份厚礼送给一位前斯巴达球员。想来想去，又有谁比范加尔更合适呢？

"你没问题吧，雨果？"出版商跟我开着玩笑，他很清楚我跟范加尔的关系并不怎么好。

我感觉十分恐慌。我可不想跟范加尔面对面地站在一起。那样太不舒服了。

而且我也没有准备演讲，我觉得自己足够能言善辩，况且我对俱乐部充满感情，我相信自己到时一定不会无话可说。我现在就能想象出老年范加尔身穿斯巴达球衫的画面。念及此处，那些陈年往事又都涌上心头：范加尔的那些跑位，他带球的姿势，他打进的那些进球以及对阵汉堡时的那粒点球。

那些最优秀的斯巴达球员们已然离开了。随着我们年龄的增长，斯巴达俱乐部的球员质量也越来越差。庆典赛之前，卡斯蒂尔球场的贵宾室里聚集了一群形容枯槁的前斯巴达球员。

在他们中间，我并没有见到路易斯·范加尔。他没有出席这次活动。我当时就感觉……怎么说呢？有些失望也有些庆幸。

十八　探寻范加尔（6）

1. 诗　歌

2003年11月，路易斯·范加尔以足球总监的身份重回阿贾克斯俱乐部。故地重游，范加尔感慨万千。于是乎，他特地创作了一首诗，并将它在官方发布会上吟诵了出来。在这样一首诗面前，任何翻译都显得苍白无力。

　　　　阿贾克斯啊，我的爱。
　　　　你是如此的吸引人，你是如此的卓然世外。
范加尔带着一丝骄傲，一丝对自己文采的欣赏，继续读道：
　　　　别人眼中，你是天之骄子的摇篮，
　　　　在我眼里，你是足球天才的风帆。
　　　　迪美亚球场里，有我的回忆，
　　　　那特别的氛围，让我激动不已。
　　　　于是，我回到了魂牵梦萦的故土。
　　　　于是，我看到了焕然一新的俱乐部。
　　　　这是我人生中崭新的篇章，
　　　　这是我年少时怀揣的梦想。
　　　　历经风雨，游子重归故地。
　　　　胸怀壮志，未来辉煌可期。
范加尔本来想用诗句表达故地重游之情，但他的诗歌却变成了荷兰人的

十八　探寻范加尔（6）

笑料。

为了更准确地评价这首诗，我特地去咨询了我的一位老朋友安娜·恩奎斯特（Anna Enquist）。安娜是一位著名的诗人。"也难怪大家看了之后都忍俊不禁，这首诗确实挺好玩儿的。但语言是人类共有的财富，范加尔也有权用他自己的方式去表达情感。人们用创造力去美化自己的语言，这本身是一件好事。我相信这首诗是范加尔情感和灵魂的结晶。"

另外一位荷兰诗人尼克·迪克舒恩（Nico Dijkshoorn）则对这首诗有着更为"纠结"的评价。"他肯定以为世界上只有一种写诗的方法。我们万能的范加尔肯定以为'有韵才成诗'。有时间的话我很愿意跟他谈谈写诗的技巧。"

我劝他最好不要去招惹范加尔，跟我谈谈就算了。

"在一首诗中，千万不要用'吸引人'这种词语。"迪克舒恩建议道，"太直白，太现代了。如果非要这么写的话，把这个词换成'引人入胜'会更好一些。无论如何，'吸引人'这种词就不该出现。"

在一个闲适的下午，我们坐在一家鹿特丹的咖啡馆外，面前摆放着一瓶美酒以及范加尔的那首诗。

"你说他家里会不会藏有《韵脚词典》之类的东西啊？"大诗人问道。

说完，我们一起敬了范加尔一杯，为他"排除万难"写就一首像模像样的诗，更为他敢于在全世界人面前把它朗诵出来。

"我觉得当他发现自己的诗歌变成荷兰人的笑料时，一定十分吃惊。"迪克舒恩说道。

"真的假的？"我问道，"您为什么会这么想呢？"

"他肯定觉得自己创作了一首千古绝唱。这就是他的问题所在。他总认为自己创作的东西一定是最好的。而且他还想通过这首诗来收获大家的赞赏。"

"您真这么认为吗？"我问道，"那他为什么要在新闻发布会上喧宾夺主，把自己变成众人的焦点呢？毕竟他总是强调没有人能凌驾于球队之上。"

"这首诗最为引人注目的地方就在于它充分暴露了范加尔的写作水平。"迪克舒恩说道，"所以我说，当范加尔再次看到那场新闻发布会的录像时，他一定羞愧难当。因为他已经闯入了另外的一个领域，他已经闯入了艺术的世界，而他对这个世界却一无所知。他刚刚在那个世界里迈出第一步就遭到了众人的哄笑。这一点尤其耐人寻味。类似范加尔这样的顶级教练已经超越了这个时代。他们能够看到别人看不到的东西。但在类似诗歌这样的事物上，范加尔却十分低能。我真不明白他到底是怎样的人。他在读这首诗的时候，还以为大家会为他起立鼓掌呢。"

说完我们都笑了。

"他读完这首诗的时候，"我回忆道，"似乎对自己十分满意，还踌躇满志地望向台下众人。"

"结果他在接下来的6个月时间里成了人们的嘲笑对象。所以他事后也知道自己犯了个严重的错误。我就纳闷，难道他身边就没人给他提些建议吗？特鲁斯为什么没有警告他？为什么没有跟他说'路易斯，你还是别读这首诗了'？"

"我觉得特鲁斯肯定警告过他。"

"但他不听是吗？"

"没错，他这个人谁的话都听不进去。"

2. 秉　性

"这首诗其实有一点可取之处——它是独一无二的。除了范加尔之外，恐怕没有任何一位顶级教练会去写诗。"

十八 探寻范加尔（6）

畅销书《晚宴》(*The Dinner*)的作者赫尔曼·科赫（Herman Koch）在他阿姆斯特丹的家中跟我进行了一次谈话。我们谈话的主题是语言，特别是名帅范加尔的遣词造句。

"大概在15年前吧，范加尔降生的那所老宅被挂牌出售，"科赫回忆道，"广告上的最后一句话是：'路易斯·范加尔诞生之地。'就好像这里是什么名人故居一样。"

科赫并不是想买下那所宅子。"我的儿子帕博罗曾在范加尔就读过的小学念书，如今他在天主高中上学，又成了范加尔的高中校友。你说得有多巧吧！"

赫尔曼·科赫笑道。

"没错，范加尔在诗歌方面确实是个新手，那首诗就像一个坠入爱河的高中生为他心爱的女孩所作的情诗。但这也很美好啊，起码他有真挚的情感。除此之外，他还有过几次诗兴大发，想进行创作的时候。他的样子非常滑稽——表情多愁善感，却让人哑然失笑。他甚至有站起身来朗读的冲动。谁会想到他能这样呢？"

我又问科赫，他是否认为范加尔是一个能言善辩的人。"没错，至少他对荷语的掌握已经到了炉火纯青的地步。另外，范加尔从不会拐弯抹角。从这个意义上说，范加尔比那些政客要强很多。你一眼就能看穿范加尔。范加尔向来是想什么说什么，这使他有时看起来比别人更为愤怒。他生气的时候，就会直接把他心中所想表达出来，于是我们就有了'是我太聪明了，还是你太笨了'这种经典语录。另外，他还有一个优点：他在无话可说时也从不会没话找话。他并不是夸夸其谈的人。还有，我觉得他也不是很喜欢自己的嗓音。"

"当他跟你说话时，他还总是尽力让你听懂。"我补充道。

"范加尔说话的声音中气十足，就像一个体育老师。但荷兰人可能更喜欢学校校长的那种嗓音。还有，我猜范加尔是那种学会几个外语单词就敢说自己掌握一门外语的人。不信你可以看他在德国和西班牙新闻发布会上的表现。范加尔首次执教巴萨的时候，我也经常到那里采访，所以我有幸在新闻发布会上坐在前排。每当他做出一些惊人之举，同为荷兰人的我都感觉非常尴尬，当然我这不是针对他个人。我觉得这也是为什么那些西班牙人不喜欢范加尔的原因之一。最糟糕的是，范加尔从一开始就没打算接纳西班牙人，没打算融入西班牙的文化。这在每件事情上都能够体现出来。有一次，他将一场新闻发布会的时间定在了下午两点，结果没有任何人前来参加。因为西班牙人那个时候都还在吃午饭呢。这样的蹩脚表现也体现在他的语言上。看着他用西班牙语跟我的西班牙亲戚们交谈，我恨不得替他找个地缝钻进去。这跟我看着他在新闻发布会上发作是一样的感觉。我并没有对他的行为冷眼旁观，我一直在想：'拜托你快别这样了路易斯，求你了！'"

"单纯的同情之心？"

"没错，就是那样。"科赫说道，"还有就是那个在西班牙新闻节目中不断被重复播放的场景——范加尔站在圣若梅广场的阳台上，高举冠军奖杯，红着脸高声喊道：'We are the Champions！（我们是冠军！）'这种做法相当不合适。你难道就不能用加泰罗尼亚语说哪怕一句话吗？哪怕说一个词也行啊。"

说着，科赫皱了皱眉。

"我觉得他当时是在想：现在我们的进展很顺利。球队赢了，我也赢了。他们肯定觉得我很伟大吧？在西班牙，你必须放低自己的身段，努力拼得自己的地位。巴塞罗那俱乐部签下罗纳德·科曼的时候，我就住在那里。当科曼的照片出现在《世界体育报》(*El Mundo Deportivo*)以及其他体育杂志上之后，我无意间听到酒吧里的一些人在谈论这笔签约：'天哪，他们忙来忙去就签了一个纳粹分子啊。''那些黄头发佬儿能顶什么用？'这就是他们的想法。这就是那些球迷会员们一开始的想法。当然，他们现在不会承认自己这么想过，因为科曼已经用自己的方式赢得了人们的尊重。范加尔的开局也好不到哪儿去。人们都说：'这个大嘴巴到底是哪路神仙啊？'但范加尔却从未赢得过人们的尊重。他带领球队取得了冠军，但球迷会员们对这支满是荷兰人的巴萨缺乏认同感。"

十八 探寻范加尔（6）

"咱俩的谈话是不是太过负能量了，赫尔曼？"

"那就来点儿正能量的吧，我从没见过有街头小报报道过这样的谣言：'我们某天夜里见到范加尔从某个夜总会中走出。'"

"的确从来没有过这种谣言。"我笑道，"但赫尔曼，咱们也别'低估'了范加尔。他曾在接受德国电视台采访时告诉大家他的性欲很强。而且他并不喜欢一夫一妻制。不过他自己倒是在严格地践行一夫一妻制。"

"我上学时曾遇到过很多貌似很酷的老师，但事到临头时，他们就指望不上了。我还记得教我会计学的是一位名叫利普玛（Rijpma）的老师。他是个小老头，总是穿着衬衫，打着领带。他在学校干了好多年，也马上就要退休了。伙伴们都觉得他是个顽固的老会计。有一次，我的会计学挂科了，出于某种原因，利普玛老师邀请我到他家做客。师母为我们烤制了美味的蛋糕，我们在他家的院子里边吃边聊，大家都很开心。这么多年过去了，我发现利普玛先生是整个学校里最真诚、最有信用的老师。从这点来看，范加尔就像我的利普玛老师。他的打扮严格古板，他不是穆里尼奥、瓜迪奥拉以及克鲁伊夫那样的文艺小青年。但他是那种赏罚分明、明辨是非的人。"

我稍作迟疑，决定选择信任赫尔曼，并将我遭受范加尔不公平对待的故事讲给他听。但我刚要大倒苦水，赫尔曼就像会读心术一样看着我说道："当然，有些人可能会说：'别再为范加尔辩护了，他要是那么和善，怎么会经常乱发脾气呢？'但其实这只是范加尔的秉性在作怪。路易斯有着强烈的正义感。很多人在看到范加尔爆发后都会高兴得手舞足蹈。每当这时我都会想：'哦，不，别这样，路易斯。'但我无法改变范加尔，我们都无法改变范加尔。有的时候，范加尔似乎看起来有所改变，这时人们会说：'范加尔似乎温和了许多。'但每当听到这样的言论，范加尔都会怒吼道：'老子一向很温和！'从某个角度来说，范加尔说的是实话。只要他能够控制住自己，只要没有人去招惹他，他的确是一个挺温和的人。他正常的时候为人正直、理性，你跟他打牌绝对不用担心他会输不起。不过，一旦他开始怀疑有人要陷害他，你就最好离他远点儿，因为他的热血已经燃烧了。这时你会希望有人能劝劝他：'路易斯，算了吧……'"

"天啊，赫尔曼！这听着怎么像在跟范加尔谈恋爱啊？"

"嗯……还别说，你这话挺有道理的。"

十九　印象流

幽　默

全能艺人埃里克·范姆斯温克尔能把路德·古利特（Ruud Gullit）模仿得惟妙惟肖。不仅如此，他还能模仿很多名人。2001年，他的模仿秀得到了范加尔的极高评价。

"路易斯觉得我的模仿秀棒极了，"范姆斯温克尔满面红光地说道，"他还说，如果这个世界上有谁能够模仿他的话，那个人一定是我。范加尔跟我说：'如果你能模仿我的话，那是我的荣幸。'之后，他用犀利的眼神死死地盯住我，让我知道他的这些话是发自肺腑的。说实话，在那之后的很长时间里，我都有种接到上级命令的错觉。"

然而，范姆斯温克尔的"御前演出"从未实现过。

全欧洲的喜剧演员都很清楚，在我们的世界里有且只能有一个路易斯·范加尔。当然，"敢于吃螃蟹"的人也不是没有。

在德国，一位名叫马策·诺普（Matze Knop）的喜剧演员就曾在一档名为《体育聚光灯》（*Blickpunkt Sport*）的电视栏目中扮演过身为拜仁主帅的范加尔。诺普用荷兰主帅有限的德语词汇量（大概只有几百个单词）拼凑出了几句台词。

"Diese Frage gefällt mir nicht！（我不喜欢这个问题！）"他咆哮道。

台下传来微弱的笑声。

"Lassen Sie mich aussprechen！（让我说完！）"

德国观众报以礼貌的干笑。

"Ich war noch nicht fertig.（我还没有说完呢。）""范加尔"责备道。

很显然，这次表演"笑果"平平。

最好（或者说是最坏）的笑话是：

为什么范加尔会跟意大利前锋卢卡·托尼（Luca Toni）交恶呢？诺普扮演的"范加尔"解释道："我让他去给我买份比萨，他不去。于是我俩的关系就开始走下坡路了。"

也许表演也该稍微尊重一下事实。毕竟范加尔本人比诺普的表演更为可笑，这点恐怕连范加尔自己都没有意识到。

"我觉得范加尔的幽默感并不是很强，"小说家赫尔曼·科赫一本正经地评论道，"我听说几年之前他曾经冲进球员大巴车的过道里制止了一场喜剧秀。在当了一会儿观众之后，我们的范加尔先生觉得那种表演并不适合观看，于是他喊道：'这都什么乱七八糟的！'我估计他就是这么说的。我想，可能是表演者的台词有些问题，这个那个的。对于范加尔来说，这种表演太不体面。其实范加尔的做法本来也无可厚非，但他不应该在去往赛场的球员大巴车上做出这种事。"

"他应该就是那种典型的五六十岁的老顽固吧？"

"差不多吧，不过范加尔很可能比较喜欢那些拿警察开玩笑的喜剧演员。他不喜欢那种无厘头式的搞笑。比如《办公室》（Office）这种喜剧就不是他的菜。但范加尔还是很喜欢开怀大笑的，他能把脸笑得通红。"

范姆斯温克尔与埃德温·温克尔斯都在西班牙看到过一场精彩的范加尔

声音模仿秀。温克尔斯兴致勃勃地说道："没错，我在 Canal+ 电视台《小丑》（*Los Guiñoles*）节目中见过那个模仿秀。那真是太棒了。他们还将他的形象画在了一堵砖墙上。"

模仿秀演员范姆斯温克尔对此也十分同意："真是太有才了。这个模仿秀之所以如此出色，有一部分原因是，他们还给砖墙上的'范加尔''戴'上了一套完美的假发。真的是太像了。他们还准确地把握到了范加尔的肢体语言。当然，墙后面的模仿秀演员也十分出色。精通声音模仿的人其实还挺多的，并不像你想象中那么稀少。"

"那您觉得有人能够完美无缺地模仿范加尔吗？"我问道。

只见埃里克在椅子上略显羞涩地换了一个姿势，然后说道："呃……好吧……既然你都问到这儿了……其实我正在尝试模仿范加尔。"

"什么？！"

"范加尔的音色很独特，因此这方面的特点我无法捕捉到。"范姆斯温克尔解释道，"我需要关注他说话时的措辞，他说话时的措辞也十分独特。我一直在努力练习模仿范加尔，'训练成果'将在我最新的演出中展示。那并不是一段完整的模仿秀，模仿范加尔的成分不是特别多，但整个演出就是想表现'权威'和'领导力'。当今社会，足球界是少数几个仍然相信权威的领域之一，而范加尔就是典型的足球权威。他坚持自己的本色，与我们生活的这个时代相抗争。所以我会抓住一切机会'走近范加尔'的。"

"也就是说，您的模仿主要关注的是范加尔的用词？"

"没错，还有他的音量、他的语调、他声音的抑扬顿挫和他元音字母的发音，这些都很有特点。我一直在用心研究这些。过于注重细节有时会让你抓狂，但有时也会让你看到一些胜利的曙光。以我个人看来，最初的一些反响还算不错。"

"范加尔到时肯定会很高兴的。最后一个问题，您也准备戴假发吗？"

"不会的。我主要是想模仿好他的举止。范加尔的站姿很怪异，他的肩膀收得十分靠后，就像这样……"

　　实话实说，我的眼前分明出现了范加尔的轮廓。没有砖墙，没有假发。但这确确实实就是"范加尔"。

二十　You Tube（3）

狂　热

2009 年，有人在 You Tube 上上传了这样一段视频。

节目主持人吉斯·杨思马正在跟电视机前的观众道晚安："这里是体育 1 频道，分析了一整晚的顶级赛事之后，我们又要跟各位观众说晚安了。在接下来的几周中……当然，我们要感谢路易斯长久以来的陪伴……在接下来的几周中，我们《最后的狂热》（Final Fever）栏目将迎来两位新嘉宾——维姆·基夫特（Wim Kieft）和马克·范欣图姆（Marc van Hintum），他们将为各位带来深入的比赛分析。众所周知，欧洲各大联赛已经进行到了最关键的收官阶段，我们……"

路易斯·范加尔："什么？"

吉斯·杨思马："什么什么？"

范加尔："我在问，你刚才说什么？"

杨思马："哦，我说我们《最后的狂热》栏目将迎来两位新嘉宾……"

范加尔："你的意思是说，路易斯·范加尔被'淘汰'了？"

杨思马："是的，嗯……我是说……是的，是的……不好意思，但我以为您会很忙，所以我……"

范加尔："忙？我在阿尔克马尔的任务都已经完成了，我还有什么好忙的？"

杨思马："没错,我……"

范加尔："我前一阵是很忙,我想让自己完全做好准备,想确保阿尔克马尔队把冠军收入囊中。但我现在都已经准备好给大家分析下个赛季的比赛了,你却突然告诉我维姆·基夫特和马克·范欣图姆将会代替我的位置!这个节目我已经录了一个赛季了,现在你却想赶我走?"

杨思马："嗯,其实只是收官阶段的这些比赛……我觉得基夫特和范欣图姆也能做得很不错啊。"

范加尔："你这是逼我跟你谈业务能力吗?"

杨思马："在我看来,他们两个人也可以称得上专家了。"

范加尔："于是你就'喜新厌旧'了?"

杨思马："您别这样,我们是觉得您已经在这儿录了一个赛季的节目了,也该休息休息了。我们想着是时候该……嗯……该换其他嘉宾了……"

范加尔："但所有人都喜欢看《最后的狂热》,大家都喜欢看我的分析。这么一来我只能回家坐在电视机前看这个节目了……"

杨思马："好吧,天啊……早知道您有这么大意见我就……我觉得基夫特和范欣图姆是……嗯……是很好的替补人选。"

范加尔："替补人选?好吧,这么说我还得谢谢你们的恭维了。祝你晚安。(说着,范加尔摘下麦克风,气冲冲地走出直播间。)哦,天啊天啊天啊!这都是什么事儿啊……"

杨思马："看起来我们的路易斯已经开始'最后的狂热'了。"

鉴于范加尔已经成为曼联队的主帅,我就有必要给众多的英国记者朋友们解释一下:这段视频并非真事,而是体育1频道拍摄的一段广告。很多不知情的人在看到这段视频之后都会被骗到。其实路易斯的这段表演还算生动。但如果要让范加尔自己评价的话,他肯定会说自己的表演棒极了。

二十一　葡萄牙逸事（2）

心形图案

　　从法鲁机场乘车出发，经过一小段两旁全是白色房屋（其中一些有人居住，另外一些则荒废已久，几成废墟）的砂石沥青路，便能见到一片绿洲。这是一块豪华的高尔夫球场，平常人一见到这种级别的场地就会吓得跪倒在地，或者露出艳羡不已的目光。

　　正如荷兰国内的许多大款一样，范加尔在位于瓦尔度罗堡的豪华高尔夫球度假村里为自己买了一套房子。这是一次详细调研后的选购，范加尔听取了很多人的建议，其中就包括我们共同的朋友博纳文图拉。2004年欧洲杯结束后，范加尔夫妇开始着手选房。夫妻俩对于那些已有的住所并不感兴趣，于是，两位土豪决定自己出钱建一座别墅。

　　别墅区的入口修得十分朴素。在监控摄像头的"注视"下，我略带心慌地穿过几块面积大概在1000平方米左右的田地。别墅区里遍布白色的住宅，透出一种令人咋舌的奢华感，与周边地区的贫穷形成鲜明的对比。我深吸了一口茉莉花香。对于茉莉花我向来是喜爱有加。即便把我淹没在茉莉花的海洋里，我都会有种"做鬼亦风流"的满足感。田地周围种植着一圈夹竹桃，院子的中央有一座游泳池，但只见清潭，不闻水声。院子的主人们要么不在家，要么就躲在装有空调的房间里。七月中旬的阿尔加维本就骄阳似火,这个夏天更是酷暑难耐。

路易斯·范加尔就居住在这附近。多年以前我就曾与博纳文图拉一起路过此地,但那时我与范加尔还很谈得来。彼时,路易斯的新宅尚未竣工,印有"L&T"的心形图案(象征着范氏夫妇的爱情)也还没有被熔铸于大门之上。不过现在,范加尔的豪宅想必已然落成。果不其然!那扇大门以最完美的面貌出现在我的眼前。接下来,我就要探访一下范加尔的豪宅,上帝保佑……

范加尔和特鲁斯已经回到了荷兰,确切地说,回到了诺德惠克。而且我十分确定范加尔的亲友也不会出现在这座临时住所里。因为范加尔夫妇于2008年8月8日在这里进行了婚礼仪式,这里是他们定情的地方,是老两口的私人领域。范加尔还在附近为常来探访的挚友们买下了一套豪华公寓。范加尔就是这么任性,谁让人家的身家已近3000万欧元呢。

这座豪华度假村是20世纪90年代末期由一位荷兰地产开发商仓促建成的。所以您也能想象得到,这里的格调难免会有些低俗。度假村的宣传语是:瓦尔度罗堡,给您不一样的人生。这难免会让人想起那些"纯真时代"。这位开发商的胆子也算不小,他居然想给范加尔带来不一样的人生。不过这都是别人的闲事了,我也懒得操心。让我感到难以理解的是,范加尔为何会在这里安家?金塔拉戈的别墅显然要更好一些。况且鲁本斯·巴里切罗(Rubens Barrichello)和史蒂芬·杰拉德(Steven Gerrard)也在金塔拉戈买了别墅,他们的"星味"显然比罗纳德·科曼夫妇更足。

没错,你猜对了。科曼夫妇也住在这附近,享受他们在瓦尔度罗堡的"不一样的人生"。我不明白范加尔为何会把他的爱巢筑在死敌的家门口。要知道在选择这座度假村时,范加尔刚在阿贾克斯俱乐部跟科曼发生过争吵。有人还告诉我,范加尔就住在科曼隔壁。但这话略有夸张的成分——两人的别墅之间至少隔着一百码呢。

二十一　葡萄牙逸事（2）

来此之前，有人告诉我范加尔的房子要比科曼的大一些——他的别墅更加美丽，更加宽敞，占地更广，视野更好，采光更足。这么想可能有些孩子气，不过范加尔在选择房址时很可能想跟科曼"一较高下"。至少范加尔在吹嘘自家别墅"无敌海景"时的兴奋感，丝毫不亚于他在世界杯四分之一决赛中率队获胜。作为范加尔的"人蜜"，你也许不想看到范加尔如此世俗，如此物质，但在某些圈子里，人们比的就是尺寸，比的就是价格。据知情的财产中介透露，范加尔的临时住所价值 350 万欧元，而如果你幸运的话，只要花上"微不足道"的 250 万欧元就能买下科曼的房子。

范加尔的别墅看起来更新一些。我无法从外观上判断出两人住所的优劣，而且我又不能非法入侵，所以我无法给出一个确切的结论。我实在不敢触犯法律，相信诸位读者能够理解。像我现在这样远远地看上一眼就不会有什么危险，因为人们只会把我当成一个热爱足球的屌丝流浪汉……

科曼别墅的格局更为局促，这是因为范加尔的住所旁边留有一块空地。话说大家不是都想跟范加尔成为邻居吗？如果我是科曼，我就把这块空地买下来，给那些无法进入球场的足球流氓们建一所"行宫"。或者有一个更好的选择——在这片空地上建一座露天影院，把范加尔别墅的墙壁当成荧屏，24 小时播放克鲁伊夫的纪录片《足球名将成长史》（*En Un Momento Dado*）以及 2001 年爱尔兰对阵荷兰的比赛录像，最重要的是把杰森·麦卡蒂尔（Jason McAteer）的制胜球从各个角度回放一遍。再或者退而求其次，把范加尔的经典语录制作成集锦，循环播放。

在葡萄牙语中，"路易斯"的意思是"光荣的战士"。有着"战士"之称的范加尔完全有可能抛弃那些美丽的别墅外景，然后在自家门口放两座石狮子。毕竟范加尔最想要的不是美观，而是荣誉。

一次又一次的成功并没有让范加尔感到满足。他仍在追逐荣誉的道路上不断地前行。当地的葡萄牙人都很尊敬范加尔，也完全不能理解范加尔在荷兰国内所受到的那些批评——像他这种功勋卓著的主帅理应受到尊重。作为回报，范加尔经常会憋出一两句葡萄牙语来。这里是高尔夫球的天堂，拥有欧洲最充足的阳光。葡萄牙是如此干净整洁，如此让人心旷神怡。这里的人民平和、谦逊、友好，甚至有些低声下气。也许，这就是范加尔在此安家的原因吧。希望他有朝一日能跟特鲁斯一起到这里小住一番，享受天伦。但我们不会一起来的，绝对不会。身边没有范加尔时，我们会做些什么呢？在我看来，我们至少不用担心"祸从口出"。

二十二　相似之处（2）

巴洛特利

"别这么干，孩子，千万别这么干。"我在跟埃因霍温队的左后卫杰特罗·威廉姆斯（Jetro Willems）说话。当然，他听不到我的劝告，因为他正在电视机"里面"。

埃因霍温队的左后卫一时冲动，竟然走到马里奥·巴洛特利（Mario Balotelli）身边向他挑衅。身形矮小的威廉姆斯站在身高将近190厘米的AC米兰前锋身前，二人形成鲜明的对比。巴洛特利愤怒地抬了抬眉毛。他是一位极具威胁的前锋，有时也会化身为捣蛋鬼，但在眼前这次冲突上，他并没有做什么出格的事情。

巴洛特利低下头，紧紧地盯住威廉姆斯的脸。这一幕真的很有喜感。

"别犯傻了，孩子。"我对着电视机里的埃因霍温队左后卫说道。

"你自己在那儿嘀咕什么呢？"妻子给我端了一杯茶。

"你站那儿别动，好好看着啊。现在AC米兰要发角球了，看见那个黑人球员没有？就是那个大个子。他现在很愤怒，他马上就要进球了。"

妻子只好站在那里，看着电视机里的比赛。

随后，巴洛特利果然进球了。

"你看看，我说的吧！"我得意扬扬地说道，"我就知道会是这样，我都告诉你了。"

妻子什么都没说。

"埃因霍温队的那名球员把巴洛特利给惹恼了。这么做太危险了,因为巴洛特利会让你立即付出代价的。我告诉过你他一定会得分的,我早就知道会是这样。"

"当然了,我的'范加尔',"妻子嘲讽道,"你真聪明啊,'路易斯·范加尔'先生。"

二十三　电视节目（1）

忘年交

门垫上突然出现一个装有 3 张 DVD 光盘的信封。光盘里记录着我跟范加尔在电视台共事时的情景。我想亲眼看看我跟范加尔合作时各自的表现，看看我们的那些"光辉岁月"。这 3 张 DVD 是从一档每周一期的足球节目——《足球工作室》（*Studio Voetbal*）——寄过来的，3 张 DVD 上分别记录着 2003 年、2005 年和 2006 年的节目内容。那时我跟范加尔之间的关系尚好，或者往好了说，我们算得上是忘年交。

其中 2003 年 10 月 26 日的那期节目是最为"不堪回首"的。范加尔在节目中声称："所有人都认为我是一个独裁者，但其实我是一个信奉共产主义的人。"

"这么说，您其实是一个民主主义者？"我问道。

范加尔停下来略加思索，然后答道："可以这么说。"

2005 年 8 月 7 日那期节目的氛围很好，身为阿尔克马尔队主帅的范加尔谈兴正浓，大家交谈的语速也比较快。范加尔在节目中嬉笑怒骂，甚至把嗓子都喊哑了。他俯身咳嗽时，我为他拍了拍后背。他说："多谢。"然后马上重新投入到激烈的讨论中。

没想到10分钟之后就轮到范加尔给我拍后背了。其实这都是一些微不足道的琐事，但它却能表现出范加尔友善的一面，也能体现出我跟范加尔那时的良好关系。时隔八九年，重新回忆起往事，我能感到范加尔当时把我看作了一个集可爱与淘气于一身的小朋友。

在节目中，大家还谈到了荷兰大亨德克·谢林加。豪富的谢林加是荷兰DSB银行的创立者兼主席，同时也是阿尔克马尔足球俱乐部的大老板。尽管有着亿万身家，但谢林加却是一个靠自己努力赢得成功的好人，他作风简朴，这从他经常穿着的自制棉袜上可见一斑。2009年，谢林加的银行面临破产，他一手创建的财经帝国也行将倒塌。许多跟他合作的股东们只好就此撤股，各谋生路。

"他是一个好人吗？"主持人问道。

范加尔思考了一番，谨慎地回答道："可以算是吧……他从善如流，他善交益友，还有他是一个……"

"他算是一个'善良的暴君'吗？"主持人又问道。

在我看来，这种问题会让范加尔勃然大怒。但他没有，范加尔控制住了自己的情绪。

紧接着，节目组播放了一卷录有谢林加对范加尔评价的磁带。在谢林加看来，范加尔是一个"富有激情的""职业的""直截了当的""情感丰富的"足球教练，"跟他在一起时，你不用去琢磨他的心思……"

这段"恭维"播放完毕后，年轻时候的我评论道："好吧，好吧。欢迎大家来到互相欣赏的和谐社会。"

范加尔并没有理会我的讥笑。他说道："我对人们很信任……"

"哦……您要小心了，路易斯，"我继续拿他开玩笑，"他可是个亿万富翁。他也许只是道貌岸然的伪君子呢？还总穿着自己缝的袜子，真够逗的。您可得小心这位谢林加先生！"

"我一向对别人十分信任。"范加尔说道。

"您就是过于相信别人了,"我说道,"难道不是吗?"

"特鲁斯也是这么说的。"范加尔答道。

"您曾经也对罗纳德·科曼信任有加。结果,我在这周的《新荷兰》(*Nieuwe Revu*)杂志封面上却看到了这样的言论:'我永远不会再跟罗纳德·科曼共进晚餐了。'这又是怎么回事呢?"

"这是因为罗纳德·科曼策划了那场'阴谋',迫使我离开了阿贾克斯俱乐部,"范加尔答道,"他得到了俱乐部内部人员以及媒体的支持。我问他是否在故意利用媒体造势,他说是的。"

范加尔在那天晚上表现得真诚,有耐心,冷静。

我又按下了播放键。这是2006年10月8日的一期节目。我在那天的节目中问了范加尔这样一个问题:"荷兰足协主席说您'甚至无法带队闯入世界杯',您对此有什么看法呢?"

范加尔答道:"我在你的专栏里看到这件事了,他似乎是那么说的。"

"他就是那么说的,"我纠正他道,"千真万确,我敢向您保证。"

"好吧,如果你这么确定,我就当这是真事了,好吧。"

"那您对此有什么看法呢?"

范加尔耸了耸肩,说道:"这也是事实啊。"

我看着眼前这段录像,心想:"范加尔一定是在克制自己。也就是说,范加尔其实能够控制自己的情绪。"其实我那天一直在诱导范加尔,试图让他爆出一两句经典语录。但范加尔并没有被我激怒,也没有被荷兰足协主席激怒。

那天晚上,范加尔对我的"任性"十分纵容:"我听说您将出席基督教民主会议的经费捐给了您所在社区内患有肌肉疾病的孩子们,这是真的吗?"

"我是否捐了钱并不重要,"范加尔答道,"重要的是……"

"您只要回答'是'或者'不是'就可以了。"

范加尔并没有表现出一丝的愤怒，相反，他还笑了起来。

"无论怎么说，您毕竟是个自由主义者，"我继续说道，"您为何要跟基督教民主党员们谈笑风生呢？"

"嗯，这是一个问题还是……"

"这由您自己决定，路易斯，"我套近乎地说道，"这是属于您的夜晚。"

过了一会儿，范加尔说道："一家俱乐部中有20多个球员，但却只有一个主教练。"

"那为何媒体总是跟您的球员交往密切呢？"我问道。

"因为他们从球员那里能获得更多的新闻。"范加尔答道。

"棒极了，路易斯，这正是我想听到的。感谢您亲口承认了媒体对您的那些偏见。"我开玩笑道。

范加尔笑得十分开心，然后说道："这可不是偏见，这是事实。"

在之后的节目中，人们又对时任荷兰主帅马尔科·范巴斯滕展开了激烈的讨论。在2006年德国世界杯过后，范巴斯滕决定不再征召路德·范尼斯特鲁伊（Ruud van Nistelrooy）和马克·范博梅尔（Mark van Bommel）。荷兰国家队主力门将兼队长埃德温·范德萨对这一决定感到非常不满，并将他的想法公之于众。

"我觉得范德萨的做法是错误的，"范加尔说道，"作为一队之长，你应该站在主帅这边。何况他也不该把这些事情都告诉媒体。他还不如直接去找范巴斯滕呢，这样效果还能好一点儿。球队的队长无权干涉主帅的用人政策，更不该把这件事情透露给外人。类似这种事情，就应该关起门来，在球队内部解决。"

"您这么说也不全对吧，"我反对道，"这是忠诚的问题，您不也总是说忠诚是一种很重要的品质吗？如果范德萨选择支持教练，背弃队友，那他会不会显得很没道德啊？"

"这可不是道德的问题。"范加尔说道。

"据我所知,范巴斯滕对此并不生气。"

"他生不生气我可管不着,"范加尔说道,"因为我不是范巴斯滕,我是路易斯·范加尔。"

"没错,您整晚都在提醒我们您是范加尔。"

"我就不能再说一次吗?"

"我知道您是路易斯·范加尔,您不用反复跟我强调这一点。关键是,如果范德萨那么做会让他显得很不道德……"

"这话你已经说过一遍了。现在我可以发表我的看法了吗?"

"您请便吧。"

"多谢。作为球队的队长,你所代表的不仅仅是球员,你也要代表球队的主帅。如果只顾及球员的感受,而不去考虑教练的利益,这才是不道德的。因此,队长可不是那么好当的。他不能一有事就去找媒体发泄……"

"依我看,"我打断他道,"范德萨的做法很文明,他并没有因为这件事情跟范巴斯滕怒目相向。在我看来,这是正确的做法。范德萨是一位 36 岁的老将,也是一位世界级的守门员,他绝非浪得虚名。"

"这跟他年龄多大没有什么关系。你有责任把球队的问题限制在球队内部解决。你不能把家丑外扬啊!当然,这对你来说可能是件好事,这就为你下一期的专栏提供了素材……"

"至少从这件事情上,我们可以看出荷兰国家队的队员们并不都是驯服的庸人。范德萨敢于仗义执言,他是好样的。"

"这跟仗义执言也没什么关系,"范加尔坚持道,"你要真有种,就在更衣室里把问题解决掉。"

"他确实是这么做的。他跟范巴斯滕谈过这件事情,也表达了自己的看法。"

"这很好,这很好。但他又为何要跟媒体透露这件事呢?当记者问起关于范尼斯特鲁伊和范博梅尔的事情时,他就不能说一句'我没什么看法'吗?"

我心中火起，说道："这就意味着我们媒体人无法获取真实的信息。所以我们只能发表一些自己的看法。到那时您又会说：'这些记者狗屁不懂。'这一切都是因为你们从一开始就不让我们获取真实的信息。您知道我们每天要听到多少谎言吗，路易斯？"

范加尔略带愤怒地说道："谎言？你说谎言？"

"我敢担保这是事实。"

"好吧。"

"当然我不是说您在对我们撒谎。"

"哦。"范加尔说道。

过了一会儿，范加尔继续说道："'我没什么看法'这句话应该是范德萨能够做出的最为完美的解答。这句话也很合适。他那么做太荒唐了……"

我再次打断他："但现在是言论自由的时代，没有什么是不能说的。"

"你的这种比喻完全不合理。"范加尔说道。

之后，节目组的工作人员播放了范德萨的那段录音采访。

"这就是证据，"我说道，"荷兰队并没有受到范德萨言论的影响，相反，他们在昨晚对阵保加利亚队时表现得十分出色。"

"你又在用与事件无关的事实去拼凑论据，"范加尔说道，"而且你十分善于将观点说成事实。难怪你去当了一名记者。"

我笑了。"虽然说我没有生气，但您这话听起来像是在损我啊，路易斯。"

"没错，"范加尔说道，"我就是要损你。"

但仅仅 5 分钟之后，范加尔就又开始说笑并且时不时地拍我肩膀了。又过了几分钟，范加尔重新开始跟我争论起这个话题。这就是范加尔版的《化身博士》(*Dr Jekyll and Mr Hyde*)。要是他踢球时的动作频率能像他心情转换这么快，他早就成为鹿特丹斯巴达俱乐部的超级明星了。

二十三　电视节目（1）

主持人又问范加尔，在他为鹿特丹斯巴达队踢球时，他是否曾被其他球员"超过车"。

我不知道韦斯利·斯内德是否喜欢读书，不过万一他看到这本书，我希望他能看看路易斯·范加尔在 2006 年 10 月 8 日那天做出的回答。

范加尔大笑道："有过，但我那都是故意的。这都是战术。速度不是我的强项，跟人拼速度会暴露我的劣势。不过亚德·安德里森就比我还慢，对此他还颇为介怀。这些事情雨果都知道，那时候斯巴达还是一支强队呢。"

那期节目接近尾声时，我对范加尔说："现在，拜仁慕尼黑俱乐部忙得不可开交，他们千方百计地想得到路易斯。但路易斯对此倒是十分淡定，是吧，路易斯？您对去拜仁感兴趣吗？"

范加尔就坐在我身边，羞涩地笑着。范加尔受宠若惊——大家都知道他将入主一家类似于拜仁慕尼黑这样的顶级俱乐部。他对此十分自豪。

"路易斯一直想执教一家拜仁这样的俱乐部。您不会真要去拜仁吧，路易斯？您会履行完跟阿尔克马尔队的合同吧？"

"其实我可以等到 2008 年再做决定的。"范加尔说道。

主持人说："执教拜仁对您来说应该是一次不同寻常的挑战吧？"

"是的，我很希望在那里工作，"范加尔承认道，"我觉得拜仁慕尼黑俱乐部的理念很适合我……所以，如果拜仁真的联系我，我会认真考虑的。因为除了拜仁之外，我还可以选择执教一支足球强国的国家队。"

"我们看到范加尔的脸上露出了一丝微笑，"主持人看着范加尔说道，"是不是拜仁那边已经有所行动了？"

"确实有俱乐部跟我联系过……但我现在还在阿尔克马尔队执教。我还是有地方可去的，所以我倒不担心自己的工作问题。"

"那么拜仁也在您的计划之中吗？"主持人问道。

"我倒是第一次听说拜仁对我感兴趣，但既然雨果这么说了……"范加尔冲我咧嘴笑道，"他肯定是听到了什么风声。"

这次该轮到我受宠若惊了。我当时可能也冲他露出了一个类似的微笑。那么，关于拜仁的事情，我是如何得知的呢？这您就得问问他的枕边人特鲁斯了，说不准是她有意无意地向我透露了什么。特鲁斯对于公关的事情并不陌生。即便到了现在，特鲁斯仍然是范加尔的媒体顾问。很可惜，路易斯基本不怎么听她的劝告。她曾向某些特定的记者透露了一些关于范加尔的消息，当然，都是对范加尔有利的内幕消息。2006年的这期《足球工作室》就是很好的例子。

二十四　哦，路易斯（6）

1. 肉毒杆菌

"那不可能！"

说这话的人是罗纳德·德波尔（Ronald de Boer）。罗纳德是阿贾克斯队主帅弗兰克·德波尔的双胞胎哥哥。兄弟两人都曾在范加尔手下效力，并在1995年共同跟随阿贾克斯队赢得了欧洲冠军杯的冠军。

罗纳德对于化妆整容略知一二。他曾经植过发，也经常通过注射肉毒杆菌来消除皱纹。现在，罗纳德看起来比他的弟弟年轻许多。

于是我想找罗纳德验证我所听说过的一句谣言——路易斯·范加尔是否也曾使用过肉毒杆菌？

"我很了解路易斯，以他的个性，他不可能去用那种东西。不过我会去帮你确认一下的，如果我没再联系你的话，那么答案就是否定的。"

2. 法　斯

有人曾将他与博比·查尔顿爵士（Sir Bobby Charlton）相提并论——在约翰·克鲁伊夫之前，他就是荷兰的足球皇帝。他的名字叫作法斯·威尔克斯

（Faas Wilkes，1923—2006）。1998年7月4日，法斯在他小儿子迈克尔（Micheal Wilkes）的陪同下，从家乡鹿特丹驱车赶到马赛，观看荷兰对阵阿根廷的世界杯四分之一决赛。大概所有的"足球通"都知道，1998年7月4日这一天是属于丹尼斯·博格坎普（Dennis Bergkamp）的。本场比赛之前，丹尼斯·博格坎普已经为荷兰国家队打进35粒进球，追平了法斯·威尔克斯的国家队进球数。1961年4月19日，威尔克斯在对阵墨西哥队的比赛中打进了他橙衣生涯的最后一粒入球，那是一粒点球。

37年之后，法斯坐在骄阳下的看台上，注视着阿根廷队的禁区。随着比赛进行，他的儿子迈克尔感到有点儿担心：这么热的天，老爷子能受得了吗？但法斯坚忍地坐在那里，汗涔涔的脸上挂着蒙娜丽莎式的微笑。他丝毫不担心自己的进球纪录会被丹尼斯·博格坎普打破，一点儿也不担心。相反，他正期待着博格坎普的进球。如果自己的进球纪录终将被人打破，法斯宁愿打破纪录的人是帅气、纯粹且富有同情心的博格坎普。跟法斯一样，博格坎普也曾在国际米兰队效力过。

之后的事情我们都很清楚了。弗兰克·德波尔一脚60码的长传找到了禁区内的博格坎普。博格坎普做出了一个大师级的连停带过。他得分了！那是一个绝杀！所有荷兰球迷都欢呼雀跃。这简直令人难以置信，这是一记史诗般的进球！比赛眼看就要结束，再见了阿根廷队。世界杯半决赛的大门已经向我们敞开，这都要归功于博格坎普。

比赛之后，法斯正要走回自己的车里，忽然听到有人叫他的名字。那个声音十分洪亮，而且连叫了三声。法斯转过身来，在一辆大巴车前见到了时任巴萨主帅范加尔。"嘿，法斯！你的进球纪录告吹了吧？啊哈哈哈哈！"

调笑和伤害之间是否有一个明显的界限呢？谁知道。

二十四　哦，路易斯（6）

3. 标　准

写这本书的时候，我曾向许多记者同行求助，希望他们为我提供有关范加尔的素材。但他们中的有些人却显得不是很情愿。他们也曾经对范加尔进行过采访，但某人常年将别人称为"刺头"或者"烦人精"，即便以最大的善意去忖度他的本意，也必然无法与他建立起良好的职业合作关系。说白了，他们心里有话却不敢说出口。

不过，从记者们敢于在公开场合发表的言论中，你就能猜到他们不敢说的那些东西大概会有多严重。

《足球工作室》栏目主持人曾给路易斯·范加尔起了一个"夸大狂"的外号。足球评论员汉斯·克雷伊（Hans Kraay）曾为英格兰的布莱顿（Brighton & Hove Albion FC）俱乐部踢过25场比赛，他对范加尔的印象是："不是一个太好的人，甚至会让人觉得很反感。"而《国际足球周报》的一名记者则如此评价范加尔："他是个粗人，基本无法跟别人正常交谈。他生性多疑，善于无中生有，给自己树立假想敌，还善于从任何事情中挑刺。"

荷兰国家日报《荷兰人民报》的记者斯蒂菲·库特斯（Steffie Kouters）曾对范加尔有过一番中肯的评价，她说："路易斯·范加尔是荷兰国内最优秀的足球教练，我当然希望他一切都好。他曾认为我误传新闻而对我进行过抵制，但这并不影响我对他抱有的期望。我们之间的'冷战'结束以后，我曾友好地邀请他参与一档旨在让他直抒胸臆、敞开心扉的电视采访节目，但很可惜他并没有做出礼貌的回答，他的愤怒战胜了一切。当时，路易斯紧紧地盯住我的眼睛，过了4秒钟之后，他大喊了一声'不'，然后负气而走。范加尔一向以极高的道德标准去要求别人，但他的这种记仇行为实在不符合这一标准，这让人颇感遗憾。"

"极高的道德标准"，这是一个神奇的词组——每每谈到范加尔的事情，就必定会涉及到这个词组。几乎每个跟范加尔打过交道的人都"难逃"这一词组的纠缠。偏偏范加尔还是一位为基督教民主党所接纳的自由主义者，而基督教民主党"鼓吹"的正是"极高的道德标准"。这个词组几乎成了范加尔的口头禅。无论你问他任何事情，他都会告诉你，道德标准才是人生中最重要的事情。但范加尔那些生硬的、欠考虑的、粗鲁的、无礼的举动却严重地背离了他自己的道德标准。我最想问范加尔一个问题：

"您自己也曾对别人大吼大叫，有时甚至会无理取闹，您对自己的这些表现又该作何评价呢？"

其次想问的是如下几个问题：

"您的母亲又会怎样看待您的所作所为呢？"

"您曾伤害过斯蒂菲·库特斯这样友好的记者，但您却从未道歉，这会让您良心难安吗？"

"路易斯，礼貌待人真的就那么难吗？"

"那些恶言相加、横眉冷对、颐指气使，究竟都是为了什么？"

"您是否曾审视自己的内心，探索这一切的根源？"

"这些表现是否来源于您心中暗藏的自卑感？抑或只是一种恐惧，一种对于失控的恐惧？"

当然，我已无法再向他提出这些问题了。至于我为何会提出这些问题，在稍后的章节中，我会加以解释。不过，如果有人想替我向范加尔提出这些问题——最好是电视采访——那就请便吧。别让那家伙把你吓尿裤子就好。

二十五　电视节目（2）

重　放

　　门垫上又出现了一个信封，里面装着一张标有"2003年6月7日"的DVD光盘，光盘上还贴着一张纸条，上面写着："您并没有索要这张光盘，但我还是想把它寄给您。光盘是我偶然找到的，里面记录着您与范加尔的第一次合作。"

　　我满怀好奇地将这张DVD光盘插到我的笔记本电脑中。几秒钟之后，当年的情景又出现在我的眼前。与我们俩一同出席那期节目的还有曾经在20世纪80年代效力于诺丁汉森林队的前荷兰国门汉斯·范布鲁克伦（Hans van Breukelen）。我们三人那天评论的是一场2004年欧洲杯预选赛，对阵双方是白俄罗斯队和荷兰队。我怎么把这件事给忘了呢？

　　我窝在沙发上，一边紧紧地盯着笔记本的屏幕，一边撕开一包从新西兰买来的凤梨酥，大嚼起来。大概过了一个小时，我突然发现自己快把那包凤梨酥吃光了。

　　2003年6月7日那天，荷兰队凭借马克·奥维马斯（Mark Overmars）和帕特里克·克鲁伊维特的进球战胜了三流水平的白俄罗斯队。

　　"荷兰主帅说你是个白痴。"朝气蓬勃的年轻主持人说道。这是经济频道的一档栏目。

我点了点头，说道："没错，迪克·艾德沃卡特的确认为我是个白痴。"我那时刚在自己的专栏中写了一篇关于荷兰队更衣室冲突的评论。

"你宣称自己对荷兰国家队的问题十分了解，甚至比艾德沃卡特知道的还要多，这是真的吗？"主持人问道。

"这千真万确。"我窃笑道。

我看着年轻时的自己，身着运动服的那个"我"浑身散发着自信的气息。我突然回想到自己那天还穿了一件衬衣，衬衣上还印有切·格瓦拉的画像。谢天谢地，我从屏幕上基本看不到这件衬衣上的图案。很显然，我的中年危机已经悄悄逼近了。

坐在我身边的是范加尔，他那天身着夹克，里面穿着一件有领扣的衬衫，还打着领带。而坐在范加尔身边的则是那天晚上的第三位嘉宾汉斯·范布鲁克伦。

在那期节目录制前的18个月，迪克·艾德沃卡特接替范加尔，担任荷兰国家队主帅。从那之后，我就成了一名坚定的艾德沃卡特黑——我在自己的专栏里把他骂得体无完肤。我对他的谴责主要集中在两点：一是他为荷兰队制定的战术打法有悖于荷兰足球的进攻传统；二是他的用人政策常常让人感到疑惑，就拿荷兰对阵捷克这场球来说，他居然没有将荷兰国内身价最高的马克·奥维马斯召入队中。你说他还敢更傻点儿吗？而在6月7日那天的比赛中，艾德沃卡特居然又将奥维马斯放到了替补名单里。这简直太荒唐了！不过半场比赛过后，奥维马斯就获得了出场机会。

为了赢得主持人的认同，我将自己在专栏中的评论复述了一遍，我说："这种战术安排无法发挥奥维马斯的特长，这简直太丢脸了。"这就是电视节目的铁律——尽量发表些惊人的、简短的言论。

范加尔的语气则要积极许多，他用"神来之笔"来形容奥维马斯对于那天比赛的影响。

"他是那场比赛中的最佳球员,"我说道,"而且你能看到,他似乎把全部怒火都发泄到了那记射门上。他的表现再次说明,迪克·艾德沃卡特的战术水平实在让人不敢恭维。"

这又是一句旨在引起论战的评论。

"如果我说你不是迪克·艾德沃卡特的粉丝,会不会显得过于直白了?"主持人问道。

"没关系,反正他整天忙着掩盖自己的错误,才没工夫理咱们呢。"

一旁的范加尔却始终保持沉默。他面无表情,从容淡定。他丝毫没有表现出急躁的情绪,相反,他显得十分放松。哪怕我曾在他被解雇时(1987年)对他进行了"电话审讯",哪怕我曾针对布莱恩·罗伊的事情(1992年)难为过他。哪怕在那之前我不曾给他留下任何好印象。

节目还在继续进行,我的偏激言论也并未终止。我语气坚决,不容置疑,这倒是像极了身边的范加尔。

与此同时,现实中的我给自己泡了一杯茶。估计是吃凤梨酥吃得渴了。我知道我当时只是在用一种夸张的方式去表现自己,那只是一次精彩的表演而已——我那天的一举一动都显得无比自大。

电脑屏幕上的"我"继续说道:"你知道这支荷兰队缺少什么东西吗?不仅仅是我,许多人都这么说。大家都说这支球队缺少一种活力。依我看来,这种评价很真诚。足球的乐趣已经被那些死板的理论给压制住了。刚才,汉斯·范布鲁克伦建议荷兰队采用更加取巧的打法,这个主意就不错嘛。你不能把所有事情都变成呆板的理论。我在奥维马斯身上就能见到那种灵感、那种火花。古斯·希丁克(Guus Hiddink)曾提到过'激情'一词,如果我没记错的话,路易斯也经常说起这个词。这就是这支荷兰队所缺少的。而奥维马斯在场上就能为球队带去一些不一样的气质。在我看来,这支球队亟需这样的新鲜血液。"

"路易斯，雨果说的那些您都赞同吗？"

"我当然同意，"范加尔说道，"我曾不止一次说过……"

这么说可能有些多愁善感了，时至今日，我在看到那段视频录像时，依然对范加尔那天所表现出来的友善态度感到十分开心。但在当时，我是否有着同样的想法呢？抑或我只是一心找茬？在那之前，我曾跟范加尔激烈地对峙过。那天的节目是如何收场的呢？我已经忘记了。但至少我们没有大打出手，否则我一定会记得的……

范加尔转过头来盯着我，我也毫不示弱地看向他。他绝不会让我"欺负到他头上"，但与此同时，他也给了我足够的发言空间。

在那之后，范加尔曾在节目中伸出手指，比画着什么，我逗他道："别指指点点的，路易斯，这样不礼貌。"

他听了之后大笑着拍了拍我的肩膀。

难得见到范加尔兴高采烈的镜头。我心中不禁升起一阵莫名的感动，后颈的汗毛也条件反射般地竖立起来。

我到底为什么想让范加尔喜欢我？我们两人已经吵翻了，也完全不可能重归于好。他从未想过和解，我也从未想过和解……

好吧，其实我也不能确定。

回到当时的情景中。主持人讲话时，范加尔转过头来意味深长地看着我。不知道为什么，他一直在观察我。而且我有一种感觉，他想让我跟他对视。但我没有那样做，我双眼注视前方，全神贯注地听主持人讲话。

比赛评论过后，我们要给每名球员打分。满分10分，我只给鲍德温·岑登打了4分，汉斯·范布鲁克伦还为此嘲笑了我。

我为自己辩护道："他的水平不配踢荷兰国家队的中场。倒是可以考虑把他撤回来踢后卫，不过这只是一种最为勉强的折中方案。你自己也能看到，汉斯。他的传球没有准头，还很容易被对手盯死。他无法完成内切，因此他无法胜任任何位置。"

"怎么会呢？"范布鲁克伦说道，"他肯定会有一席之地的。"

"看来路易斯·范加尔同意博斯特的见解。"主持人说道。

"当球在身后时，岑登的表现并不好，我对此表示同意，"范加尔说道，"但我之前也说过，他踢左后卫时的表现就要好很多，因为那样的话他就能看清球的位置，从而完成跑位。他的防守也非常不错。我在巴萨执教时，就曾让他踢了一年的左后卫，他的表现也很好。"

"但是，"我反对道，"对于球队里的其他球员来说，让岑登担任左后卫是一种侮辱。比他强的人有的是。况且岑登也没什么助攻能力啊。他短传不行，长传不行，一无是处。"

"对阵摩尔多瓦时，他就曾经凭借一记传中助攻队友打入制胜球。"范加尔说道。

我不无讽刺地答道："那是，你让他踢上 30 场国际比赛，他总能蒙出那么一两脚略有质量的传球。"

"不，你这么说就太过分了！"范加尔说道。

"您也不要再为岑登辩护了，路易斯，他不值得您这么做。"

"健康的奥维马斯的确比岑登强，我对此表示赞同。"

范加尔的声调一直十分平和。他是否故意如此？是否在控制自己的情绪？是否感到有些拘束？18 个月之前，范加尔在一场情绪失控的新闻发布会之后宣布从荷兰国家队主帅的位置上辞职，他是想用今天的表现来挽救自己的形象吗？他是否将我这个媒体人当成了他的盟友？但以他的表现来看，他似乎不仅仅是在演戏。

"我们再来看看诸位给锋线球员们的评分。汉斯给奥维马斯打了 8 分，路易斯给出的也是一个 8 分，而雨果·博斯特则给了一个 9 分。说些个人观点啊，对阵白俄罗斯这种球队就是在虐菜，难道虐菜也能虐出个 9 分吗？"

范加尔放声大笑。我按下了重放键。他确实是在拿我取笑,但他绝无恶意。他只是怡然自得而已。他顶多只是认为奥维马斯的那个9分比较搞笑。

我仍在捍卫我的决定:"他的出场改变了比赛。冲这一个原因,他就配得上9分!你们都是一群小气鬼!"

"您这么一说,这个9分颇有些挑衅的味道啊。"主持人说道。

"你还别说,我从来不怕向别人挑衅。"

之后,范加尔说道:"那你还挺有种的。"

我简直无法相信自己的耳朵,于是我按下了重放键。

范加尔说:"那你还挺有种的。"

范加尔这样一个经常被别人激怒的人,为何会为一个挑衅者叫好呢?

"看到您二位相处得如此融洽,我真的很高兴,"主持人说道,"我还以为路易斯会跟雨果这样不给人留丝毫情面的批评家发生冲突呢。据我所知,雨果之前还批评过路易斯吧?"

"没错,"范加尔说道,"但他刚才说得很有道理。"

我的心里瞬间充满了自豪感。

天啊。这真是太爽了。我居然得到了足球大师的夸奖!

我按下了重放键。

"没错,但他刚才说得很有道理。"

又按下重放键。

"没错,但他刚才说得很有道理。"

"你到底在干吗啊?"妻子问道。

"你看,你来看啊!"我语无伦次地喊道。

屏幕里的"范加尔"再次说道:"没错,但他刚才说得很有道理。"

妻子翻了个白眼,转身离开了。

节目还在继续。我对主持人说:"我们俩恐怕只有一个交集,那就是斯巴达。"

这本来没什么笑点,但范加尔却狂笑不止。我按下暂停键,掏出手机,将这一画面拍下来。画面中的两个男人笑得很开心。

二十六　冲突（3）

1. 决　裂

这个无耻、自大的浑蛋！

我的心狂跳不止，只好望着身边的空地发呆，以期平复一下心情。一缕冬日的阳光淡淡地照将进来，照出身边那摞 CD 上面的灰尘。我的办公室里一片狼藉。父亲上次来看我时就跟我说："儿子，这地方这么乱，你都是怎么工作的啊？"

我深吸一口气，又想到了范加尔。他一定是有点儿什么精神问题。

说这话还是 2007 年的 1 月底。范加尔在一次采访中对时任荷兰主帅马尔科·范巴斯滕的用人政策表示出了疑虑，还对范巴斯滕本人进行了批评。因为这件事，范加尔与荷兰足球职业教练协会——一个范加尔亲手创立的组织——闹得很不愉快。教练协会要求范加尔为自己的言论道歉。我计划把这次事件写进我的专栏里。因此，我想在动笔之前找范加尔澄清一些事实。

在我小心翼翼地提出第一个问题后，范加尔让我大吃一惊：

"你没有权利把我的电话号码告诉别人！"

"您说什么？"

"你应该听得很清楚了！"

"路易斯，您在说些什么啊？"

二十六 冲突（3）

"你把我的电话号码告诉别人了，"范加尔说道，"这是不对的，电话号码是我的隐私！"

"我不明白您在说些什么。"

"你把我的手机号码给了你的同事克里斯·范尼纳滕（Chris van Nijnatten）。"

"您是怎么知道的，路易斯？"

"他突然就有我的号码了，他给我打电话了。"

"嗯，然后呢？"

"他肯定是从你那儿要来的。"

"这不可能！"我简直无法相信自己的耳朵。

"你还想要什么证据吗？"范加尔继续说道。

"稍等，稍等一下。您怎么知道是我把您的电话号码给他的？您是如何得出这个结论的？我没有这么做。如果我想把您的电话号码告诉别人，我会先征得您的同意的！"

"好吧，但我就认为是你干的！"

"但这不是真的，路易斯。你听见了吗？你误会我了。你用我没做过的事情冤枉我，赶紧收回你的话，路易斯！"

"我为什么要收回我的话？我有理由相信……"

"你太过分了，老兄，赶紧收回你的话！我要是你我就会赶紧道歉的！"

"你用这种语气跟我说话就不过分了吗？！"

"这还不都是因为你！路易斯你听着，我他妈都快气死了，这都是因为你！我最后说一次，我他妈从来没把你的号码给过别人！赶紧收回你的话！"

"如果你再冲我喊下去……"

"我他妈还就这么喊了！我一直想把事情跟你解释清楚。结果你根本听不进去。赶紧跟我道歉，这才是正常人应该干的事情。还是你根本不会跟人道歉啊，道德高地先生？"

10秒钟之后，这次通话结束了。那之后，我又恶毒地咒骂了一番，然后开始不断回想这件事情。这些都是自我保护的表现。

我孤零零地坐在办公室里,就像被困在一座孤悬海外的小岛上,周围只有一些"漂浮的"废物,几摞书、几堆报纸,还有许多空空如也的塑料CD盒。

5分钟之后,我给好哥们莱奥·维赫尔打了个电话:"老子有生之年再也不想跟那个老浑蛋扯上关系。他凭什么毫无根据地冤枉我,指责我?莱奥,这老家伙一定是脑子有病吧!"

2. 信 件

这封信是寄给范加尔的。我十分后悔写了这封信。我对信中的内容感到羞耻,这也是我没有把信件的全文在书中写出的原因。但亲爱的读者们至少有权知道这封信的存在。这封信写于"电话门"的6个月之后,我可以将信中的主要内容透露给大家:"路易斯,咱俩就不能喝杯咖啡,聊聊天,解决一下我们之间的分歧吗?"

3. 和解大师

我把"电话门"的情景详细地重现给了博纳文图拉、我的父母以及每星期跟我踢一场球的伙伴们。只要有人愿意倾听,我就会对他倒苦水。每当谈起这次"电话门"事件,我心中就会充满愤怒。

此时,特鲁斯·范加尔也知道了事情的始末。许多人告诉我,特鲁斯对这件事情也感到十分伤心。

范加尔的朋友们都安慰我:"你也知道他是什么样的人,别跟他计较了。"

对此，我的答复是："这么说，他无论犯了什么错误都可以被原谅喽？见鬼去吧！"

博纳文图拉夹在我们两人中间，处境十分尴尬。他跟我一起打网球，跟范加尔一起玩高尔夫。他对我说，他会试着帮我俩和解。

4. 致路易斯

您本来不该读到这封信的。这真是我的耻辱。我当时一定是被什么东西附体了……

最终，我还是选择将信件的内容公布出来，毕竟这是一本关于范加尔的书，读者有权知道关于范加尔的一切。我把信的内容原封不动地呈现在您的面前。如果您在读信时，觉得我过于丢人了，可以联系我并尽情地鄙视我：

亲爱的路易斯，

我无数次地问自己，这到底是为什么。但是路易斯，我还是无法找到答案。我只是无法理解，像您这样一位讲究原则的人为何至今没有说出"道歉"二字。我几乎可以肯定，这是您的骄傲在作怪。您是一位伟人，但毕竟也只是一个人。如果您意识到自己犯了什么错误（我知道您会说您很少犯错），您就应该向别人道歉。难道不是吗？只有诚实才是最大的美德。

那天之后，我脑子里始终萦绕着这样一个问题：您为何不向我道歉？在那天的通话中，您至少有三次冤枉我将您的手机号码给了别人。想必现在您也应该意识到，您那天对我的指责是毫无根据的，我是无辜的。

我对您一直非常感兴趣，不仅仅由于您在足球领域取得的成就，也因为您是个很有意思的人。在那通电话之前，我一直认为您是一个"透明"的人。但您也有自己的缺点，您当时就是太冲动了。您经常不加调查就妄下结论。其实在您下结论之前，您应该先将所有事情都弄清楚。至少那些盛怒之下的足球教练、那些新闻专业的老师以及那些杂志的主编们都是这么跟我说的:"不要下毫无根据的结论,事先要做好调研。三思而后行。"

您说,您对我在电视上表达自己的愤怒感到十分恼火。尽管最先犯错的人是你,但我还是要借此机会表达自己的悔过之心。我当时的确太冲动了。我当时将心里所有的愤怒毫无顾忌地宣泄了出来。那是因为我感到很失望。我对这个世界上最为诚实的足球教练不懂得道歉而感到失望。我足足等了两个月,还是没有等到您的道歉。我不断地问自己,这到底是为什么?一个有着极高道德标准的人为何不会审视并检讨自己的所作所为?

我真的很失望。您觉得我会对克鲁伊夫或是科曼失望吗?当然不会。我跟他们这些人没什么交集。况且他们是少数让我无比崇敬的足球人。

没错,我对您同样十分尊敬。虽然您有时脾气很怪,但您是一个杰出的足球教练,一个杰出的人。我一直被您深深吸引。这一部分原因是,您在斯巴达队效力的那些时光,您为我们俱乐部做出的贡献。还有一部分原因是,您在与克鲁伊夫有关的问题上表现得十分勇敢。这都是我一直赞扬并维护您的原因。尽管我们之间有了一些不快,但在将来,我依然会在他人面前赞扬并维护您。当然,如果您做了什么在我看来并不正确的事情,我也会大胆地说"不"。

我希望我们之间的问题能够尽快地得到解决。这跟我的工作需要没什么关系,只是想让我们找回从前的友谊。没了对方,我们的生活还会继续。我能将工作和私交很好地区分开来,因此,这次争吵也不会改变我对您的看法。我们完全没有必要让我们之间的冷战继续下去,因为我们有共同的朋友博纳,因为我们早晚会再见面,因为这个世界上的战争已经够多了。

博纳的生日过后,我就开始了自己的假期。这也让我有了反思往事的时间。我不禁在想:"这一切都有什么意义呢?我们为何不能重归于好呢?我在这封信中已经对您言无不尽。我希望您也能够对我敞开心扉。在接下来的几周中,我会很愿意到诺德惠克找您小晤一番。事实上,我将在7月18日星期三晚间到达诺德惠克。不知您是否愿意查看一下您的工作安排,看看是否能抽出 30 分钟左右的时间。届时只有我们两人，我们可以试着将我们之间的矛盾化解。

此致
祝好！

雨果

2007 年 7 月 6 日，写于鹿特丹

5. 耻 辱

信虽然寄出去了，但信中的内容却让我寝食难安。那简直是谄媚的节奏啊！

信中包含了许多糟糕的语句，我不禁在想：“我当时脑子是不是进水了，怎么会写出这么多糟糕的语句啊！”

现在，我为大家选出这封信中最为糟糕的十句话。

排在第十位的是：“像您这样一位讲究原则的人……”

第九位：“您当时就是太冲动了……”

第八位：“我当时的确太冲动了。我当时将心里所有的愤怒毫无顾忌地宣泄了出来。那是因为我感到很失望。”

第七位：“您是一位伟人，但毕竟也只是一个人。”

第六位：“三思而后行。”

第五位：“克鲁伊夫……科曼……我跟他们这些人没什么交集。”

第四位：“没错，我对您同样十分尊敬。”

第三位:"虽然您有时脾气很怪,但您是一个杰出的足球教练,一个杰出的人。"

第二位:"我一直被您深深吸引。"

第一位:"……因为这个世界上的战争已经够多了。"

6. 父　亲

范加尔并没有回复那封信。这无异于火上浇油,让我更为愤怒了。这个无耻、自大的……

我把那封信的原稿交给了正坐在桌边看报纸的父亲。他拿起老花镜,看了看那封信,想了一会儿,缓缓地点了点头。

"你倒是做出了不小的让步啊。"他说道。

我静静地站在一旁。

"你这是在跪下来求他原谅吗?"

我感觉像是被父亲扇了一巴掌,像是生平第一次遭到父亲的责打。

我的父亲从未严厉地批评过我,更没有骂过我。记得有一次,我在商店里偷东西被抓到了警察局,父亲只好到警察局来领走他10岁的儿子。即便在那时,他也没有责骂过我。回家途中,他望着后视镜中的我,说道:"你太让我失望了。"仅此而已。而现在这封耻辱性的"求和信"却引来了父亲最为严厉的批评。

那年夏天,我的父亲去世了。当然,我不认为这与"电话门"一事有何因果关联。

二十七　哦，路易斯（7）

生　日

"路易斯肯定是不想和好了。"一场网球赛后，博纳文图拉对我说道。

"还是没完成任务啊，"我耸了耸肩说道，"不过也没关系，博纳。大不了下次你过生日时我回避一下。"

几个星期之前，我在博纳文图拉 56 岁的生日聚会上遇到了路易斯。那天他比我来得早。我进屋后，跟每位客人都握了握手，其中就包括路易斯。"祝我们共同的朋友生日快乐！"我说道。"是的，同祝。"他答道。这是那天晚上我们二人仅有的交谈。随后，我们二人就各自站到房间一角，井水不犯河水了。

二十八 积 怨

1. 结 局

2008/2009赛季初,阿尔克马尔队开局不顺。两场比赛过后,阿尔克马尔队进1球,丢5球,吞下两连败的苦果,排在荷甲联赛积分榜的第16位。4个月之前的上个赛季,阿尔克马尔队仅仅排名第17位,濒临降级。在仅剩几场比赛的情况下,俱乐部主帅路易斯·范加尔曾宣布即将辞职,因为他觉得自己无力回天。在球员们的极力劝阻下,范加尔留了下来。

2008年9月20日,埃因霍温队做客阿尔克马尔。那个星期的星期六,我为《通用日报》体育版撰写了如下一篇专栏文章。文章的题目是"路易斯·范加尔的结局":

"对于范加尔来说,这种结局最理想不过了。他终于可以退出江湖,跟特鲁斯一起安享晚年。纵观范加尔的足球生涯,他一定会对自己取得的成就感到无比自豪。球员时期籍籍无名的他成了一代名帅。他所带领的阿贾克斯队成绩斐然(四次联赛冠军、一次联盟杯冠军、一次冠军杯冠军、一次国际杯冠军);在巴塞罗那,他也取得了不错的成绩(两次联赛冠军,一次闯入欧冠半决赛)。但在那之后,事情开始往坏的方向发展。他在荷兰国家队的帅位上遭遇了巨大的失败——那些跟随他在阿贾克斯队拿冠军拿到手软的弟子们却无法帮他赢得

二十八 积 怨

一张世界杯的入场券。

"类似的情形如今又发生在了阿尔克马尔队身上。俱乐部每年都有大量的资金投入,但球队却在球场内外几近崩溃。范加尔本人也表示,有些球员的道德水平远远达不到标准。在范加尔的高压统治下,怎么会出现球队失控的情况呢?除了更衣室中有球员反水之外,我们也想不到其他的答案。

"范加尔最近一段时间内所做的场上换人也让人看不懂。但最糟糕的是,从目前这支阿尔克马尔队身上,我们看不到团队精神,看不到灵魂,看不到球员之间的信任,看不到明确的战术体系。范加尔手下这支球队的表现远远不如科·阿德里安塞(Co Adriaanse)的那支阿尔克马尔队。这一点肯定让范加尔伤心不已,因为范加尔的心里住着一位坚定的理想主义者。

"他在上周二的电视节目中就展现出了自己理想主义者的一面。他在评论一场欧冠联赛的比赛时,跟别人发生了争论。也许'争论'这个词不是很恰当,因为从头到尾都是范加尔一个人在长篇大论。其实节目组也算很善良了,他们把这样一个展现自己的平台交给了一位功败垂成的主帅。范加尔理应抓住机会,展现出一定程度的谦虚。但他并没有这样做。相反,他还告诉我们,我们看到的这些球队以及他们的主帅都是些道德败坏的浑蛋。这其中,以利物浦队和他们的主帅拉斐尔·贝尼特斯(Rafael Benítez)为甚。

"'我不喜欢这样的足球!'范加尔反复强调。一旁的维姆·基夫特终于按捺不住自己的怒火,他挑衅道:'你能不能别再说什么"不喜欢这样的足球"了?'但范加尔还是我行我素。他的字典里没有'谦虚'这个词。

"范加尔似乎忘记了自己的格言——没有人能凌驾于球队之上。路易斯·范加尔的权力压倒了俱乐部主席、俱乐部总监以及阿尔克马尔的所有球员。当他想涨薪水时,他的合同会自动升级。如果他哪天不再相信球队了,球队也会接受他的辞职。而当他反悔时,球队还会'收回成命'。考虑到他过往取得的成就,我们已经给了他一年的时间。

"现在,范加尔该收山了。他已经开始让人心生怜悯。今晚对阵埃因霍温队的比赛,我们很希望看到'补锅匠'范加尔能够带领球队赢得尊严。但对阵埃因霍温队的胜利还远远不够。球队的前景不容乐观,留给范加尔的时间也不多了。不过话说回来,这又有什么关系呢?即便在阿尔克马尔队失败了又能怎样呢?毕竟你无法赢得一切,哪怕你的名字是路易斯·范加尔。他在葡萄牙的宫殿已经在向他招手。他是时候该离开了,该把那些愤怒、痛苦、挫折抛于脑后了。在他葡萄牙别墅的大门上,镶着一个贯穿着箭头的心形图案,图案中写有'L'和'T'两个字母。'L'代表着路易斯,'T'代表着特鲁斯。这既很天真,又很温馨。从现在起,范加尔可以和他的妻子儿孙一起共享天伦之乐。对于一个天生的自恋者来说,黯然隐退并不容易,但为了自己的家人,范加尔应该会做出一些牺牲。毕竟,私底下的范加尔一向是一个忠诚、善交的人。"

那天晚上,阿尔克马尔队主场战胜了埃因霍温队。自那之后,他们不断获胜,还踢出了漂亮的足球……

2. 幸灾乐祸

两个月之后,阿尔克马尔队雄踞荷甲积分榜榜首,领先第二名阿贾克斯队3分。《国际足球周报》的头版头条发表了一篇赞扬范加尔的文章。文章称,范加尔很好地解决了阿尔克马尔队的所有问题。我的脸都快被打肿了。在随后的专栏中,我撰写了一篇名为"给跪了"的文章:

"如果有谁愿意嘲笑别人犯下的错误,我强烈建议您去看看我在2008年9月20日那天发表的关于范加尔的专栏文章。现在,我心存悔恨地从那篇文章中摘录如下段落:'现在,范加尔该收山了。他已经开始让人心生怜悯。今

二十八 积 怨

晚对阵埃因霍温队的比赛，我们很希望看到"补锅匠"范加尔能带领球队赢得尊严。但对阵埃因霍温队的胜利还远远不够。球队的前景不容乐观，留给范加尔的时间也不多了。'

"11个星期之后，阿尔克马尔队上升到了联赛榜首的位置。而且，路易斯·范加尔手下的这支阿尔克马尔队正踢着荷甲联赛中最为美丽的足球。我们甚至可以相信，阿尔克马尔队能够一扫两年前在联赛最后一轮中痛失冠军的阴霾，并在2009年捧起联赛冠军的奖杯。

"也不知道11个星期之前我究竟是怎么了，竟然写出那样一篇既恶毒又愚蠢的文章。而眼前这篇满是'场面话'的文章也无法表达我的悔意。我一直都认为范加尔是一位杰出的主帅。每当他被约翰·克鲁伊夫等人攻击时，我都会竭力维护他。而当他跟罗纳德·科曼在阿贾克斯俱乐部发生冲突时，我也站在他这边。

"看过戏剧《美狄亚》（*Medea*）的人都知道，仇恨的力量足以摧毁一切美好的事物。剧中的美狄亚因为丈夫另觅新欢、弃她而去，竟然对她自己的两个儿子挥剑相向。一位刚刚参演过《美狄亚》的女演员告诉我：'我演这部戏剧的目的是警告大家小心复仇的怒火。它会将你彻底毁掉的。不仅如此，它还会让你身边的人受到牵连。这部戏就是对大家最后的警告。'

"在9月20日的专栏中，我同样写道：'对于范加尔来说，这种结局最理想不过了。他终于可以退出江湖，跟特鲁斯一起安享晚年。纵观范加尔的足球生涯，他一定会对自己取得的成就感到无比自豪。球员时期籍籍无名的他成了一代名帅。他所带领的阿贾克斯队成绩斐然（四次联赛冠军、一次联盟杯冠军、一次冠军杯冠军、一次国际杯冠军）；在巴塞罗那，他也取得了不错的成绩（两次联赛冠军，一次闯入欧冠半决赛）……'但在那之后，我的专栏却变成了'酸话集锦'——我的心中充满了乖戾和愤怒。我已经关注路易斯·范加尔将近25年了，我理应对他有着更好的了解和更加客观的评价。但我那天却任由自己胡说下去……

"上个星期，范加尔主动为上个赛季球队内部的混乱承担了一部分责任。彼时，球队缺乏富有经验的老将，更衣室里也出现了一些不和谐的因素。'我当时无法控制住局面。'范加尔承认道。如今，球队的士气得到了极大的提升，球队的打法发生了巨大的改变，主帅也赋予手下那些明星球员更多的战术自由。如此看来，范加尔也是一个善于调整的人。这位杰出的主帅已经重新赢得了人们的尊重。

"当然，对于我来说，写下这样一篇专栏文章意味着认错。有的时候，你难免会犯下类似的错误。你不能在怨恨的泥潭里越陷越深，你只能双膝跪地，请求众人的原谅。我早就已经见识过了范加尔的超凡能力，我当时只是不愿承认而已。这件事又给我上了一课，它告诉我，做人要时刻保持谦虚和谨慎。祝各位周末愉快！"

一天之后，我又在电视上谈到了自己愚蠢的错误。在那之后，我决心将这件事永远忘掉。

二十九　哦，路易斯（8）

1. 斯特罗曼

罗宾·范佩西非常喜欢跟路易斯·范加尔聊球。这可不是什么官方正能量小新闻，这是真事。不信你可以去问范佩西要好的朋友，这件事他们都知道。

据我所知，另外一位荷兰球星也有类似的爱好。这次是当事人亲口跟我说的："范加尔让我发挥出了最大的潜能。每当对手拿球时，我都会想尽快把球抢下来，然后……"

不好意思，凯文·斯特罗曼（Kevin Strootman），我要稍微打断你一下。没错，这位爱跟范加尔聊球的荷兰球星就是大名鼎鼎的凯文·斯特罗曼。斯特罗曼也出身于斯巴达俱乐部，他在那里取得了巨大的进步。我记得很清楚，在2008年的一场比赛中，斯巴达队以4：0的比分战胜了NAC布雷达队。一位刚满18岁的年轻球员成了场上的主角。他能传善射、头脑清晰、跑位准确，甚至以一己之力拖着球队赢下了比赛。他刚刚加入球队，但任谁都能看到，他身上隐藏着巨大的潜力。不过那个周末，斯巴达队的球迷正忙于庆祝，没有人特别关注他的表演。我当时就一直对自己说："天啊，这孩子就是个天才！"

五六年之后的今天，斯特罗曼已经成长为一名能攻善守的中场核心。

对于他的教练——路易斯·范加尔，凯文·斯特罗曼有着如下的评价：

"无论是在训练场上还是在比赛中,只要他(范加尔)站在场边,我就必须竭尽全力,必须把球从对方脚下抢过来,球必须是我的。这就像是我的责任。"

2. 奥兰多

1994年世界杯期间,我的朋友兼同事亨克·斯帕恩(Henk Spaan)与他妻子和5岁的女儿一起到奥兰多度假。迪士尼乐园的市场经理也是一个荷兰人,他邀请斯帕恩一家到迪士尼乐园游玩。游玩前夜,市场经理忧心忡忡地打来电话,问斯帕恩一家是否介意与路易斯·范加尔以及他年近15岁的女儿同行。

"一点儿也不介意。"亨克说道。

第二天,众人在奥兰多舒适的阳光下享受了他们的迪士尼之旅。路易斯还跟米老鼠一起合了张影。一切都在友好的气氛中进行……或者,也没那么友好……

中午,众人在睡美人城堡中吃午饭。共进午餐的还有100多位其他游客。席间,路易斯和亨克谈起了世界杯的话题。

前一天的比赛中,意大利主帅在本队门将被罚下后将攻击型中场罗伯托·巴乔(Roberto Baggio)替换下场。亨克是巴乔的忠实球迷,他认为这次换人并不合适。亨克说道:"意大利主帅这种功利至上的理念早晚会毁掉足球的。"

轮到范加尔发言了:"作为主教练,他有权力做出任何换人调整。这也是他的责任。如果他认为应该把巴乔替换下场,他就有权力这么做。"

一时间,睡美人城堡里鸦雀无声,气氛诡异。而孩子们也在梦幻般的迪士尼乐园里度过了战战兢兢的一天。我能想象到当时的情景。如果范加尔想发表什么意见,他可不会去管身边有没有小孩,他一定会用最高的音量将它说出口。他那大嗓门,有时都能把我吓一跳。我的朋友兼同事亨克·斯帕恩却不这么想。他觉得我太矫情了。

三十　探寻范加尔（7）

盲　点

"他看待事情的方式有很大问题。"杰出的喜剧演员提奥·马森（Theo Maassen）说道。他的语气中并无责备之意，有的只是关心和一丝担忧。与"喜剧哲学家"弗雷克·德容格一样，提奥·马森也十分擅长将哲理蕴藏于喜剧之中，让观众在发笑的同时对人生有所思考。这也是我拜访他的原因。如今，提奥已经成了荷兰的超级明星，我想问他的问题是："作为一名真正的巨星，你觉得你该如何表现呢？在与人交往时，你要注意哪些事情？"

"范加尔的问题是，他看待事物的方式过于单纯。在足球领域里，这也许是他的优点。但在现实生活中，这反而会变成他的缺点，这会让他显得头脑简单，让他易受伤害。除此之外，他很喜欢告诉大家：范加尔是站在金字塔顶端的那个人。没有人能对他指手画脚——克鲁伊夫不能，贝肯鲍尔不能，甚至连上帝也不能。"

"穆里尼奥能，"我插嘴道，"范加尔很愿意听穆里尼奥的话，他很喜欢他。"

"别提那个人了，"马森说道，"他就是一个彻头彻尾的冒失鬼。"

"我不是很明白，提奥。无论是朋友还是敌人都认为范加尔是一位完美的职业教练，而范加尔却还在不停地鼓吹自己的成就。按他的说法，地球上任何一家俱乐部的成功都有他的功劳。"

"我认为,这就是一个无底洞,"马森答道,"即便在赢得一切荣誉之后,他仍然不会感到满足的。这是一种病。他总是觉得人们对他不够公平。我在《提奥业余心理讲座》(*Theo's Amateur Psychology Hour*)中说过,一个人的性格缺陷往往在儿童时期就已经形成,而他在成长的过程中会不断地掩饰自己的缺陷。儿童往往需要得到长辈们的关爱和认同,需要得到他人的认可和赞扬,需要寻找自己的存在感。而如果你的需求无法得到满足,你就会在成年以后拼命地追寻这些东西。但真正需要这些东西的并不是你,而是儿时的你。所以即便成年后的你能够得到人们的认可和尊敬,心中藏着的那个'儿时的你'却永远无法得到满足。这就是范加尔'悲剧'的原因。"

提奥非常聪明,他经常能讲出一些我从未听过的笑话,让大家捧腹大笑。他知道范加尔的"症结"所在,也知道范加尔与约翰·克鲁伊夫都有着幼年丧父的经历。

他继续说道:"在一段健全的父子关系中,当儿子成长到15至17岁,即将步入成年时,他就会想超过或击败自己的父亲,以证明自己比父亲更为强壮或更为聪明。在这个过程中,儿子会通过与父亲的'对抗'逐渐树立起自信。这就是问题的症结所在——如果一个人的父亲在他成年之前就不幸去世,那这种'对抗'就不会发生。因此,他就会'想方设法'地在外界找到一个'父亲'的形象,这个形象可以由公众扮演,也可以由媒体人扮演。范加尔就经常与上述那些人发生冲突,每当这时,我就会想:'算了吧,路易斯。'"

"您对他有一丝同情?"

"当然,我是范加尔的粉丝,"马森说道,"范加尔最吸引我的地方就在于,他是一个没有魅力包袱的人。他居然不顾自己的地位,在拜仁的飞机上把俱乐部大佬鲁梅尼格从他常坐的座位上赶走。这其中有种原始的暴力美。我觉得这太有意思了。"

"可能范加尔自己都不认为这是一种勇敢的行为。"

三十 探寻范加尔（7）

"没错，"马森说道，"他自己都不觉得这是个大事，也不曾对此发表过任何评论。我不是很喜欢看真人秀节目，不过如果有一档范加尔参演的真人秀节目，我一定会每天看上30分钟，这毫无疑问。因为一旦任性起来，范加尔才不会管你是不是在拍戏呢，他会像平时一样对抗这个世界。"

之后，我跟马森谈到了2007年初我与范加尔之间的冲突。回想当初，我心中充满了羞耻感。现在看来，那件事情是如此的微不足道。

"对我来说，说句'对不起'也没什么大不了的，"马森答道，"但对范加尔来说，这的确十分困难，或者说，几乎不可能。范加尔太固执了。他的内心深处一定十分缺乏安全感，他容不得自己产生哪怕一点点的自我怀疑。他可能都不敢想：'说不定是我冤枉雨果了，也许是我弄错了。'"

"我当时的表现十分激动，他说不定就会想：'莫非我真的错了？'"

"遇到这种事情，他究竟会怎么想呢？"马森思考道，"这个问题很有意思。对人类的了解越深，我就越能感到人性的复杂，越能感到每个人都不止一面。你可以用一两句话去描述一个人的性格，但这么做实在太片面了。"

"偶尔允许自己产生一丝自我怀疑对范加尔来说不是一件坏事，他可以由此取得一些进步，"我说，"他总是背着'完人'的包袱。"

"我相信他总有一天会这么做的。如果范加尔表现出温和的一面，他会在一开始变得很虚弱。也许他是为了工作而故意让自己表现得强硬一些。不过总有一天，当他卸下'完人'的包袱时，他会变得更强大。如果范加尔一直这样伪装自己，那将是一件悲伤且愚蠢的事情。话说回来，范加尔的性格也有优点——他是一个表里如一的人。跟范加尔在一起时，你不用去忖度他的心思。"

"或者像范加尔自己说的那样，他很纯粹。他总是说：'我是一个纯粹的人。'我觉得这么评价自己有点不太合适吧？您觉得呢？"

马森笑道："这是很奇怪，但从某个角度来看也很有趣。我们每个人都有自负的一面。只不过你我这样的人都很清楚什么时候该说什么样的话，也知道那些话自己说起来并不合适。"

"但你总不能到处跟别人说自己很纯粹吧？"

"这倒也没那么绝对。就拿范加尔来说吧，他对自己的看法就十分怪异。这属于一种极端的情况。我能意识到自身的盲点，因此我能够以身边的人为鉴。他们能在我料事不周时给我忠告。举个例子，每次演出，都会有导演为我提供建议，否则我就无法从正确的角度审视自己的表演。"

"也就是说，范加尔没有为自己设立很好的参照物，所以也无法看到自己的盲点？但他能够看到自己在电视上的表现，不是吗？"

"我们人类往往只能接受那些来自亲友们的批评，"马森说道，"因为那些批评中往往会包含一丝爱意。"

"他……"

"我一直对范加尔心怀敬意，"马森打断我道，"尽管荷兰只是地图上的一个小点，但它却是一个足球强国。而范加尔是荷兰足球史上最好的三位教练之一。说实话，我觉得你在这件事情上有点过于钻牛角尖了——你想让他成为一个好教练的同时，也能多少表现得'正常'一点儿。但他做不到。足球是一个不同于现实世界的独特领域。而一支球队则更像是一支军队，这里有最严格的等级制度，有令行禁止的严明纪律。战争爆发时尤其如此，否则你将不战而败。你不能质疑上级的命令，不能问你的指挥官：'没问题首长，但您为什么偏偏让我冲那里开火呢？'"

"我们已经有一个'范加尔校长'了，您现在又弄出来个'范加尔司令'。"

"足球也是一种战争啊，雨果。"

"我之前也听人这么说过，提奥。"

"那是肯定的！天啊，雨果，你不会以为这是我原创的吧？"

"所以想在足球的世界里称王，你就必须保持攻击性是吗？"

"是的，但是不要攻击你的球员，"马森说道，"你还打算去找罗纳德·科曼谈谈吗？他俩就曾有过一些矛盾。"

"那时范加尔还是阿贾克斯队的技术总监，球队在葡萄牙组建训练营后，他去球队中探班,结果跟科曼发生了矛盾,"我回忆道,"他侵犯了科曼的主帅权威。"

"没错,科曼才应该是球队的老大。"马森对我的话表示同意。

"范加尔实在不该如此对待自己的同事。"

"但他无法控制自己的行为。他应该是患有某种神经机能疾病。"

"您不认为他是蓄意而为?"我问道。

"我不这么认为。"马森答道。

"您觉得他有某种生理缺陷?"

"没错,"马森答道,"我不确定这在医学上算不算是神经疾病中的一种。但我敢说这绝对是一种生理缺陷。"

三十一　哦，路易斯（9）

自恋症

我手拿一杯咖啡，惬意地坐在家中翻看《心理学杂志》（*Psychologie Magazine*）。一篇文章的题目引起了我的注意——"自恋症能够治愈吗？"。

一位心理学家写道："自恋症患者的日子并不好过，他们内心深处往往隐藏着极度的不安全感，这使他们更容易抑郁。通常情况下，他们很难处理好与其他人之间的关系，以至于他们在与人合作时，经常会爆发冲突。因此，自恋症患者很值得同情，他们无法让身边的人真正开心，也无法让自己真正开心……自恋症患者通常无法正视自身的缺点，因此这种疾病很难得到治疗。如果哪个自恋症患者能意识到，让他感到不幸福的人正是他自己，那么心理治疗也许会对他有所帮助。"

三十二　探寻范加尔（8）

老　师

安娜·恩奎斯特（Anna Enquist）和我坐在阿姆斯特丹的一家露天餐厅里。她对我说，没想到范加尔居然还是一位好老师，他居然能关注到班级中的每一个学生。"他能竭尽全力地帮助你，哪怕你力有不逮，无法完成某些事情或是有些事情做得不好。他也会让你感觉到，无论怎样你都不是一个人在战斗。这样你就会有一种归属感。"

"没错，他当时的确干得很好。"我对恩奎斯特说道。恩奎斯特是我的好朋友，她是一位足球爱好者，同时也是一位心理分析学家。20世纪90年代，安娜曾凭借她的小说和诗作给大家留下了深刻的印象。我们彼此很熟。她曾把一位极具天赋的精神病专家介绍给我认识，在那位精神病专家不幸自杀后，她又给我介绍了一位同样极具天赋的精神病专家。我现在只希望这个人能活得长久一些，并以自然死亡的方式结束自己的生命……

我把范加尔于1978至1988年间在阿姆斯特丹高中当体育老师的经历讲给了安娜。那时，范加尔被几个问题青年折磨得够呛。

可当范加尔面对媒体，面对记者时，他却表现出了截然不同的一面。安娜叹道："镜头前的范加尔看起来非常不自在。他就像是身处敌人的重围之中。不对，稍等一下。我觉得这么说不是很妥当，我不能坐在这里判断范加尔或是其他人是否有精神方面的问题。我是说,我肯定不能在这里对他进行诊断啊,这么做是不对的。"

这下完了。我此行的目的就是要"诊断"范加尔的精神问题。他会不会患有某种自闭症?或是患有某种程度的自恋症?抑或其他什么精神疾病?

我只好尽力安抚恩奎斯特道:"你不用非得分析范加尔的心理啊。你是一位诗人、一位作家、一个足球爱好者。我希望你也能用其他视角来评价一下范加尔。"

她有意无意地忽略了我的那个"也"字,点了点头,点起一根雪茄,说道:"我曾在音乐院校学习过一段时间,我觉得范加尔和音乐老师之间有许多相同之处。"

"哦,是吗?"我装作十分好奇。她没有看出我内心的失望。

三十三　冲突（4）

操　场

2010 年，我从葡萄牙法鲁坐飞机前往鹿特丹。路易斯·范加尔也在这架飞机上，他就坐在我的斜后方。我们在整个旅程中只是互相用余光斜了几眼，没有任何交谈。这真够幼稚的。这就好像你在学校操场上遇到一个刚刚与你发生过冲突的小伙伴。

三十四　探寻范加尔（9）

1. 厄　运

在翁思德雷赫特一座别致的小教堂里，我与老克拉斯·沃斯（Reverend Klaas Vos）进行了一次谈话。25 年前，我在阿贾克斯队舒适的老体育场里初遇克拉斯。那时，他已经背弃了上帝。这与路易斯·范加尔的做法多少有些相似——在前妻费尔南达因病去世后，范加尔决意不再信仰上帝。范加尔在他的传记中写道："我已经决定不再与上帝有任何瓜葛。我不明白它为何允许这样的事情发生。它为何让这样一个可爱、贤惠的女人以这样一种残忍的方式告别人间……这太令我心碎了。我已信仰天主教多年。即便我在比利时踢球时，我还是会每周去教堂进行祷告。但在我看来，如果真的有上帝，那么他必须学会去尊重人类。"

范加尔的这段宣言很有意思。他认为自己受到了不公正的待遇，于是他决定不再信仰上帝。

那么，作为一个离经叛道多年后重新信奉上帝的信徒，克拉斯·沃斯对路易斯·范加尔的这段言论又作何感想呢？

"其实许多人都在纠结这样的问题，"身为牧师的克拉斯说道，"我对此也能理解。人们认为主导他们生活的就是上帝。因此，一旦他们在人生中遭遇苦难，就会想到上帝，就会认为这些苦难是上帝强加给他们的。人们会把邪恶的事物与他们心中的神直接关联起来，这可能是每一种宗教所面临的共同问题。当然，这也是可以理解的。除了神之外，还能有谁来为这一切负责呢？这是一个谜团。一个关于苦难和邪恶源头的谜团。它们来自何方，又为何会降临到我们身上？为何受难的人会是我？人们只能将这些与他们的信仰相关联，进而与他们心中的神相关联，因为在他们心中，操控世间万物的正是神。因此，人们难免会认为，强加给他们厄运的就是他们心中的神。"

"特别是当他们无法忍受那种苦难时。"我补充道。费尔南达死于胰腺癌。

"我认为，我们不能简单地将苦难与上帝联系起来。生活太复杂了。此外，我认为所有苦难背后都隐藏着一个更大的秘密，一个宗教上更为复杂的秘密，一个我们至今无法解释的秘密。"

"您这种答案可不能让路易斯·范加尔感到满意啊，克拉斯。"

"生活将各种各样的麻烦带到我们面前，"沃斯说道，"从某种角度来看，我们也给自己制造了各种各样的麻烦。再举一个更为广义的例子吧。1953年，荷兰遭遇了极为惨重的大洪水。那时，教堂里的许多牧师都鼓吹这是上帝的愤怒。但这都是胡说！在此之前，一份报告曾警告人们要立即加固堤坝，结果呢？这份报告被锁进了抽屉里。与此同时，管理重灾区的那些行政人员也无所作为。这样看来，谁才是罪魁祸首呢？上帝还是人类自己？威廉斯塔德的民众就对上帝感恩戴德，因为他们的市长及时地疏散了人群，确保了大家的生命财产安全。你懂我的意思了吧？所有苦难的发生都离不开人类自身的因素。"

"可是克拉斯，路易斯无论如何也不该对费尔南达的癌症负责吧？"

"当然了，在这件事上路易斯的确没有什么直接责任，"沃斯说道，"但还有一件令人不可思议的事情——即便是在集中营里，依然有人在向耶和华虔诚地祷告。此时，他们的信仰成了他们的精神寄托，慰藉了他们的心灵，消弭了他们的苦难。这让我不禁想道：人们完全可以选择用另一种态度去面对苦难，那就是接受命运的安排。"

牧师说完，告别如厕去了。

2. 零 分

我一个人坐在牧师住所的前厅里等待克拉斯·沃斯如厕归来,头脑中浮现出与提奥·马森那段关于费尔南达的对话。

"范加尔见证了妻子去世的整个过程,这使他不再信仰上帝。面对这种苦难时,经常会有人说:'我不相信上帝存在,否则他不会允许这种事情发生。'但路易斯·范加尔的观点有些不同,他承认上帝的存在,只是不想再与上帝有任何瓜葛。这说明范加尔是个死脑筋。他没有去想这个世界上到底有没有上帝,而是在一根筋地想:'上帝一定是有的,但我不想跟他有任何瓜葛,因为上帝不符合我——路易斯·范加尔——为他设定的标准。'这跟他在媒体面前说的那句'路易斯·范加尔得十分,上帝得零分'有异曲同工之妙。"

3. 信 仰

"费尔南达之死是一个可怕的悲剧。我参加了她的葬礼。她真的是个贴心的女人,从不装腔作势。"

老克拉斯·沃斯经常回忆起范加尔在担任阿贾克斯主帅时痛失爱妻的惨剧。如今,距离费尔南达之死已经过去 20 年了。

"您也曾有过怀疑上帝,背弃上帝的岁月。如今您再次拾起自己的信仰。那么,您有什么话要对范加尔说吗?您又会怎么跟他说呢?"

牧师答道:"我会跟他坐下来好好聊一聊。不过如果他不愿听我劝说,那就算了吧。"

"路易斯·范加尔会听取别人的劝告吗?"

"也许偶尔会吧。我怀疑范加尔严重缺乏安全感,以至于他形成了一种虚假的自信。范加尔不是懦夫,但有时我会觉得他的勇气来源于他的绝望。"

"那么他的绝望又从何而来呢？"

"安全感的缺乏，"沃斯说道，"他总觉得他要证明自己是正确的。我希望他有一天能够让自己放松一些，不要再去证明什么。"

我们随后又谈到了新教和天主教之间的区别。

路易斯·范加尔出生于一个天主教家庭。他在 20 多岁时开始虔诚地参与弥撒。我对牧师说，范加尔并不像一位典型的天主教徒，他更像一位荷兰改革宗教家庭出身的加尔文教徒。这与我的父亲有些相似，他的成长环境就颇有些"范加尔"的味道：严格，绝对诚实，教条泛滥，戒律严明。

"好吧，"牧师说道，"范加尔的确不怎么像天主教徒。古斯·希丁克那样的教练才是典型的天主教徒，他与人为善，循规蹈矩。从这种意义上说，范加尔更像一位新教徒。他追求事情的真相，追求绝对的正确，追求新的知识。范加尔还很强调团队、集体的力量，这点也很像新教徒。这么说可能有点奇怪，但我觉得天主教的教义有点偏个人主义。比如，天主教徒集会时，他们会一个接一个地走到教堂前面接受圣餐。而在新教的集会中，教徒们会站成一圈分享圣餐。他们会将面包和酒传递给其他人。这更有最后的晚餐的味道。"

"看来天主教也知道人性的弱点，不对人们抱以太大的希望。"我讽刺道。

"如果你不小心犯了什么错误，你还可以通过告解来洗刷自身的罪恶，"牧师说道，"告解之后，你的罪行就被洗清了。新教教义则要严格很多，它不承认告解。还有，作为一个天主教徒，你不必每天都朗读《圣经》，你在生活中的主要职责就是照顾好身边的人。路易斯不是什么恶人，他这一生中不曾有意为恶。而且，他还懂得享受生活的赐予。我们都知道路易斯喜欢喝两杯，在我看来'这两杯'是范加尔与媒体冲突的'始作俑者'。你还记得约佩·吕文达尔（Jopie Leeuwendaal）吗？"

我点了点头。

约佩在阿贾克斯俱乐部负责媒体宣传方面的工作，他有着浓重的阿姆斯特丹口音。在阿贾克斯迪美亚体育场的新闻发布厅里，人们经常能看到约佩的身影。至于约佩具体负责什么工作,似乎没人了解。"约佩要在每场新闻发布会之前确保范加尔有酒有可乐,"牧师回忆道,"对于有些人来说是酒壮英雄胆,而另外一些人则酒品极差,几杯下肚就开始发酒疯。路易斯的酒品就让人不敢恭维。"

我又点了点头。范加尔爱发酒疯的名声在荷兰体育记者间流传已久。与范加尔合作的俱乐部也都知道,在新闻发布会结束之前,要让范加尔远离杯中之物(那时,里奥哈是范加尔的最爱)。不过,当你想让范加尔代表球队出席某些庆典或颁奖仪式时,也可以考虑让他喝到微醺,以防现场出现无话可说的尴尬场面……

"那么,范加尔信奉的是新约还是旧约呢?"

"这个问题问得好,"牧师说道,"里努斯·米歇尔斯(Rinus Michels)是一个真正的足球改革家,而范加尔其实也差不到哪里去,他也是一个杰出的改革家。从这点来看,他更像信奉新约的教徒。"

"范加尔会让您想起《圣经》里的哪些语句呢?"

沃斯想都没想就说道:"那一定是'我就是道路,就是真理,就是生命'这句了。范加尔身上有些耶稣的气质,但耶稣可不会一直说自己是正确的。如果需要,耶稣甚至不会介意牺牲自己的名誉。"

"在您看来,范加尔会在内心深处念念不忘旧时的信仰吗?"

"我觉得让范加尔念念不忘的是其他一些事物,"沃斯说道,"我这么推测可能有些武断,也有可能错得离谱。但我猜范加尔内心深处想要的是一种父爱。范加尔跟母亲的关系很好,但我认为他在内心深处一直呼唤着一份父亲般的关怀。而可悲的是,范加尔之所以没有受到众人的关怀,是因为他一直抗拒大家的好意。他内心的渴望十分强烈,但他的表现却一直在挑起人们的攻击和批评。因此,他不但没能被众人祝福,反而被众人诅咒。"

"那您觉得,范加尔将如何获得众人的祝福呢?"

"范加尔一直在用不懈的工作和不断取得的好成绩来赢得大家的尊重。他认为，如果成绩够好，总会有人赞扬他的功绩。但赞扬和祝福有着本质的区别。别人赞扬你时，你总是要心怀警惕。"

"他也赢得了人们的敬意。"

"敬意如同过眼云烟，转瞬即逝。"沃斯说道，"当你迷路时，你需要的不是敬意，而是父亲的指引。也许特鲁斯就一直在扮演范加尔的'父亲'吧。"

三十五 哦，路易斯（10）

特鲁斯

"我喜欢他的诚实，"特鲁斯曾这样说道，"他身上还有许多很讨人喜欢的优点。"

特鲁斯·奥普梅尔是鹿特丹人，而路易斯·范加尔则是阿姆斯特丹人。他们的爱情是荷兰版的"贝辣恋"。特鲁斯与路易斯在1994年世界杯前夕相遇于美国。特鲁斯是一位客户经理，供职于尼德兰保险公司（Nationale Nederlanden）。尼德兰保险公司是荷兰国家队的主赞助商之一，他们要在世界杯期间选择一位有声望的荷兰教练来帮助他们完成推广活动，特鲁斯成功地联系到了时任阿贾克斯队主帅的范加尔。几个月之后，世界杯结束了，范加尔和特鲁斯却开始约会。自那之后，两人就再没有分开过。公众对于他们的恋情也有所知悉，因为他们经常一起出席晚宴，一起走上红毯，一起参加电视节目。不过，他们似乎也很懂得适可而止的道理。

范加尔身上有许多让我无法理解的地方，但最让我感到不舒服的就是他当众对待特鲁斯的态度——缺乏教养，有时近乎羞辱。

不幸的是，那些跟范加尔夫妇共进晚餐的人们拒绝在此问题上发表评论。其中一个人告诉我："有天晚上我实在看不下去了，就跟范加尔说：'别再这么对待特鲁斯了！听到了吗，路易斯？管好你自己！'那实在太让人尴尬了。他

三十五　哦，路易斯（10）

当着别人的面斥责自己的妻子。这对特鲁斯来说是一种羞辱，而对被迫见证这一切的人来说是一种折磨。路易斯那天晚上有所收敛，可能他看到我真的发怒了吧。"

我至少跟六七个不愿透露姓名的人谈起过这件事情，他们也都为我提供了许多"可怕的回忆"。至此，我终于知道自己并不是这种事情的唯一目击者，我所看到的也不是最坏的情景。所有见证过这种事情的人都有着相同的感受——羞耻。而路易斯当着亲友们对特鲁斯说出的那些言论，十有八九都可以被当作离婚依据。

出于慎重，我并没有将范加尔斥责特鲁斯的那些言论记录下来，因为我要尊重那些为我提供信息的人，我不能背叛他们。我只想说，听到这些事情时，我头脑中总会浮现出"残忍"一词。当然，在范加尔和特鲁斯的亲友中，也有人并未遇到过这类事情。还有一些人拒绝对此事做出评论，因为他们觉得没有必要。

与范加尔一同用过午餐或晚餐的人说，范加尔喝酒之后会举止反常。对此我敢担保。他在喝酒之后会显得非常狂躁、不安、易怒，甚至有可能升级为更加恶劣的表现。每当这时，范加尔都会对特鲁斯横加嘲笑、侮辱或是进行言语攻击。这些行为都跟酒精脱不开干系。

当然，范加尔平时也会时不时地夸奖自己的妻子。谢天谢地。"我的妻子很贴心，"他在一档德国晚间电视节目中透露道，"我们的性生活很和谐。"

他对妻子的赞扬是发自肺腑的。每对夫妻都有他们自己的幸福生活。但到底是什么让他在其他人面前冲自己的爱人宣泄愤怒呢？

有的时候，范加尔会毫无节制地羞辱自己的妻子。那些在范加尔与特鲁斯恋爱前就认识特鲁斯的人（包括我自己）都认为特鲁斯是一个能说会道的女人，都觉得特鲁斯能够在一群吵闹的男人中脱颖而出，甚至镇住全场。而她在范加尔面前时，却只能温顺地接受范加尔对她的挑衅甚至是谩骂，这种反差实在太令人不可思议了。不止我一个人发出过这样的疑问：为何特鲁斯不去反抗？在面对拜仁慕尼黑或是阿贾克斯俱乐部的大佬们时，特鲁斯会毫不犹豫地发表自己的见解，但当范加尔对她进行羞辱时，她却只能安静地坐在那里，默默接受。

也许她只是感到尴尬。也许她怕自己跟范加尔吵起来，范加尔的情绪会更加失控。也许她能在回家之后找回自己的尊严。我希望如此。但是，范加尔身边的人却不认为特鲁斯能有这份胆量，他们对我说："范加尔在家中也是绝对的老大。他绝对是一家之长。"

三十六　冲突（5）

和平大使

博纳文图拉刚刚在网球场上将我狠狠地"教训"了一顿。现在，我们两人各自拿着一杯酒，坐在场边休息。自从2007年的那次冲突之后，我们两人就尽力避免在对方面前提到"路易斯·范加尔"，但他的名字还是不请自来了。

"我一直在找机会跟路易斯谈和解的事情，但他经常在我谈到这个话题之后就将我打断了。"

"没什么大不了的，"我说道，"你不用再为我的事情充当和平大使了。都已经3年了。真的，不用麻烦了。"

"我觉得挺遗憾的。你们两个其实还挺像的，都是别人眼中的刺头，也都不怎么爱顾及别人的感受。"他笑道，"我本该料到会是这样的……"

三十七 哦，路易斯（11）

1. 友谊与金钱

特鲁斯·范加尔认为她的丈夫是一个幼稚的人。她曾说："他总会时不时地变得大手大脚，在经济上帮助别人。他的这种做法花了我们很多钱。但这就是路易斯，他愿意相信人们善良的一面。"

不过话虽如此，范加尔也曾因为钱的事情跟一位朋友闹翻了。那还是一段跨世纪的友谊。

执教拜仁的第一个赛季中，范加尔带队取得了很好的成绩。在那之后，他要求审查自己的合同。拜仁慕尼黑俱乐部的主席卡尔·海因茨·鲁梅尼格告诉范加尔，范加尔曾经跟他一位朋友签订了委托协议，让他代表范加尔进行合同谈判。这对范加尔来说可是一个新闻。路易斯的确曾让他的一位朋友——我们姑且将他称为 X 先生——代表他进行合同谈判，但那只是朋友间的帮忙而已，根本不涉及什么委托合同。范加尔不相信鲁梅尼格，因为 X 先生没跟他提过委托合同的事情，所以他就认为根本没有这回事。鲁梅尼格告诉范加尔，他对此表示遗憾，但这件事情千真万确，之后还跟范加尔谈到了委托合同上涉及的金额。至于具体的数字，坊间流传着很多版本，大概在 10 万到 40 万欧元之间吧。

这场突如其来的意外让范加尔感到十分恼怒，即便到了今天，范加尔依然对此事耿耿于怀。他要求 X 先生将这笔"不义之财"捐给慈善组织。我不清楚 X 先生是否照做了。不过我的直觉告诉我，X 先生并没有这么做。因为在 2008 年 8 月 8 日那天，X 先生还是范加尔夫妇婚礼上的特邀嘉宾，而当范加尔在三年之后举办盛宴庆祝六十岁大寿时，却不见 X 先生的身影。对于这段经历，大失所望的范加尔十分介怀，即便是面对他最好的朋友他也不愿提及此事。

2. 金钱与友谊

范加尔有的是钱。如果他想的话，他还能赚到更多。据传，范加尔在 2013 年因为巨骗伯纳德·麦道夫（Bernie Madoff）而损失了一大笔财产。那时，路易斯与其他两名投资人一起购买了一只麦道夫名下的基金。

范加尔不是一个贪财的人。曾有豪富的酋长和巨富的俄罗斯大鳄向他抛出橄榄枝，但他立即予以了拒绝。2000 年，范加尔从巴塞罗那俱乐部离职时，曾拒绝接受俱乐部支付的违约金。几年之后，当他与荷兰足协的执教合同提前终止时，他再次用拒领违约金的方式表达了自己的抗议。据知情人士透露，如果范加尔在这两次事件中藏起自己的骄傲，他就能多出 500 万欧元的银行存款。

范加尔的全部财产大概有 3000 万欧元之多，尽管总有各种各样的"朋友"想骗范加尔进行一些杂七杂八的投资，特鲁斯花起钱来也是大手大脚，但这些钱还是足够范加尔夫妇用一辈子了。

在范加尔的诸多"投资"中，有一笔让我感到格外温暖。这件事要从金融大亨（也是阿尔克马尔俱乐部主席）德克·谢林加彻底破产开始说起。谢林加的 DSB 银行土崩瓦解，谢林加本人也变得一穷二白。但谢林加并不死心，他决定从头再来，并着手寻找投资人以开始新一轮的商业投机。路易斯·范加尔给了谢林加第一桶金。有人说范加尔投了大概 10 万欧元，还有人说他投了 20 万欧元。一些人认为范加尔这种举动很傻很天真。我却认为此举体现出了范加尔的慷慨、善良，以及他对朋友的忠诚。

　　如今，荷兰国内大多数人都觉得谢林加是个讨厌的角色。谢林加在他银行破产之前采用了宽松的信贷政策，让很多人蒙受了不小的经济损失。但对于范加尔来说，谢林加却始终是一个好朋友。范加尔相信他的好朋友一定会东山再起的。这就是路易斯，即便他的朋友遭遇挫折，经历失败，他还是会对他们不离不弃。

三十八　探寻范加尔（10）

指　挥

"范加尔很有才。"安娜·恩奎斯特说道。我们上文已经提到，安娜对于从心理学角度分析范加尔感到不安。于是，她开始从一个音乐人的角度对范加尔进行评价。

早在安娜成为一名心理分析学家兼作家之前，她曾在海牙大学学习过音乐。她主攻的乐器是钢琴和大提琴，她的丈夫是瑞典大提琴家本特·韦德吕德（Bengt Widlund）。

安娜继续说道："拜仁慕尼黑之所以能在2013年赢得欧洲冠军联赛的冠军，就是因为他们很好地贯彻了范加尔的战术理念，将范加尔的蓝图变为了现实。"

我不禁大笑道："你不会真的相信这个观点吧？"

"没错，我真的相信。"她说道。

"没想到除了范加尔自己外，还真有人对这种观点深信不疑……让我把话说明白吧：早在拜仁夺冠两年之前，范加尔就已经被解雇了。所以这怎么能是范加尔的功劳呢？"

"在我看来，他的确有功劳。"

安娜是一个真球迷，她是费耶诺德队的拥趸。她很乐意解释范加尔的功劳所在，她用一种平和的语调说道："范加尔在拜仁慕尼黑时给球员们安排了严苛的训练计划。他的做法经常让我想到音乐学院里的那些老师——他们会在四到五年的时间里不断地逼你进步。你从他们那里学到的东西会根深蒂固地印刻在你的演奏技巧中，而在那之后的其他老师就无法再对你的演奏习惯产生如此深远的影响，哪怕你跟他们学上很长一段时间。那些你最初掌握的演奏技术会变成你的一部分，会一直伴随着你。足球也是一样。你的技术风格，你的跑位选择，都是在你职业生涯早期养成的习惯。它们会成为你的看家本领，甚至成为一种根深蒂固的条件反射。最开始的时候，你还能对自己运用的足球技术有所意识，但到了后来，这些足球技术就全会变成下意识的动作。这就跟接球之后将球传出一样自然。这就是为什么我认为拜仁慕尼黑俱乐部应该给范加尔记上一功。也许我接下来的这个比喻也不是那么恰当……"

安娜耸了耸瘦削的肩膀，又点起一支雪茄。

"足球教练十分类似于一支乐队的指挥。他必须十分优秀，也必须十分严格。范加尔就是那种难得的好指挥，作为乐队的一员，你会想跟他多合作几年。他会培养你，塑造你，而当你与他之间的合作结束时，你会发现自己的水平至少提升了三个级别。乐队的成员们能从他这样一位指挥身上学到很多，也会对他十分尊敬。不过，他身上的那种'完人原则'也着实让人唏嘘不已。范加尔非常喜欢做一些任性的事情，可能有人对此并不理解。但根据一些现有的心理学理论，范加尔的心理习惯有助于他教授足球技术，或是激励本队的球员。我觉得，路易斯现在应该读一些合适的书。"

"那你觉得他应该读些什么书呢？"

"如果你像范加尔那样频繁地与其他人打交道，阅读一本发展心理学方面的好书应该会对你有所帮助。或者也可以读一本关于人格结构的书。说到底，足球就是运动技巧的组合，学习足球技术与学习乐器演奏有着相通之处。在这个过程中，一些特定的心理学理论会发挥出极大的价值，主要就是那些教你提升学习效率的理论——比如在训练间隙安排休息，这样就可以让球员们在睡眠状态下将学到的知识更好地沉淀……类似这样的事情如今已经屡见不鲜了。"

我点了点头。但真正工作的是我的录音机,我的心思早就不在这儿了。让我一直念念不忘的是:该到哪里去给路易斯·范加尔找个心理医生呢?

三十九　哦，路易斯（12）

1. 新闻发布会

"荷兰国家队主帅正在经历一段困难时期。"如果没有人告诉您，您肯定会以为这句话出自荷兰国家队新闻官之口。毕竟是他在正午时分邀请各路媒体人前来参加这场新闻发布会的。但我要告诉你，你猜错了。说这句话的不是别人，正是荷兰国家队主帅本人。

几分钟之后，荷兰国家队主帅又针对困扰球队的伤病问题发表了长篇累牍的控诉。之后他又说道："这些伤病让荷兰国家队主帅的日子更加难过了。"

"他是故意这么做的，"事后，新闻官对大家透露道，他已经笑得前仰后合，"因为我一直在告诉他：讲话时要用第一人称，路易斯。"

2013年9月末，荷兰国家队晋级巴西世界杯之路已经一片坦途。彼时，荷兰队仅剩下爱沙尼亚和安道尔两个预选赛对手。出线只是时间问题。即便爱沙尼亚爆出特大冷门，战胜荷兰队，荷兰队还是可以在主场拿下匈牙利，获得出线权。

我本人也出席了那次新闻发布会。那时，大家的焦点全部集中在一个人身上——韦斯利·斯内德。路易斯·范加尔并没有将加拉塔萨雷（Galatasaray）中场召入国家队中，这让《电讯报》和《国际足球周报》的记者们错愕不已。

三十九 哦，路易斯（12）

他们决定维护斯内德的权益，对荷兰主帅进行拷问！

自从马尔科·范巴斯滕从荷兰队主帅的位置上离任后，我就再没参加过荷兰队的新闻发布会。这其实是一种解脱。与其在这里听荷兰主帅们"打太极"，还不如用其他的方式去消遣时间，至少不用这么无聊。坐在荷兰主帅位置上的人无法对媒体透露任何重要信息，要么是因为他自己不愿意说，要么是因为有人让他"不愿意"说。对此，记者们要么对那些废话照单全收，要么会发起一轮"吊打主教练"的活动。

我自己也"吊打"过主教练，也见过主帅们发火。说实话，我本来期待着"火爆场面"的出现，反正看热闹不嫌事大。但我现在只能坐在这里，眼睁睁地看着一幕"业余戏剧"的上演。在荷兰国内最受欢迎的喜剧演员安德烈·范杜恩看来，范加尔的情感迸发只是在装模作样，或者说是在演戏。而模仿秀演员埃里克·范姆斯温克尔则认为范加尔的表现全部源自于真情实感。到底谁对谁错呢？首先"发起攻势"的是来自电视台的记者，由供职于体育频道的贝尔特·马尔德林克（Bert Maalderink）"跑第一棒"。

贝尔特是一个红头发的矮个子，他是今早第一个到场的记者。我紧随其后来到发布厅，因此就挨着贝尔特坐了下来。我问他是否喜欢采访范加尔。

"当然，"贝尔特说道，"采访范加尔可不是个无聊的工作。"

"你跟范加尔的关系怎样？"

"范加尔把我们分成两类，一类是朋友，一类是敌人，"马尔德林克解释道，"我曾经是他的朋友，如今不是了。"

"我既不想当他的朋友，也不想当他的敌人。"我说道。

"那不可能，"贝尔特说道，"对于他来说，非友即敌。"

马尔德林克无意难为范加尔。荷兰主帅认为贝尔特提出了一个引导性的问题，但这位来自体育频道的记者并没有理会，他又针对斯内德的缺席进行了提问——范加尔是否曾给这位身材矮小的中场球员打过电话呢？范加尔拒绝明确表达自己的观点，但马尔德林克还是收获了一些模糊的答案。

又有记者提问了。

"接棒"的是《电讯报》的记者瓦伦丁·德里森（Valentijn Driessen）。瓦伦丁可是范加尔的死敌，这毫无疑问。他所供职的报纸在过去十年中成为约翰·克鲁伊夫的忠实盟友，报纸上的一个专栏更是成了克鲁伊夫的"导弹发射基地"。当然，从这个"基地"发射出的"导弹"中，有许多都投向了路易斯·范加尔。看到德里森起身发问，我不禁竖起了自己的耳朵。

"路易斯，"德里森说道，"你无权坐在这里板着一张脸说斯内德不在状态。"

"我觉得我有权这么说，我就是有权。"范加尔反驳道。

新闻官都快憋不住笑了。

范加尔继续说道："我上次就说过这个问题了，我现在不能把韦斯利召入国家队中……"

接下来，范加尔絮絮叨叨地说了一大堆，临了还不忘挖苦德里森一番。范加尔的观点是：埃因霍温球员亚当·马赫（Adam Maher）也能踢斯内德的位置，最后他说道："当然，这不是你想跟我谈的问题，我知道韦斯利·斯内德跟你关系很好。"

新闻官不禁咧嘴一笑。来自《电讯报》的记者显然不甘退让，他继续说道："那依你看来，斯内德和范德法特（Rafael Ferdinand van der Vaart）两人中，谁能更好地跟范佩西进行配合呢？"

范加尔在新闻发布会上常用的花招就是把一个很有人身攻击意味的问题看成是彻底的人身攻击。首先，他会把你的问题严重化，并对你报以眼神上（他会充满疑惑或是充满敌意地看向你）或是言语上（类似于"这是一个有引导性的问题"）的挑衅。之后，他就会构想出一个结论。如果多疑的他认为你对他不怀好意，他就会抓住一切机会对你进行侮辱，把你的错误夸大，进而激起你的愤怒。当然，在此之前，他能够明确地区分出敌我。

三十九　哦，路易斯（12）

范加尔喜欢与严肃的记者交朋友，比如《通用日报》的记者马尔滕·维弗尔斯（Maarten Wijffels）。对于他的朋友，范加尔会用以下词句作答："是的，我能理解你的观点，马尔滕。"或是："我同意你说的。"

新闻官扫视了一下房间，问道："除了瓦伦丁先生之外，还有哪位记者朋友有问题吗？啊，有请《通用日报》的马尔滕·维弗尔斯提问。"

2. 鼻　子

新闻发布会之后，我跟瓦伦丁·德里森聊了两句。

"有路易斯·范加尔出席的新闻发布会一定很有趣吧？"

"是的，当然如此，"德里森说道，"他会迫使你全神贯注的。"

"很明显，他把你当作敌人看待。他说你们《电讯报》跟斯内德的私交很好。而对此你并没有否认。"

"是的，因为我觉得没有必要否认，"德里森说道，"但这不代表我同意他的说法。"

"刚才在新闻发布会上你是想让他发火吗？"

"不，我只是想要表明，范加尔是一个反复无常的人，他一直都是。但我很难揭穿他的真面目，因为我没有机会对他进行单独采访。"

"你上了他的黑名单了？"

"是的，"德里森点点头说道，"我俩已经交恶15年了。在此期间，他还是会在新闻发布会上回答我的问题，但我们之间的交流也仅限于此。有一次，我要跟一位同事共同采访范加尔，结果他说：'如果德里森也跟着一起来，我就不会接受任何采访。'"

"结果呢？《电讯报》把你抛下了？"

"是的，把我抛下了。"

"其实，你们的主编应该告诉范加尔：'那就算了吧，你无权决定谁来进行采访。'"

"不会的，"德里森说道，"我不会把个人利益置于读者之上的。我知道我们的读者想要看到范加尔的采访，因为他那时刚刚带领阿尔克马尔队赢得联赛冠军。"

"你个人对他有什么看法呢？"

"我跟范加尔没有私交。"

"你从来没跟他交好过吗？上个世纪八九十年代的时候也没有吗？"

"我俩从来没好过。"德里森答道。我的问题还勾起了他的一段回忆。"有一次，我们要到罗马为他拍摄一组照片以发表在一期报纸的特刊上。他那时正带领阿贾克斯队在罗马参加训练营。如果我没记错的话，那时应该是1994年。我对他说：'路易斯，如果您能站到楼梯的另一侧，照出来的效果可能会更好一些。'他答道：'我站在哪里由我自己决定，跟你无关。'我说：'这不都是为了相片能拍得更好看一些嘛。'他说：'没错，但我的鼻子怎么办？从那个角度会把我的鼻子给照丑了。我不想让自己的形象受损。这是我的照片，站在哪里我自己决定，跟你无关。'"

"你俩就是这么结仇的吗？"

"在那之前我就已经因为布莱恩·罗伊的事情跟他发生过冲突了，"德里森说道，"范加尔那时将罗伊排除在一线队之外，于是我就写了一篇名为'罗伊惨遭放逐'的文章。之后那场比赛的新闻发布会上，范加尔脸色铁青地对我说：'我看到你的那篇文章了！你知道什么是放逐吗？拿破仑那样才叫被放逐！布莱恩·罗伊根本没有被放逐！'"

"你当时感到害怕吗？"

"那倒没有，不过我当时确实在想：我这回可惹上麻烦了。总之，你在跟他相处时必须时刻保持警惕，不能有丝毫的懈怠。"

"范加尔曾经给你带来什么帮助吗?"

"他迫使我更多地去研究足球战术,"德里森承认道,"如果我不够懂球的话,在跟他打交道时就有被'一剑封喉'的危险——他只要用一两句话就能把你给噎住。"

之后,吉斯·杨思马也加入到了我们的讨论中。

"怎么样吉斯,身为新闻官有何感受?"我问道,"这个工作轻松吗?还是会感到有些担心,害怕范加尔会突然失去理智?"

"没错,是有点儿担心,"新闻官答道,"但在我接手这份工作的时候,我就知道自己面临着什么样的境地。每次出席范加尔的新闻发布会,我都会感到有点儿紧张。不过,能近距离地观察范加尔也是一件很有趣的事情。范加尔的缺点是他有时会过于情绪化,以至于无法控制自己。每当发生这种事情时,我就会很生气。范加尔也知道这一点。但总的来说,范加尔的优点大于缺点。没错,每次新闻发布会我都要咬紧牙关,战战兢兢。但对于范加尔的这些缺点,我都可以容忍。"

"说说看,范加尔都有哪些优点呢?"

"范加尔有一个优点很少被人提起,这让我感到很不理解,那就是球员们可以去找范加尔谈任何事情。任何事情都可以。大家对范加尔的看法可能都会有些不同,但从球员的角度讲,他们绝对可以对范加尔畅所欲言。路易斯不是个满怀恶意的人。他如果真是个恶人,那我早就干不下去了。"

"但他有时还是会被恶意控制。"我都没有意识到自己在说什么,话就已经出口了。

"当然,这是在所难免的,"新闻官说道,"他毕竟只是个人。"

四十　冲突（6）

56.4 号标志杆

我紧靠在 A12 公路旁的防撞护栏上，心里盘算着到底要在这里被困多久。公路上，大小车辆以每小时 80 公里或者更快的速度从我身边驶过，而我的思绪却停留在刚刚参加的那场新闻发布会上。路易斯·范加尔刚才的状态很好。

一辆宝马车携着响亮的鸣笛声从我身边呼啸而过，好险！

我在这里焦急地等待我的同事马尔滕·维弗尔斯。范加尔把维弗尔斯看成是他的朋友，对此我能够理解。马尔滕是个严肃的家伙，他总是一派正气。他正带着一箱汽油赶来"营救"我，上帝保佑他。

我的奥迪车已经熄火了，我只能将它停到路边的隔离带上。不过即使是这样，"我们"的处境还是十分危险，因为它的左前轮已经压在了白线上。许多司机都是在最后时刻才看到"我们"，他们驾驶的车辆从它身边擦过，几乎将它身上的油漆刮掉。每到这时，我的座驾就会微微地颤抖，仿佛它能感受到我心中的恐惧。我十分害怕会出现一个有着开车发短信恶习的白痴将我和我的座驾撞上半空……

我当时脑子里想的都是范加尔的事情，居然忘了给座驾加油。这是我有生以来第一次在马路上抛锚，而我现在只能无助地困在德米恩附近的 56.4 号标志杆旁，等待救援。

四十 冲突（6）

范加尔到底做了什么？我又为何会失去常识呢？

事情是这样的。

新闻发布会结束之后，我决定"雄起"一把——我决定走到范加尔面前跟他握个手，打声招呼。他当时正在跟新闻官和几位荷兰足协官员聊天。我挤到近前，伸出右手，说道："你好啊，路易斯。"

他犹豫了两秒钟，用恰当的劲道跟我握了握手。这种肢体接触的感觉真好……我的神啊，我盼望这一天已经很久了——但最好还是不要再对此念念不忘了，否则会被怀疑有"基情"的。

"我已经搞定一半了。"我说道。

"什么搞定一半了，你在说什么？"范加尔问道。

"关于你的那本书啊，我已经写完一半了。难道吉斯没有告诉你吗？我在3个月前就跟吉斯说了，我让他一定转告你：我正在写一本关于你的书。"

"我虽然是新闻官，但也不必把每件事情都转告给主教练。"新闻官笑道。

"好吧，让我成为第一个向你表示祝贺的人吧，"范加尔说道，"你的这本书一定会大卖的。只要是关于我的书，都会卖得很好。"

"所有与你有关的书我都看过，包括你授权的那本传记，就是那本红色的书。你知道最让我感到失望的是什么吗？我觉得你的那本传记都快变成圣徒传习录了。"

"一本什么？"他问道。

"那本书上全是关于你的好话，"我解释道，"连一句坏话都没有。"

"哦，那你想要什么样的坏话呢？"他讥笑道。

我闻言大笑，范加尔和在场的其他人也都笑了。

之后他又说道："可能大家对我没有任何坏印象吧。"

这句回答听上去挺机智的，不过我有种感觉：范加尔真的觉得大家对他没有任何的坏印象。

"我的书里就包含了一些'坏话'，但我觉得我处理得很好。你知道吗，路易斯……"

说着，我转过身去，举起手臂搂住范加尔的肩头，在他后背上轻轻拍了三下，欢快而带有一丝屈就地说道："……我爱你。"

我扬了扬眉毛，转身离开。留下身后目瞪口呆的众人……

这一切都发生在不到一分钟的时间内。我感到很满足，但也对新闻官的"渎职"感到不满，我在5月底时对他千叮咛万嘱咐，让他一定把我写书的消息转告给范加尔，结果他还是没有把我的话传到。

在我回家的途中，我给博纳文图拉和其他的朋友们打了电话，但他们都没有接。我又给《通用日报》的同事马尔滕·维弗尔斯打了电话，聊到一半时，我的座驾突然走不动了。我一边大喊着"妈的，忘了加油了"，一边把责任推到路易斯·范加尔身上。我只好冒了一把险，驾驶着一辆行将熄火的奥迪车横跨五条车道，最终将它停在路边的隔离带上。良久之后，马尔滕·维弗尔斯带着一箱95号欧式无铅汽油赶来接我。我对自己说，我对范加尔的沉迷已经几近疯狂。我要赶紧悬崖勒马。

四十一　哦，路易斯（13）

1. 张开双臂

这里是夏日炎炎的阿姆斯特丹，范加尔正要发表一份声明。作为阿姆斯特丹市年度"同志骄傲大游行"的一项内容，范加尔将登上史上第一艘荷兰足协所属的船只，并跟随船只一起横跨阿姆斯特丹海峡。对于许多人来说，范加尔的这份声明无疑是一份惊喜——他们没有想到范加尔会发表这样的言论。

范加尔的确有很多让人觉得无法理解的个性，但他绝不反对同性恋。

那天晚上，我终于腾出时间来坐在电视机前闲适地阅读一份早报，报纸上写着：

"玛丽斯卡（Mariska）的下巴上挂满了她自己的口水，她看到远处的范加尔后，兴奋得蹦蹦跳跳，准备全速飞奔过去。"

这是一个报道残疾人足球赛的专栏，比赛是在三天前举行的。每一位参赛者都可身穿职业俱乐部的球衣参赛，并有机会在顶级教练的指导下踢球。弗兰克·德波尔将执教"阿贾克斯队"而罗纳德·科曼将执教"费耶诺德队"，这么说您应该能明白了。几乎每一位顶级的荷兰主帅都来参加了这次活动，甚至连最讨厌路易斯·范加尔的古斯·希丁克都来了。（为了满足您的好奇心，我可以告诉您范加尔也很讨厌希丁克。）我那天因为一些事情无法出席活动，真是很遗憾。与这些唐氏综合征患者相处时，路易斯·范加尔展现出了他最为善良的一面。

"玛丽斯卡一句话都没有说，她高举双臂狂奔向范加尔。她丰满的胸部上下颠簸，跑步的姿势极其怪异。玛丽斯卡'锁定'范加尔的同时，荷兰主帅也看到了她，这毫无疑问。因为范加尔随后将两脚撑开，张开双臂，就像一位想要接住超大号玩具熊的守门员。

"玛丽斯卡已经奔到范加尔身前。她用手臂缠住范加尔的脖子，将她的鼻子探到范加尔的耳朵里，还用她满是口水的下巴贴住范加尔的衣领。随后，她趴在范加尔身上，发出轻柔的低吼声。勇敢的范加尔也紧紧地抱住玛丽斯卡，用他的双臂搂住她宽阔的后背。

"'你好啊姑娘，'范加尔说道，'今天玩得开心吗？'"

电视机里传来范加尔的声音："今天，我们想表明自己的立场，想告诉整个足球界：不要再歧视同性恋者，是时候该接受他们了。"

站在国家队主帅身边的是一些已经退役的球星们（包括皮埃尔·范霍伊敦克、罗纳德·德波尔、阿隆·温特等）以及荷兰足协主席。他们全部身着黑色运动衫，并佩戴着粉红色的袖标。

范加尔继续说道："足球是男子汉的运动，同性恋们可能会觉得自己并不适合这项运动。这实在是太遗憾了！我们想改变这一现状。但这种改变并非朝夕可成，而且，它需要我们大家共同为之努力！"

这是一次成功的采访。范加尔在整个过程中表现得自然而且平静，没有愤怒，没有说教，没有任何的不和谐。他并没有喧宾夺主，这一次，他学会了倾听。我们很少看到这样的范加尔。那天大家并没有讨论足球战术，很显然，这也是他如此平和的原因之一。

2. 欢　呼

"如果我是范加尔，在对阵安道尔这样的对手时，我就会采取封闭训练。这样就可以让媒体人费尽心思地去猜我的首发阵容。"

约翰·德克森（Johan Derksen）用一句略带嘲讽的玩笑话作为他在一档晚间节目中的开场白。德克森曾经在职业足球圈的边缘浮浮沉沉，不过最后还是以失败而告终。从那之后，他就与其他一些人一样，成了范加尔的"眼中钉，肉中刺"。德克森是荷兰国内最著名的记者之一，他留着一把胡子，梳着乱蓬蓬的头发，而且"无酸话，不开口"。德克森很清楚电视节目的规律——在冰冷的新闻和多彩的趣闻间切换，凡事都要夸大三分。如果你想攻击谁，那就要把他往死里骂。德克森还是一个高产的段子手，他选词犀利、准确。有他在，《国际足球》的晚间档节目就不乏笑料。他会把新旧段子编排在一起，为大家奉献一场喜剧氛围浓厚的足球脱口秀。

节目的形式很简单：在直播间里放着一张桌子，桌子旁坐着德克森和其他三位"口无遮拦"的中年评论员。在他们中间还包括雷内·范德海普，我们之前曾经提到过雷内，他曾是斯巴达、埃因霍温以及荷兰国家队中的黄金右边锋。雷内曾是范加尔提拔起来的年轻人之一。那时，范加尔对他们很是照顾。

多年以来，这档节目的收视率一直居高不下，而且它还赢得过2011年的荷兰最佳电视节目大奖。甚至有许多女性观众也对这档"痞气十足"的节目青睐有加。我怀疑特鲁斯·范加尔也是这些女性观众中的一员，因为她丈夫的功过得失就是这档节目的话题之一。而且每当说起范加尔时，节目现场都会出现浓重的火药味。

为了让各位看官直观地体会一下范加尔在他祖国母亲怀抱内的处境，我决定给诸位重现2013年8月份的一期电视节目。节目的话题依然（我为什么要说依然……）集中在韦斯利·斯内德身上。范加尔曾说，他并不一定会将这名创造力极强的中场球员召入到国家队中,而荷兰队中的其他球员也并没有为斯内德辩护的意思,这让《国际足球》栏目组十分懊丧。

约翰·德克森挑起了话头:"克鲁伊夫和范哈内亨(Willem van Hanegem)从来不会在乎主教练们的感受。而路德·古利特和范巴斯滕也曾经逼走过自己的主帅。但现在这些荷兰国脚都太没种了,对范加尔各种害怕,各种谄媚。就怕范加尔不带他们去世界杯。要我说,范加尔是靠手下这群球员才能参加世界杯的,没有这群球员他什么都不是。"

在此前的一次新闻发布会上,路易斯·范加尔将他与斯内德的一段对话公之于众。他告诉斯内德,如果斯内德能在训练中完成抢断,他就会在场边为他欢呼。范加尔死命地强调"欢呼"二字,还将双拳抬起,在空中挥舞了一番。在现场,节目组将范加尔的这段言论反复重放了十多遍。

节目的常驻评论员范德海普盯着屏幕上的前队友范加尔,摇了摇他的秃头,说道:"恐怕没有人敢去纠正他的错误。恐怕没有人敢去对他说:'嘿,路易斯,你的做法实在太过分了。'他谈论斯内德时的表现就像是在谈论一个乡野村夫。想象一下,如果兹拉坦·伊布拉希莫维奇(Zlatan Ibrahimović)为荷兰队踢球,范加尔还敢不敢说'如果伊布能断球,我就会为他欢呼!'这样的话。如果范加尔真敢这么说,伊布就敢在电梯里拍拍路易斯的后背,然后对他说:'嘿,路易斯,以后别这么干了。这次老子拍的是你的后背,如果下次你再敢做出这种白痴事情,老子就会揍你的鼻子。'"

约翰·德克森也添油加醋道:"总有一天,会有一位荷兰国脚挺身而出,然后对路易斯说:'你给我听好,管好你那分裂的人格,管好你那张兔八哥一样的大嘴巴,从哪儿来的就给我滚回到哪儿去!'我是说,范加尔做的那些事实在太丢人了!他说话的语气就是在侮辱斯内德,侮辱在场的所有人,侮辱电视机前的观众。这就是在公然地蔑视大家!"

主持人说道:"但如果路易斯哪天不再担任荷兰队主帅了,我们恐怕还会想念他吧。"

"不可能！"德克森反驳道，"的确有人觉得范加尔为媒体创造了不少谈资，但他的做法太过分了，实在太过分了！古斯·希丁克、迪克·艾德沃卡特以及约翰·克鲁伊夫也都有让人印象深刻的言论，甚至古利特和里杰卡尔德也有过一些怪异的行为，但他们的所作所为都有一定的尺度。而范加尔呢？我的天啊，他简直是个精神错乱的狂徒！"

在稍后的节目中，德克森还对荷兰国家队队长进行了指责："罗宾·范佩西曾对一份报纸说：'我们是一个团队，我们不应该单独指责那些表现不好的球员。我们所有人是一个同甘共苦的整体。'我对此的看法是：这不是范佩西的真实想法，这是一个被人洗过脑的范佩西！如果你自身足够强硬的话，你就不会被范加尔洗脑的。现在可倒好，荷兰国家队的所有球员都成了范加尔——这个世界杯'初哥'——的提线木偶。这些球员根本没有骨气。他们为了去踢世界杯，不惜被范加尔颐指气使，甚至不惜被他奴役！"

"如果范加尔为荷兰捧回大力神杯，您会感到高兴吗？"主持人问道。

"你知道吗，"德克森继续说道，"我这么说可能有点儿危险，但我甚至希望范加尔经历彻头彻尾的失败。我对他感到十分厌恶，我真心觉得他是一个可恶的人！"

随后，节目组导演又将范加尔在新闻发布会上的表现重放了一遍，范加尔的"欢呼"二字让现场观众捧腹大笑。

但德克森却一直十分严肃，他说道："笑一笑倒是无妨。但你看看他说'欢呼'两个字时的样子吧。他都把嘴给扭变形了。这太吓人了，他就像是在宣布某人的死刑。我相信他当时一定是疯掉了。"

"我觉得您对他的评价有些不够客观，"主持人说道，"怎么说，他也是一位很优秀的教练。"

"他当然足够优秀，"德克森说道，"但希丁克就不优秀了吗？就因为他优秀，我们就必须对他歌功颂德吗？"

我个人很清楚脱口秀节目的氛围，也很清楚当你在节目中把某个讨厌的人或是某个名人贬得一文不值、骂得体无完肤时心中的爽快感。当你手握特权，对范加尔这样的名人评头论足时，你就会品尝到权利的鲜美。

3. 看我的眼睛

"你的书写得如何了？"荷兰国内最好的体育写手米歇尔·范埃格蒙德问道，"你准备采用哪种视角？"

"我试着从存在主义的视角入手：范加尔究竟是一个什么样的人？"

"我承认，范加尔除了是一个作威作福的大嘴巴之外，还会有他不为人知的一面，"范埃格蒙德说道，"他身上可能存在着一个截然不同的'范加尔'。你也知道，荷兰队去中国参加亚洲巡回赛那次，我也是一位随队记者。整个旅途中，范加尔都在有意拉开与众人的距离。在北京，他还跟记者们'兵刃相向'。其中一位记者曾在几天之前记录了范加尔对印度尼西亚儿童进行足球培训的情况。训练那天我也在场，我与那位记者看到了同样的场景：在加尔各答闷热的天气下，满面通红的范加尔对着一群孩子发号施令，就像他们要在第二天晚上参加欧冠决赛一样。而这群孩子中最小的才只有 8 岁。

"在那之后，每名'球员'都要跟范加尔握手。当时，孩子们都低着头望着地面。其实这是印尼的一种传统，在跟自己的长辈或者上级握手时，他们都会低着头。但范加尔却迫使他们看向自己的眼睛。'嘿！'他喊道，'看着我的眼睛！你们跟我握手时要看着我的眼睛，知道吗？'范加尔居然想在一个下午的时间里改变印尼的传统。有些孩子明显被他吓到了，而有两个孩子则忍不住笑出声来。"

"那你呢？"我问道。

"我当然也笑了。"范埃格蒙德笑着说道。

四十二　冲突（7）

荣　幸

一位受人尊敬的同行去世了。葬礼之后，我跟身为出版商兼记者的马蒂·维尔克曼（Matty Verkamman）聊了几句。马蒂在吞下一块葬礼蛋糕后，给我讲了一件很有意思的往事。

那是 1994 年，维尔克曼前往美国，为《忠诚报》（*Trouw*）撰写世界杯的赛事报道。那时，荷兰队的主帅是迪克·艾德沃卡特。而身为阿贾克斯队主帅的路易斯·范加尔那时也在美国，他在为尼德兰国际集团的推广活动进行一些代言，另外还做一些世界杯赛事的独家评论。这份收入不菲的小差事是特鲁斯·奥普梅尔帮范加尔联系的，如您所知，特鲁斯在后来成了范加尔的妻子。

在奥兰多，马蒂·维尔克曼遇到了一位朋友，这位朋友刚刚与范加尔一同出席了一次由尼德兰国际集团举办的独家见面会。参加这次见面会的还有两百多个尼德兰国际集团的商务 VIP，场面还挺宏大的。马蒂的朋友将范加尔那天的言论原原本本地告诉了他。往轻里说，阿贾克斯主帅对于迪克·艾德沃卡特的技战术安排进行了毫不留情的抨击。他说费耶诺德队的乌里·范戈贝尔（Ulli van Gobbel）应该被赶走，而阿贾克斯队的丹尼·布林德则应该获得一席之地。而这还仅仅是他对首发阵容的看法。彼时，世界杯赛激战正酣，来自敌对主帅的这番言论无疑会引起荷兰国家队主帅的不满。

当天下午,维尔克曼将范加尔的这些评论写进了他的专栏,而文章中的一些段落还被刊登在了《忠诚报》的头版上。在这篇文章中,维尔克曼愤怒地披露了范加尔的"副业",还对他抨击荷兰主帅技战术安排的做法表示了不满。

对于维尔克曼的那篇佳作,范加尔也听到了一些风声,于是他在电话里对马蒂大吵大嚷。维尔克曼大笑着回忆起当时的情景:"'领导'很生气,表示要召我'觐见'。于是,我就只能跟同事一起前往范加尔下榻的酒店。"

等待维尔克曼的是范加尔的怒火:"那是私人间的谈话,你凭什么把它写出来发表?"还有:"这件事情总算让我看清了你们这些记者的丑恶面目。"

其实,维尔克曼只是将范加尔的言论如实地记录了下来。在1994年6月23日的那份报纸中,他写道:"躲在主教练的背后捅刀子,自己却从荷兰队赞助商那里拿着不菲的外快,这难道是天经地义的事情吗?……作为一位优秀的教练,他无疑应该受到我们的尊重。但他也应该知道,带领球队参加顶级赛事是多么的不易,要承受多么大的压力。我们希望他能表现得更理智一些。"

马蒂·维尔克曼又吃了一块蛋糕,说道:"从那件事之后,我就上了范加尔的黑名单。每年我都要派出'探子'去试探范加尔的口风,看他是否允许我对他进行采访。不过时至今日,我依然在吃闭门羹。"

"您似乎对此并不感到伤心啊?"我问道。

"不但不伤心,我还觉得这是一种荣幸呢,雨果。"马蒂·维尔克曼微笑道。

四十三 You Tube（4）

偷 拍

有一次，路易斯·范加尔受邀去一家电视台跟一位小男孩一起拍摄广告。但这其实根本不是在拍摄广告，而是在录制一档由"孩子王"约坎姆·范赫尔德（Jochem van Gelder）主持的偷拍节目。对此，范加尔并不知情。在隐形摄像机的注视下，节目组的成员们通过一个隐形耳机将指令传达给范加尔身边的小男孩。

"我觉得你人很好。"小男孩说道。

"我本来就是个好人。"范加尔答道。

"这跟电视上的你很不一样。"小男孩说道。

"真的吗？你真这么想吗？这是因为人们经常会强加给我一个形象，而大家看到的都是电视上的我，不是真正的我。对此我也没什么办法。在现实生活中，我是一个好人。"

"都怪那些坏媒体！"

范加尔兴高采烈地说道："对，都怪那些愚蠢的媒体。我之前就说过很多次了！"

几个月之前，荷兰国家队在2002年世界杯预选赛中被爱尔兰队击败，惨遭淘汰。

"你为什么不用奥维马斯呢？"小男孩问道。

范加尔做出了详细的解答。他说他已经多带了一名前锋（范霍伊敦克），因此他不再需要一名边锋，还说他要求球队直接从后场发起进攻。

"听起来很好，"小男孩说道，"但这种打法并不奏效啊。"

我闻言大笑。

范加尔却没有笑。

两人随后又谈到了足球教练的问题。范加尔提到了里努斯·米歇尔斯。

"但克鲁伊夫才是最好的教练，不是吗？"小男孩说道。

"克鲁伊夫是最好的教练？"范加尔重复道，"不，他当然不是最好的。他是最好的足球运动员，但他不是最好的教练。我比他胜率更高……"

"那么，谁才是最好的足球教练呢？"小男孩问道。

"如果单从战绩来看的话，应该是我，"范加尔答道，"在所有的荷兰足球教练中，我的胜率最高。"

……

小男孩："你知道约坎姆·范赫尔德吗？"

范加尔："他是谁？我不知道。"

小男孩："他是一档少儿节目的主持人。"

范加尔："你一定上过那个节目吧？"

小男孩："你也上过那个节目。"

范加尔："我也上过？"

小男孩："没错，因为那里藏着一个摄像头。"

范加尔："哦？这么说，我们的对话被人拍下来了？"

小男孩："嗯。"

范加尔："你们要在那档节目里把它播出来吗？"

小男孩："不仅如此，我们还要把它放到预告片里。"

范加尔："我明白了，但他们事先应该告诉我的。不是吗？"

四十三　You Tube（4）

小男孩："告诉你就没意思了。"

范加尔："但你们不能未经当事人同意，就擅自把录像播出来啊！"

小男孩："我们也会征得别人同意的。"

范加尔："好吧，但你们现在并未征得我的同意，就直接把这段录像播出去了。"

小男孩："这是有点儿卑鄙，你觉得生气了吗？"

范加尔："我本来是该生气的，但我其实很喜欢我们之间的谈话。"

四十四　哦，雨果（1）

心理医生

　　每隔两个月，我都会去看心理医生。而在最近的几次拜访中，我都会给我的心理医生讲述和范加尔有关的事情，听起来似乎是范加尔在我的精神世界里疯狂地肆虐，而我却一点儿办法都没有。后来，我决定和心理医生一起讨论与分析一下，为什么我会对范加尔有如此纠结的感情。那位心理医生很大方，他和我讨论了 45 分钟，而且没有向我收取咨询费。

　　心理医生善意而略有些担忧地问我："您真的准备让我们的对话出现在您的书中吗？如果外界知道你曾经看过心理医生的话，您很容易会招致外界的攻击，也许外界会以为您有什么心理疾病。当然，您想听听我对你们关系的分析，并把这一切写进书里，这是一件好事，看得出来您想反思一下您和他的关系，可毕竟这个世界上还是有很多无事生非的人，您能保证他们对您不会造成什么困扰吗？"

　　我告诉他没关系，有啥说啥，我会全部写进去的。

　　"2007 年的时候，我曾经给范加尔写过一封信，我在信中给范加尔留下了洋洋洒洒一大段委曲求全的话。我之前给你看过那封信吧？说到我给他写信这一点，你有什么头绪吗？"我问道。

　　"不太好讲。"医生先生说，"我并不是特别了解范加尔这个人，我也不清楚为什么您会和他闹掰了。不过看得出来，您挺在乎他。作为冲突中的一方，您显然有做出让步的打算，您似乎在很努力地修复您们之间的关系——至少看起来如此，而且您好像在不断地寻找范加尔身上的优点，您不断地在暗示自己，要多赞扬这个人，这样才能让您二位的敌对关系降一降温，才能让您对这个人做出最公允的评价。不过您有考虑过吗？为什么您会如此急不可耐地想和他握手言和？或者说有没有问过自己，我写这样一封信能起到什么样的效果？为什么您那么……"

没等他说完，我便有些不耐烦地说："我比你更想弄明白。"

"……想和他和好呢，抑或是想重新赢得他的欣赏？"医生先生没有被我打断，而是一口气把刚才没有说完的话说完，然后期待地看着我，想从我这里得到答案。

我只好慢悠悠地回忆起来，希望能从回忆中找到答案："认识范加尔的时候，我才 16 岁。记得第一次遇见他的时候是在鹿特丹斯巴达的主场。那一天我坐在看台上，然后我遇见了这个家伙……现在来看，他是一个足球天才，一个真正意义上的战术大师，没人会质疑他是一位出色的足球教练，他能赢得欧洲冠军杯和丰田杯看起来也没什么不可能。然而，那个时候的他刚刚转会到鹿特丹斯巴达。单从外表上来看，他只是一个普通的球员，普通得不能再普通了。尽管如此，他还是成功地引起了我的注意。在比赛中，他展现出了一名球员，尤其是作为场上队长应该有的风范。他是一个敢于与对手硬碰硬的汉子。在我眼中，他比任何一个斯巴达球员都更加配得上身上的那件球衣，这也是他打动我的地方，对于我这个鹿特丹斯巴达队的忠实粉丝来说，范加尔简直是一个英雄。

"后来我成了一名记者。再后来我终于有机会接触到他。想一想我们两个人的缘分，就是从 1978 年那一场比赛开始的。我这个人比较容易怀旧，一想起这些，我还是会想起当初看鹿特丹斯巴达比赛的日子，它是我生命中最重要的东西。我还会想起我的父亲，那个时候他总会带着我来到现场，那时候他坐在我旁边，和我一起聚精会神地看比赛，直到今天，哪怕他已经去世很久了，我还是会有这样一种错觉。从一个少不更事的6岁孩童，到一个已经45岁有时信口开河的中年男人，范加尔和鹿特丹斯巴达贯穿了我的人生，我的很大一部分经历都和它们绑在一起。从我11岁开始，到我的高中生涯结束，我的全部青春几乎都是伴随着它们度过的。那些日子里我学会了许多，从如何去讨女孩子的欢心，再到如何去规划自己的未来。在当时的我看来，范加尔简直就是我的人生导师，是一个完美的人。他对自己很有把握，看起来任何事情都难不倒他……"

听到这里，心理医生又一次打断了我："其实您可以把您之前所说的整理一下，然后再去想一想那些困扰您的问题。在我看来，您对范加尔有一种很复杂的感觉，有时候您会觉得他不过是一个固执而又普通的糟老头而已；而有的时候，当您回忆起过去，您又会觉得他就像是邻家的大哥哥一样，让您很亲近。范加尔在您的脑海里是一个很矛盾的人。一方面您想和他像铁哥们一样保持着良好的关系，而另一方面，您又无法忍受他的坏脾气。他虽令您无比钦佩，却又傲慢无礼，让您深恶痛绝。您们两个就好比一个来自富裕的家庭，而另一个来自一个贫困的家庭，您想和他接触，可是又怕跟他接触会让您自己变得不受欢迎。"

"没错，可我还是想尽可能地多和他接触。因为他敢做我不敢做的一切，也敢做我不被允许做的一切。他比我要自由、勇敢得多。"我说道，"那些我崇拜的人会被我放在心中很重要的位置，在我心中的地位也要比别人高很多。"

"比如范加尔？"心理医生问道。

"是啊，那时的他太完美了，可能只是我那样认为吧。因为当时我觉得他就像是我的一个朋友，一个擅长踢足球，也受女孩子欢迎的朋友，仿佛就生活在你的身边。"我回答说。

医生似乎终于察觉到了问题所在，他对我说："他有您所缺少或是渴望拥有的东西。这样您就会尽您所能去接近他，去与他成为真正意义上的朋友。可

四十四　哦，雨果（1）

当这个理想实现的时候，您发现一切变得和以前不一样了。您发现原来这个人并不是完美的，您会看见他身上的弱点和缺陷，会看见他的固执和粗鲁。出于一个朋友的本能，您不会再去羡慕他，而是希望他会更加优秀，所以您对范加尔也会变得更加挑剔。"

"他比您大11岁？"医生又问道。

我点点头。

医生接着说道："尽管从年龄上来看，当时范加尔就像您的一个哥哥一样，在年轻的您的眼中，他是那样的明智，似乎有很多地方值得您去追随、效仿。可是那个时候，他在您人生中扮演的角色，恰恰是一个父亲应该扮演的角色，一个对子女了如指掌，严厉而又不失威严的父亲。到了后来，您对范加尔抱有十分高的期望，希望他是一个完人，这也足以证明范加尔之于您的重要性。在之前和您聊天的时候，您总是喋喋不休地同我说着范加尔的所有事迹，这就是最好的证明。正是因为他在您心目中的地位如此之高，您才会对他有十分复杂而又矛盾的情感。在您二位闹掰了之后，您不惜在您的专栏里用最恶毒的语言去诅咒他，甚至是巴不得他去死。其实这是因为您想引起他的注意，您在期待他的回应。您对他的每次言语上的攻击，只不过是希望他可以理睬您一下。而结果是，他完全没有把您放在眼里，对您根本不理不睬。所以您就会问自己：为什么他根本不理我？难道还有其他人比我更能引起他的注意吗？当然，至于您所想的这个问题，我想只有范加尔本人才知道。"

我摇摇头："不，他对我的重要程度还没到我老爸那个地步，我也不想要那么一个天天一副苦瓜脸、只知道冲别人发脾气的固执老爸。"

"您误会了我的意思。"医生说，"您曾经和我说过您的父亲，您说您的父亲是好男人中的好男人，总是帮助您、支持您，几乎没和您有过任何冲突。但问题是，虽然您有一个好父亲，可您骨子里那股子叛逆和斗争的情绪却始终存在，这与您有一个怎样的父亲没什么关系。也许您本身就是一个叛逆的人，您曾经试图过顶撞父母，但是您发现您根本做不出来那样的事。顶撞父母、叛逆、早熟，这些是您不曾经历过的东西。也许在您青少年时期，您是父母眼中的乖宝宝，很少会和父母起冲突。可当您遇见了范加尔这样的人之后，您身体里那团叛逆的火苗终于被点燃了，即使他没有您父亲那么年长，即使他是您的偶像，可是他还是有让您不爽的地方。因此他也就成了满足您叛逆情绪的理想人物。不过像您这种情况的人并不在少数，不用担心。"

"啥？"我听得有些迷糊。

医生继续说道："不过让我有些奇怪的是，您之前曾经对我说过，您喜欢那些习惯树立自己权威的人，您愿意与那些用铁腕手段处事的人共事，比如说警察。范加尔就是这种人吧，按理来说您两个应该挺合得来才对……"

"也不见得吧。"

"而且更令我奇怪的是，您是一个很愿意和别人争执的人，和别人打起嘴仗来毫不客气。可您的父亲却和您的性格截然相反，您父亲可不是那种得理不饶人的人。"

我想了想，他似乎说得很对："没错，他是一个好好先生，我们都叫他'家里的科菲·安南'。"

医生接过我的话说："所以在我看来，您的父亲对您性格塑造的影响程度，远远比不上范加尔。也许您想成为一个战士，不管什么麻烦找上门来，您都能兵来将挡，这一点倒是挺像范加尔。也许您曾经幻想过您的父亲也可以像范加尔那样，是一个战斗力爆表的硬汉，对任何挑衅和侮辱都以牙还牙。"

我有些明白了，问道："所以你的意思是，我欣赏范加尔，关心他，这没什么可奇怪的，而且我们两个貌似还有了羁绊？"

"差不多吧。"医生回答道，"准确地说，您在与您欣赏的人斗智斗勇，而且您好像还蛮享受这种感觉的嘛。"

"妈呀，你的意思是我还对范加尔产生依赖的情感了呗？"我有些戏谑地问道。

"那我可没说。"医生摇摇头，"我可不想把您的这种症状怪罪到哪个人的

四十四 哦，雨果（1）

身上，只能说您这种想法的出现与您此前的生活方式和交际方式有关。您把这一系列症状的根源全部怪罪到了范加尔的身上，可在我看来只是巧合罢了。问题出在您自己的身上，如果您思考问题的方式不改变的话，您把范加尔换成别人，可能最后也是这个结果。"

我说："我现在正写一本有关范加尔的书，你觉得这对于解决我的困惑有帮助吗？我和他的一切联系方式都已经断了，如果写一本有关他的书的话兴许以后还会见到他。"

医生说："这就要看您自己了，不过您还是想引起范加尔的注意对吧？我觉得可以一试，反正您和范加尔的关系再差还能差到哪儿去？您为他写书，讲述他的点点滴滴，为他戴高帽、唱赞歌，他还能不领情，骂您一顿不成？不过当然了，天知道他会怎样回应，或是对您写的这本书做出怎样的回应。但不管怎样，我认为您可以尝试一下。万一您俩的关系有所改善了呢？这不也是您一直心心念念的吗？"

"当然啦，"医生继续说道，"这个世界上没有由衷的赞美，任何一句溢美之词都或多或少蕴含着点儿嫉妒的意思在里面。但是我要说的是，相比于赞美，人们更愿意得到别人的嫉妒。如果您能让范加尔感受到您的这份嫉妒，那么我想您俩的关系可能会缓和得更快一些。"

"听你这么说，你的意思是范加尔对于我来说没那么重要，是吧？这样一来我想和他改善一下关系也没什么难的，对吧？"我问道。

"没错，范加尔就是一个人名而已，您把范加尔换成别人，换成范马尔维克试试。我敢保证没什么不同，您肯定也会把范马尔维克看得很重要的。"

"算了吧，就他？我一分钟都不想在他的办公室里面待着，我们两个只要见面肯定会吵起来。"我说。

"您就没有关心过任何和范马尔维克有关的事情吗？"

"怎么可能，我对他根本提不起任何兴趣来。"我回答道。

医生无奈地摇了摇头。"就您这么个为人处世的方式，您看不惯和看不惯您的人我能给您找出一堆来。"

外面一辆汽车呼啸而过,鸣笛声让我感觉很刺耳。

心理医生又聊起了我父亲的事。"还记得您第一次来找我的时候吗?我无意冒犯您,那时您的父亲刚刚去世。而您看起来好像很受打击,因为对您来说,您父亲是个很重要的人,您似乎感觉到自己的心头被剜去了一块肉。虽然他已经去世了,可是直到今天,他似乎仍然存在于您深深的脑海里,存在于您的记忆当中。可范加尔不一样,我不得不承认,范加尔有一种父亲的风范,他属于那种特别严厉、刚正不阿的类型,和您的父亲相比,就如同一枚硬币的两面。您说过,您每天都会想很多有关范加尔的事情……"

"我每天也会想很多有关我父亲的事!"我打断了心理医生,对他说道。

"那么,"心理医生问道,"他们在你的心中同时存在吗?"

"是的。"我回答说,"他们同时存在于我的心中。如你所说,如果我父亲和范加尔是一枚硬币的两面的话,只能说这枚硬币天天都在我心里面。"

"可是您对他们的感情都是十分强烈的,虽然您对他们所报以的情绪不同。"心理医生说。

"我得告诉您,当和我父亲在一起的时候,或是当我回忆起我的父亲,我会觉得很有安全感;而当我回忆起范加尔时,我就会变得很不安。"我说道。

心理医生好像突然抓住了重点,他对我说:"我明白了!如果您觉得和您父亲在一起更安全的话,您怎么不写一本有关您父亲的书呢?这个问题我替您回答了,因为您和您父亲从来没有过战争对吧?可是和范加尔就不一样了,您二位的关系都已经不能用'冲突'来形容了吧,简直是打得头破血流。而且您在范加尔那儿碰了一鼻子灰,您想引起范加尔的关注,可范加尔完全不理您。而您呢,您尽量告诉自己别去想范加尔,可是他就如同梦魇一样挥之不去……"

"真有意思。"我有些窝火地说,"不过好像确实如此。他惹到了我,却没有道歉。他是荷兰基督教民主党的形象大使,让他说起他做人的信条,他会说

四十四 哦，雨果（1）

得一套一套的，可那是对别人，对自己他从来都是双重标准，只要同他谈话，他动不动就会摆出一副真诚的面孔，'我是一个诚实可靠的人'……他总是这样讲。即便如此，在我眼中他就是一个糟糕的伪君子。让我放下这些过往，然后当作什么都没发生一样去重新讨好他？这对我来说可不公平……"

心理医生赶忙打断了我："您说的这些都是您对他的看法和责备，可这些事都过去了多久了？您一直在说，您想和他重新做朋友，可是您说的这些话像是要和他和好的样子吗？就算范加尔虚伪，就算他对不起您，可是您不放下这些，您怎么和他重新做朋友？"

我笑了："估计想再和他成为朋友，就只能穿越回2004年的葡萄牙了。"

心理医生估计是想转移话题，问起了当年在葡萄牙的事："那段回忆对您来说一定很珍贵吧？"

"没错，回想起在葡萄牙的日子就感觉很舒服。"我回答道，"那个时候，我、范加尔，还有六个来自鹿特丹的朋友在一起，当时感觉身边的任何事都有笑点。不过现在我想清楚了，如果你问我还想不想和范加尔和好的话，那我会告诉你，我朋友很多，不差他一个。"

"好吧，我明白了。"医生说道，"无论如何，您都不能否认范加尔是您的朋友，他曾经与您相处得非常愉快。而在您二位分道扬镳之后，您把所有的责任一股脑儿地全部推到了他的身上。可是在我看来，如果您失去了什么，尤其是友谊，您应该感觉到悲伤才对，而不是无谓的愤怒。也许您感受到了悲伤，但是却表现出了愤怒，因为如果您感觉到了悲伤的话，这也就意味着失去的东西对您来说实在是弥足珍贵。其实我也说不清楚您这股愤怒从何而来，我也不知道您满怀愤怒地写这本书的意图何在。但是如果您抱着这样一个态度来写这本书，我敢肯定，范加尔看完这本书后会更生气，您就别指望去改善和范加尔的关系了。相反，如果您哪怕稍微抱有一丁点儿诚意和敬意来写这本书，结果都会变得截然不同。"

我被医生反驳得有些哑口无言，只好说："好吧，我会试试看对他报有一点儿敬意……可是范加尔确实让我有些尊敬不起来,他甚至有一些自恋,对于自己的缺点从来闭口不谈,至少在我看来是这样的。就拿我自己来说,之前和他相处的时候,我会把我的优缺点毫无保留地告诉他,所以我希望他也可以开诚布公地把他的事情告诉我,无论是他不完美的一面,还是他软弱的一面。我敢保证,再见到他的话他还是会没完没了地吹嘘自己。"

"这不重要。"心理医生说,"重要的是你希望他会怎样做,而不是你认为他会怎样做。"

我说道:"嗯,说得不错。事实上我八月末曾经见过他一次,那个时候我对他进行了一次采访。我告诉他,我给他写的传记已经快写完了,并且在传记中正面地评价了他所取得的荣誉,也指出了他的错误和不足。然而他看起来不是特别感兴趣,他只是静静地听我说完有关他传记的事情,然后百无聊赖地问了我一句'然后呢?'"

"然后呢?"心理医生显然对范加尔的反应也很感兴趣。

"然后他还说,这本书会大卖,因为封面上会印上他的那张帅脸,我呸!"

"他是在开玩笑吧,他当时笑了吗?"医生问道。

"没有,他说出这些话的时候很认真,他也不是小丑。不管怎样,这就是我俩最近的一次会面了。等到采访结束,我要离开的时候,我拍了拍他的后背,对他说道:'嘿,哥们儿,我很在乎你,我爱你,路易斯。'他看起来有点儿愣住了。我继续对他说道:'我是认真的路易斯,你是我用心交的好哥们儿。我不知道我对你来说意味着什么,但是我对你如此挑剔是因为我在乎你,我想你对我如此挑剔也是因为你在乎我吧?不管你现在恨不恨我,请再爱我一次吧,路易斯。'"我回答道。

四十五　哦，路易斯（14）

1. 南非世界杯闭幕式上

那一天是 2010 年 7 月 11 日，南非世界杯的决赛在西班牙队和荷兰队之间展开。那场比赛在约翰内斯堡的足球城体育场进行。在比赛开始之前，前南非总统曼德拉出现在了世界杯的闭幕式上。

根据媒体的报道，曼德拉能够出现在闭幕式上简直是一个奇迹。瘦弱的他坐在轮椅上，向球迷们挥手致意，球场内几乎所有的转播镜头和摄像头都对准了曼德拉，整座球场的气氛完全被他点燃了。

同样被迷得像花痴一样的还有来自荷兰电视台的主持人和作为解说嘉宾的前荷兰国脚尤里·穆尔德（Youri Mulder），他当时正坐在球场内的一个演播间内。看到曼德拉出现在球场中，他激动得说不出话来。

只有一个人除外，那就是范加尔。他坐在一旁，冷冷地看着场上的一切。半晌，他嘟囔了一句："他是懂魔法还是怎么回事？真是令人搞不懂。"

当然，并没有人理睬范加尔，他们还是聚精会神地看着球场中的曼德拉。

也许是看见没有人理睬他，范加尔也就不自讨没趣了，不过他又小声地嘟囔了一句："把一个坐着轮椅的糟老头子推到球场中间有什么好看的？"

2. 反呛媒体

2013 年初，范加尔在接受荷兰体育杂志《新竞技》(*NuSport*) 采访的时候发飙了。

"你们这些记者啊，我真不知道说你们什么好。如果你们采访我的时候我什么都不说，你们就会骂我；可如果我说了什么的话，你们又会去过度解读。你们不能为了骗取浏览量和收视率，就在那里编新闻骗读者和观众啊！我要告诉所有读者和观众们，如果你们看报纸或是电视的时候，看到上面报道了范加尔不会去怎样怎样的话，那八成那件事就是我干的，因为这才符合逻辑。"

四十六　探寻范加尔（11）

优秀领导要素

罗伯特·范德鲁尔（Robert van de Roer）是荷兰著名媒体人，他在荷兰可谓家喻户晓，因为他采访过世界各国100多位首脑和政要，被誉为荷兰媒体界的明星。范德鲁尔以其严谨而古板的态度而闻名，在我看来，他甚至古板得有一些迂腐。

其实以范德鲁尔的能力，他采访任何一位从事足球工作的人士都算得上是绰绰有余。在荷兰，甚至有人以接受过范德鲁尔的采访为傲。而当略带一些古板与迂腐的范德鲁尔遇上了更古板的老学究范加尔，会发生什么样的故事呢？

范德鲁尔曾经采访过美国前国务卿玛德琳·奥尔布赖特（Madeleine Albright）和美国前外交官理查德·霍尔布鲁克（Richard Holbrooke）。按照他们二位的说法，范德鲁尔的每一个问题都是那么尖酸刻薄，他们俩费了九牛二虎之力才勉强应付了范德鲁尔的采访。听到这里我都不敢想象范加尔接受采访的时候会是怎样一种情景，没准他都撑不到半个小时，没准在范德鲁尔的面前范加尔就像个小学生一样。后来在范德鲁尔采访完范加尔以后，我曾经在鹿特丹和他见过一面，那时候他住在安特卫普，我们俩见面的时候，他正准备在鹿特丹一家理发店理发，他穿着考究，看起来就像是一个花花公子。

如果要问范德鲁尔他最愿意从事的职业是什么，那还真不好说。记者？外交家？政府参事？媒体顾问？反正不会是采访范加尔的媒体人士。范德鲁尔宁愿给那些政坛巨子、学术领袖或是商界精英担任顾问——他的确有那个能力，相比11个在球场上跑来跑去的傻小子，他似乎更愿意去协助管理一家拥有6万名员工的企业。

"如果需要你给范加尔提一些建议，你会提什么样的建议呢？"我问范德鲁尔。

范德鲁尔回答道："在我眼中，范加尔有些任性。他和媒体对着干会让他很爽吗？也许他想向外界证明他不会屈服于媒体，可问题是这么做完全没有必要。如果他蛮横无理地把媒体撕成碎片，那么也许他在什么都不懂的小孩子的眼中会很帅，像一个英雄一样，可在成年人的眼中，他已经把他歇斯底里的一面完全展现给了公众，那并不是一个很好的榜样，而是一个典型的反面教材。在我看来，他应该改变自己的行事方式，他是一名足球教练，是一个体面的人，他应当更体面一些。他是一个团队的领导者，他要弄清楚他的形象代表着整个荷兰足球界，他是荷兰足球界的一部分，如果他是粗鲁的，那么在外人看来可能整个荷兰足球界都是他那个德行，足球就不再是荷兰的名片了。"

"来，让我们用发现美的眼光来看一看范加尔。"我对范德鲁尔说道，"你觉得范加尔有哪些优点？"

"他是一位才华横溢的主教练，非常有天赋，我不得不承认。"范德鲁尔回答道，"而且他的经历非常地辉煌，那时的荷兰国家队状态非常低迷，士气差到了极点，是他让国家队的小伙子们重新振作了起来；他雄心勃勃，简直是一个满腔热血的足球疯子，虽然他很狂热，却又能在比赛当中不失冷静与专注；他做事有条理，总是未雨绸缪，从来不做计划之外的事情……"

范德鲁尔又开始向我讲解他认为一个优秀的领导者所必需的条件："一个优秀的领导者必须做到'三位一体'，那就是将战略布局、领导能力和沟通能力这种三要素紧密、有机地结合在一起。做不到这一点算不上一个优秀的领导

四十六 探寻范加尔（11）

者，这三种要素缺一不可，少了其中一种都会出大问题。"

"所以在你看来，范加尔算是一个优秀的领导者吗？"我问道。

"如果他能把他那一堆臭毛病改一改的话，尤其是他能对别人友善一点儿的话，他还是一个很出色的领导者的。"范德鲁尔说道，"最重要的是，范加尔要懂得倾听别人，要懂得虚心接受别人的意见，尤其是在他不擅长的领域，他要懂得学习，而不是自以为什么都懂。"

"别人的意见？"我问道。

"没错，比如说赞助商、球迷、足协官员、球队的助理教练、记者，甚至是食堂的厨师，每个人的意见都是必不可少的，谁叫你们是一个团队呢。可范加尔没有听取任何人的意见，他总是过度自信，我行我素，他做什么事情都是对的，所以最后遇到麻烦的时候没有人会去为他说话。他试图用最简单的方法去解决这世界上所有的难题，这是不可能的。想一想他在阿贾克斯的时候，他会与罗纳德·科曼打得不可开交，可那时候他只是个技术总监，科曼才是主教练！还比如在拜仁慕尼黑的时候，他竟然敢同时去招惹鲁梅尼格和赫内斯！谁是俱乐部的头儿他会不知道吗，胳膊拧不过大腿的道理难道他也不懂吗？他以为他是谁，难道他还能把鲁梅尼格从拜仁慕尼黑的包机上扔下去不成？在阿贾克斯的时候，他俨然一副'克鲁伊夫老大我老二，除了克鲁伊夫我谁也不服'的架势，在拜仁慕尼黑也是如此。范加尔实在是不善于与人交往，他察言观色的能力太差了，尤其是当他有一点点权力的时候，他就会忘记了谁才是头儿。"

罗伯特·范德鲁尔曾经多次采访过包括联合国秘书长在内的多位联合国官员，科菲·安南是范德鲁尔的老朋友了。在去年挪威举行的环球 CEO 协作峰会上，范德鲁尔见到了被世人称为"最伟大的加纳人"的安南，那一届峰会吸引了约 400 位 CEO 参加。范德鲁尔回忆道："我是最先看见安南进入会场的，当时我还准备在会议结束后去拜访他。安南当时悄悄地走进了会场，他的脚步很轻，没有打扰到任何人，会场安静得甚至可以听见针掉在地上的声音。这时会场内有人注意到了安南的到来,人们的目光陆陆续续地投了过来。随后,雷鸣般的掌声从四面八方传来,震得我脖子都有些疼。想一想安南的举动,再来看看范加尔是怎么做的。天啊,他哪会管你有没有人,他进屋子的时候就没消停过,没等看见他人进来,你就会听见他那厚重的脚步声,就像是一个巨人在原地踏步一样。你不觉得这完全是两个极端吗?"

我说道:"所以你认为范加尔的举止不是很体面,你认为他应该像一个外交官一样?"

"没错。"范德鲁尔回答道,"范加尔另外一个不好的习惯就是他总喜欢在公众面前让球员下不来台。当初范加尔剥夺了斯内德的队长袖标之后,他公开表示斯内德没有集中精力,他希望斯内德在未来可以专心做一件事情,甚至直言斯内德根本不在状态。试想一下,你已经把人家的队长袖标拿掉了,你还在公众面前对一名球员如此批评,这对斯内德公平吗?我只是一个球迷,我只想看到你们在球场上的表现,至于你们更衣室内乱成什么样,那和我没有关系,这是你应该内部处理的事情,没必要拿到台面上来。"

"我猜你还会建议他以后说话小点儿声,委婉一点儿。"我说道。

"没错。一个好的领导人,他行使自己的权利时不会用到嗓门儿。你有没有领导力和你嗓门儿大小有关吗?没有。在这一点上,安南又是一个很好的对比对象,一位和他共事二十几年的人曾经告诉过我,他从来没听到安南大喊大叫过,从来没有。无论是在卢旺达、波黑、索马里,还是在伊拉克和叙利亚。哪怕那儿的战争打得热火朝天,也没见安南嚷嚷过一次。"

"奥巴马呢?他肯定歇斯底里地大喊大叫过吧?"我开了一个玩笑。

"奥巴马和范加尔可不一样。"范德鲁尔耸耸肩,"奥巴马和克林顿也不一样,他不像克林顿那样感性,他只是一个臭名昭著且冷酷无情的律师而已。奥巴马十分依赖自己的判断和直觉,在我看来,他是一个优柔寡断的人。"

"咱们聊跑题了,还是来说说范加尔吧。"我说,"你认为范加尔总是会在媒体面前发火的原因在哪儿?"

四十六　探寻范加尔（11）

"首先，在我看来沟通也好，接受采访也好，有一条千万要注意，就是在交流时不要带入你的个人感情。其实我在采访的时候见过很多这种情况，我的一位采访对象曾经在接受采访的时候是带着情绪接受采访的，后果可想而知。我们之前一直在说，范加尔是一个不善于与别人沟通的人，因为他总是会被外界的报道干扰。其实他完全没有必要对那些报道做出那么强烈的反应。如果我是他，那些负面的消息爱怎么样就怎么样，与我何干？其次，范加尔在接受采访之前从来都不做准备，哪怕美国总统得知要接受采访也得提前做准备啊，那凭什么你范加尔的派头就那么大呢？再有一点，范加尔一旦发觉记者问到的问题对他很不利或是很不友好，就会愤怒得如同火山喷发一样。看到他愤怒的样子，我都不禁为他捏一把汗，我甚至会在心里祈祷：'说啊路易斯，想说什么你就说什么，谈比赛，谈球队的表现，谈你的看法，千万别和记者们作对啊'。等等……"

"总之就是希望他不要中了记者们的圈套，对吧？"我补充道。

"没错啊，有些记者就是想激怒他。"范德鲁尔表示同意，继续说道，"但是我很奇怪，难道荷兰足协的新闻官没有对他在回答记者问题这方面进行过培训吗？让他去面对那群记者显然是不明智的，他真的需要在这方面有所提高了。"

"没有用的，罗伯特。"我苦笑道，"范加尔谁的话也听不进去，哪怕是和他最亲近的人。"

"这就是他的问题了。"范德鲁尔说，"其实他自己一定也很矛盾。范加尔是一个很有学习精神的人，他一定也很渴望去学习一些与媒体相处的技巧。毕竟让他一个人面对媒体的口诛笔伐，这想必会令他感到十分煎熬。其实如果他有朝一日能够放下矜持，去了解一些和媒体相处的方法的话，他会变得很轻松。当然，这种想法现在来看还不是很现实，他还没准备好让自己完全暴露在公众面前。"

我对此表示认同，范德鲁尔接着说："他需要这么做，事实上他已经到了非这样不可的地步,他肯定也意识到了自己糟糕的人缘对他造成了怎样的困扰。他肯定会不止一次地这样问自己:'为什么我总是被充满敌意的记者团团包围?为什么在人潮汹涌的体育场内,我却孤单得如同坐在独木舟上一样,独自漂荡?为什么那些记者无视我的愤怒与自尊,仍然向我不断地扔出一个又一个愚蠢的问题?'"

我说:"罗伯特,借用一句别人对我说过的话,就他这么个为人处世的方式,他看不惯和看不惯他的人我能找出一堆来。可是我想现在他也意识到了,他不能再像以前一样对别人蛮横无理了,他也要尽早学会和别人友好相处。"

范德鲁尔说:"如果你能在他身边放个摄像机什么的记录一下,把他和别人的日常交往拍下来然后给他看,让他自己感受一下,没准他能够转变得快一点。"

我问范德鲁尔:"你觉得媒体对于他的影响有多大?他总是会被那些恼人的媒体激怒。"

范德鲁尔说:"恼人?基本上是个记者都能把他激怒吧,都不用我们这些资深的媒体人出马,一些刚刚干记者这一行的菜鸟就够范加尔喝一壶的了。其实作为领导者,还有一点很重要,那就是要学会明智地去维护你的尊严。向记者们疯狂地嚷嚷半天,范加尔以为他很解气,其实记者们不就是想听范加尔发表意见吗,他们巴不得他那样。有机会的话请代我转告范加尔,就当自己长了金嗓子,少开尊口就会少落人以口实,别便宜了那些记者。"

我笑着说:"这黑锅怎么又甩到记者的头上来了,你认为是记者把范加尔逼成了今天这个德行?"

范德鲁尔回答道:"这还要取决于你怎么看。在我看来,一个易怒的、歇斯底里的、爱发脾气的范加尔会是媒体人士的最爱,因为他给这些媒体人士提供了大量的创作素材,范加尔几乎把荷兰足球界一年的新闻产出量都承包了。我现在来问问你,你靠写作吃饭,那么你认为一个沉默寡言、脾气好得一塌糊涂、从来不和媒体顶嘴的范加尔,和一个天天暴跳如雷、动不动就骂街的范加尔，哪一个会更让你喜欢？毫无疑问是后者嘛，媒体才不会对一个理性的范加尔感兴趣呢。而记者问的那些问题，都涉及球队的内部事宜，有些甚至是球队的机密，范加尔会告诉他们吗，他不生气才怪。可是你想过那些记者吗，你以为他们真的想从范加尔的嘴里听到答案？激怒范加尔才是他们真实的目的。"

"这一点范加尔自己也应该清楚。"我说道，"范加尔对于有些媒体的态度已经出离了愤怒，荷兰国内最大的报纸《荷兰电讯报》估计已经把范加尔彻底惹火了。现在，范加尔对于《荷兰电讯报》的采访申请一律拒绝。"

范德鲁尔对我说："其实你可以帮帮他，你可以从中牵线搭桥，让《荷兰电讯报》和范加尔的关系缓和一下。"

我无奈地说："想都别想，《荷兰电讯报》是克鲁伊夫那一伙儿的，他们和范加尔的关系那么差并不只是因为范加尔自己的原因。"

范德鲁尔说："我的意思是让范加尔别拒绝《荷兰电讯报》的采访，有什么就说什么。不管记者那边问的问题有多么咄咄逼人，只管心平气和地去回答便是，你有理你怕啥啊？"

之后我和范德鲁尔又聊了一会。他说他要去理发，理完发后还要赶回安特卫普，如果他再不离开的话可能就要错过和别人的约会了。在临走的时候，他还向我保证，他还有一些关于范加尔的看法，等下次再见到我，他肯定会留出足够的时间，那时候他会和我好好聊一聊。

四十七　哦，路易斯（15）

当代的希特勒

在 2010 年的时候，巴西球星吉奥瓦尼（Giovanni）在一次采访中回顾了他的足球生涯，他不可避免地谈到了范加尔。在 1997 至 1999 年这 3 年间，吉奥瓦尼效力于巴塞罗那，而当时的巴塞罗那主帅正是范加尔。说起范加尔，吉奥瓦尼毫不掩饰自己的厌恶之情："范加尔就是一个门外汉，对于足球他什么都不懂。他是个疯子，是个独裁者，他就是当代的希特勒！"

吉奥瓦尼的这一番言论为某些讨厌范加尔的球迷提供了很好的娱乐素材。2011 年 5 月 11 日，一位网名为"dirkpsvfan"的埃因霍温球迷做了一个恶搞范加尔的视频，他把范加尔讲话的声音剪辑了下来，套用在电影《帝国的毁灭》中一段希特勒发怒的片段上。随后他把这个视频发布在了 YouTube 上，并把它命名为《路易斯·范加尔就是阿道夫·希特勒》。令人意外的是，这个恶搞的视频引起了许多网友的关注，截至目前，这个视频的点击率已破千万。

当然，范加尔本人对此一无所知。不过从某种程度上来讲，把范加尔比作希特勒并无不妥之处，比如在演讲方面，范加尔和希特勒一样，他的演说也充满了激情与煽动性。在 2010 年的时候，拜仁慕尼黑重夺德甲冠军，在庆祝仪式上，几乎每个人都可以听见范加尔那洪亮而又刺耳的声音：

四十七 哦，路易斯（15）

范加尔：WER HAT DIE BESTE VERTEIDIGING?（谁的防守坚不可摧？）
球员们：FC BAYERN!（拜仁慕尼黑！）
范加尔：WER HAT DIE BESTE ANGRIFF?（谁的进攻锐不可当？）
球员们：FC BAYERN!（拜仁慕尼黑！）
范加尔：UND DESWEGEN SIND WIR MEISTER!（那就是我们夺冠的原因！）

哪里有拜仁慕尼黑的比赛，哪里就能听见范加尔的叫喊声。无论是在盖尔森基兴、不莱梅，还是在汉堡……而问题也随之而来，那个恶搞的视频不仅在网上被频繁浏览，在现实生活中也被球迷们屡次提起，希特勒的面庞配上范加尔的公鸭嗓，看起来很有趣，但是随着时间的流逝，问题逐渐变得严重起来。慢慢地，几乎整个欧洲的媒体在形容范加尔的时候都把范加尔形容为"足坛希特勒"。

现在来看，与其说那个视频很搞笑，倒不如说那个视频很荒谬。无论是球迷还是普通市民，都被这个视频逗得哈哈大笑，可他们却忘记了政治的正确性，他们已经忘记那个留着小胡子的男人在历史上留下了怎样不堪回首的过往。而充满激情的范加尔就这样在无意之中被贴上了一个荒唐的标签。

我们提到过，希特勒与范加尔有许多共同点。可问题是，希特勒是一个十恶不赦的恶魔，而范加尔却是无辜的。把范加尔称作希特勒根本不是什么戏谑之言，而是可耻的诋毁。

针对这一现象，我的朋友安娜·恩奎斯特评论道："看到德国人把范加尔和希特勒绑在一起，这让我很不安。德国佬们看起来有些神志不清，他们忘记了他们曾经带给欧洲和世界怎样的苦难，可荷兰人不会忘记，荷兰人更无法容忍有人为希特勒招魂，尤其是把一个无辜的足球教练污蔑成十恶不赦的恶魔，这种做法真令人恶心。我们都清楚，问题并不出在范加尔的身上，他肯定也不想被别人叫作希特勒，这对于他来说是一种耻辱，他只不过是习惯于大声讲话罢了。可是他那种歇斯底里的性格是谁造就的呢？是媒体。那么又是谁把他这种性格在公众面前无限放大的呢？还是媒体。"

安娜还认为范加尔并不是一个独裁者："他热爱足球，近乎狂热般地热爱这项运动，热爱他所从事的事业。他还是直性子，向来有一说一，从不会隐藏自己内心深处的想法。他还有自己的梦想，他愿意为了实现自己的梦想付出一切，更不会介意与其他人合作。这种人能被称为独裁者吗？"

然而这种可怕的比喻仍然存在着。2012年10月15日，在荷兰同罗马尼亚的世界杯预选赛之前，一家罗马尼亚报社直接在一篇有关荷兰国家队的文章中将范加尔的名字写成了范·希特勒，他们声称范加尔是一个不折不扣的独裁者，认为他的傲慢与自负堪比希特勒。报道一出，令整个荷兰足球界大为光火。随后荷兰足协高调地做出了反应，一位发言人说："这名记者在阿姆斯特丹不受欢迎，我们拒绝了他采访比赛的申请，以后他也别想再出现在这里了。"

遗憾的是，无聊的人仍然存在，回想此前，就在荷兰的国内，在荷兰电视台足球频道的一次节目中，两名不太知名的足球教练又一次拿范加尔开起了玩笑，而且这一次他们的言论更过分。一名教练在节目中说道："我做了个梦，梦中听见了一股刺耳的演讲声，随后发现德国的坦克开进了阿姆斯特丹的街头，一个看起来暴跳如雷的男人正站在坦克上演讲，要不是他留着一撮小黑胡子，我差点儿把他当成了范加尔，差点儿就和他打招呼了：'嗨，路易斯。'"

拿范加尔开涮的人还有荷兰著名的足球记者约翰·德尔克森（Johan Derksen），只不过他的言论看起来还不算过分。在同样一档电视节目中，德尔克森说道："范加尔算是哪门子希特勒，他的演讲听起来的确有点煽动性，不过也就能对一些乌合之众奏效而已。"

后来，那名来自罗马尼亚的记者和杂志社同时发表了道歉的声明，但是荷兰足协还是拒绝撤回之前对罗马尼亚媒体的采访禁令。荷兰足协这种严厉的做法不由得让我们想起了20世纪30年代，那个时候的纳粹分子对国内的报纸的做法也是毫无言论自由。而如今荷兰足协对这家罗马尼亚媒体的做法似乎很有当年纳粹的风范，相比之下，事件的当事人范加尔对于那些批评他的人毫不理睬。由此看来，说范加尔是希特勒可确实是冤枉他了。

德尔克森非常愿意拿范加尔开玩笑。有一次，在另一个电视节目中，德尔克森在演播室里又讲了一个关于范加尔的段子，而且那个段子着实把我逗乐了："如果我见到范加尔，我会问他：'喂，你为什么不穿长筒靴（Jackboots）① 在球场上指挥？这才是你的风格吧。'"

德尔克森和范加尔并没有什么过节，他愿意开别人的玩笑，他总会竭尽所能去编一些能够挖苦、讽刺他人的段子和笑话。荷兰足球界的球员也好，教练也好，几乎被德尔克森涮了个遍。如果没有被德尔克森挖苦过，那只能说明这个人不怎么出名，还入不了德尔克森的法眼。

在之前，范加尔自然忍受不了德尔克森如此的嘲弄，2013年9月，范加尔接受了荷兰一家电台的采访，在采访中，范加尔对德尔克森做出了回应："他就是一个低级趣味的痞子，一个寡廉鲜耻的人。"可范加尔骂也骂了，德尔克森却仍然我行我素，继续拿别人开玩笑。所以范加尔索性也无视起了德尔克森，现在不管德尔克森说什么，范加尔都充耳不闻，不做出任何回应。

伊布拉希莫维奇的脾气不用我多说，世人都知道他谁也不惯着。我批评范加尔的时候多少还会把话说得委婉点儿，可伊布拉希莫维奇比我直接得多，几乎是在指着范加尔的鼻子骂。前几年，伊布拉希莫维奇出版了他的自传《我，兹拉坦》，他在书中称范加尔是一个"毫无幽默感的独裁者"。

许多人都把范加尔称为独裁者，这令我有些纳闷儿。为此，我特地翻开字典，查了一下独裁的含义。在字典中，独裁的含义是这样的。

---

① Jackboots是一种过膝军长靴，是二战中纳粹德国和英国士兵们的标志性穿戴。Jackboots也是一句俚语，意思是用暴力或高压的手段迫使别人屈服。德尔克森在此一语双关暗讽范加尔。

1. 建立或接手一个专制政权或制度，并对此进行掌控。

2. 在专制或极权的制度下，限制他人的行为或思想等。

看到这两条，我倒觉得我比范加尔更适合当一个独裁者，这说的分明就是我嘛。

我曾经和埃里克·范姆斯温克尔讨论过有关范加尔独裁的问题。范姆斯温克尔告诉我，现存的独裁体制和以往发生了很大的变化，在以往，独裁者会将自己的意志强加给那些不服从的人；而现在，许多人除了接受被独裁的命运以外没有别的选择，已经不会独立思考了。我对这一点深表认同，我曾采访过阿尔克马尔俱乐部的CEO，他们告诉我他们很欣赏范加尔的管理方式，而且如果在未来有机会的话，他们随时欢迎范加尔回到阿尔克马尔执教。看得出来，他们很欣赏范加尔那种雷厉风行的作风，甚至是乐于接受范加尔的"独裁统治"。

范加尔在阿贾克斯也收获了同样的认可，还记得在20世纪90年代，范加尔带领阿贾克斯取得了一系列成功。他总会主动出击，率先掌握主动权，他能运筹帷幄，又善于通过观察比赛从而改变场上的局势。他知人善任，敢于让丹尼·布林德出任队长，也敢于起用利特马宁，最终这些举动都让他收获了成功。

范姆斯温克尔认为范加尔的性格与希特勒相距甚远。"他就像一个君王一样，不怒自威。他对身边的人有着深刻的影响，他身边的人则瑟瑟发抖，祈祷他不要发怒。而当他开口的时候，每个人都会感觉到有些敬畏。范加尔不是独裁者，他更喜欢支配别人，他就像是一只大猫，逮到老鼠以后不会吃掉它们，而是去慢慢地折磨它们。"

范姆斯温克尔对范加尔的未来也有一些担忧："像他这种类型的领导者，在历史上很少有善终的。说不定哪一天，范加尔就被手下的球员合起伙来架空然后搞垮。"

和范姆斯温克尔一样，常年生活在西班牙的荷兰足球记者埃德温·温克尔斯也认为范加尔与"独裁者"一词相差甚远。"我理解那些看不惯范加尔行事风格的人，不过用'独裁者'来形容范加尔实在是不合适，范加尔也没有那么坏。至少在巴塞罗那，没有人会认为范加尔是一个独裁者，他和球员们相处得也还可以。不过他确实听不进去别人的建议，这一点倒是有点儿像独裁者。"

小说家赫尔曼·科赫也这样认为。他笑着说："和范加尔比起来，克鲁伊夫才是一个独裁者。"

之前提到的范德鲁尔认为人们有些夸张了。"范加尔顶多算是一个菜鸟独裁者而已，他是一个不善于沟通的好男人。有的时候他看起来甚至有些让人心疼，有时看见他陷入到舆论的漩涡之中，我甚至想去拉他一把。不过庆幸的是，他没涉足商界或是政界。否则，他都容易被其他人欺负。范加尔还能算得上是独裁者？得了吧。"

2009年的时候，已经退休了的荷兰《国际足球周报》前主编约普·聂岑（Joop Niezen）在他的专栏中写道："我建议拜仁慕尼黑不要和范加尔签约，范加尔像极了卓别林的电影《大独裁者》中的独裁者欣克尔。"写下这番话的时候，正是范加尔带领阿尔克马尔在荷甲联赛中一路披荆斩棘，摘得桂冠之时。在那个赛季，范加尔的球队取得了25胜5平4负的战绩，帮助阿尔克马尔在28年后重夺荷甲冠军，阿尔克马尔在那个赛季完全压制住了传统豪强埃因霍温、费耶诺德和阿贾克斯。当时看来，聂岑说的这番话未免有些小家子气，谁叫他是阿贾克斯的球迷呢。

可是在今天来看，聂岑这番比喻实在是太恰当不过了。如果你看过卓别林的《大独裁者》的话，就会明白聂岑这番话更深处的原因。范加尔有伟大之处，也有不足之处，但是他绝非一个是非不分、无恶不作的魔鬼，他也是个人，他有他的风骨，也有他的软肋；他有他的固执，也有他的诙谐；他面无表情，却也会嬉笑流泪；他渴望被别人了解，却又不想被人看透……有些事他不说，不代表他不会痛。人们看见了范加尔，要么嘲笑他，要么说他是独裁者。对此范加尔充耳不闻，当作没发生一样，可是他真的能对这一切释怀吗？

四十八　探寻范加尔（12）

1. 戏　子

　　上一次，范德鲁尔没有和我聊完就跑去理发了。没过多久，我又见到了范德鲁尔，他的新发型看起来还不错，和他蛮配的。不过范德鲁尔不这么认为，他对于自己的理发师和新发型都不怎么满意，一直在嘟囔自己的新发型不伦不类，和他身上那套 Paul Smith① 西装很不搭，他认为自己是一个体面的商务人士，可理发师把他弄得像小丑一样。这也难怪，作为精英中的精英，范德鲁尔对每一个细节都十分苛求，更何况发型呢？

　　范德鲁尔很注重穿着，他对于仪表的要求达到了严苛的地步。他对范加尔的仪表也有一些看法。"一个领导者应该注意到方方面面，仪表就是很重要的一环。就范加尔来说，他那身土黄色的西装穿了得有多少年了？他看起来就像是一个护林员，一点儿也不体面。有机会的话，我会建议范加尔穿上一件深蓝色衬衫，打上一条红色的领带，再来一套 Brioni② 的西装，这个牌子的西装是安南一直穿的牌子，范加尔穿的话也一定合适。这一套不怎么贵，也就 2000 多美元吧。他照我说的那样打扮，一定会让人眼前一亮。"

---

　　① 英国著名西装品牌。
　　② 意大利著名西装品牌。

聊了没多久，服务员端来了我们点的咖啡，话题又回到了范加尔的身上。

范德鲁尔说："真有意思，估计谁也想不到范加尔在国际上会这么出名，比他在荷兰省和荷兰国内还要出名。① 不过想必范加尔宁愿自己没那么出名，因为天天要和一群别有用心的记者打交道。现在的他是媒体的宠儿，就像是一个戏子。他带来的轰动，就连弗格森（Alex Ferguson）和温格（Arsène Wenger）也比不了，毕竟那两位好歹懂得什么叫低调。可范加尔不一样，他走到哪里，哪里就有好戏看，有他参加的赛前发布会，没准要比比赛都有意思。

"范加尔的确是一个战术大师，在世界上也算得上是数一数二，可他在面对记者的时候就像是一个没谈过恋爱的小伙子一样青涩而毫无经验，犯的错误数不胜数。当初有其他的记者采访他的时候，他们问他：'范加尔先生，你是一个爱发火的人吗？'结果范加尔不假思索地回答道：'不，我不是一个爱发火的人。'然后就没有什么可说的了，这是和记者打交道的大忌。不要重复对方所说的话，也不要让对方感觉到接不上话，因为此时你的发言对于对方而言没有任何价值，采访你的人对你的好感也会有所降低。伊拉克战争的时候，我受《华盛顿邮报》的委托采访美国前国务卿科林·鲍威尔（Colin Powell），我当时问他：'鲍威尔先生，当初您在欧洲的时候，您把美国和欧洲各国的外交事宜处理得完美无缺。随后您被派到伊拉克，以维护美国和伊拉克的和平关系，可伊拉克战争最终还是爆发了，您在伊拉克的努力没起到任何作用。您认为伊拉克战争的爆发对于您和美国来说算不算是一场惨败？您认为您是美国这次外交失败的主要原因吗？'结果你猜鲍威尔是怎么回答的，他面无表情地回答道：'不，这算不上一场惨败，失败的原因也不在我这儿。'鲍威尔的回答大大出乎我的意料，也出乎《华盛顿邮报》工作人员们的意料，他要是这么回答

---

① 荷兰本名尼德兰王国，因其国内荷兰省最为著名，故而被称作荷兰。荷兰省在1840年被分为南荷兰省和北荷兰省，范加尔是北荷兰省阿姆斯特丹人。

的话，我们还采访他干吗？总之，我们的采访没有任何可以写的东西了，那次采访也变得没有任何意义。范加尔应该也不知道这个道理，估计以前也没有人告诉过他。

"接受媒体采访可以让一个人的特点完全地展现在公众面前，但是首先你要知道你应该说什么，不应该说什么，什么回答有意义，什么回答没有意义。范加尔不受媒体待见，可这其中很多麻烦都是他自找的，不管是西班牙人，还是德国人，就算把荷兰人也算上，有几个人真正地了解他？接受记者采访时，他本可以让外界来认识一下他的善良，结果他反倒让外界见识到了他的怪脾气。一个优秀的领导人，会懂得谦逊待人，会懂得什么时候说什么话，也会懂得什么时候该说话，什么时候该闭嘴。如果范加尔懂了这些，他的敌人会少很多。"

"问题是他是怎样变成今天这个样子的，具体原因是什么？"我问范德鲁尔。

"或许是他遇到过什么特别大的变故吧，或者他有什么心结还没有解开。具体的原因我说不好，我也不是算命的。"范德鲁尔回答道。

"你的人脉比较广，有机会的话你可以介绍一位心理医生或者精神科医生给他看一看，没准他能改一改自己的毛病。"我说道。

"嗯，这勉强算是一个办法吧，不过我想范加尔不会去理睬那些医生的。不用多想你就能猜出来范加尔会是怎样一个态度。'我没什么毛病，我喜欢我现在的样子，我现在挺好。'他一定会这样说的。想让范加尔变得温柔很不现实，你还不如指望别人能习惯范加尔的粗暴呢。"范德鲁尔回答道。

"难道就没有人能够让他改变吗？"我问道。

"能够改变他的只有那些他很依赖的人，可范加尔很特立独行，他不需要依赖任何人。"

"你为何不去试试呢？你提的那些建议没准他会很感兴趣的。"我说。

范德鲁尔笑着说："我倒真想试一试，看起来也蛮有挑战性的。可是我很清楚，我一旦指出他的缺点，他就会立即全盘否认，他不会承认自己是一个人际交往方面的失败者的，可他偏偏需要在这一方面做出改变，他需要让自己看起来不是那么冷酷无情，需要将自己热情的一面展现给大众。"

"想都别想。"我无奈地说。

"既然如此，我只能祝他好运啦。"范德鲁尔说道，"反正我是不介意继续在电视上看他出丑，他在媒体面前的一举一动真的很滑稽。其实我真搞不懂他在和别人打交道的时候脑子里究竟在想什么。之前录节目的时候，他竟然差点儿和一个孩子吵起来，虽然他说他聊得很开心，你信吗？反正我是不信。他应该仔细想想，一个孩子哪能分清什么媒体是好的，什么是坏的？在我看来，他一直处在战斗准备的状态之中，稍微惹到他一点儿，他就会骂你个狗血喷头。"

我说："听你这番话，你似乎对于范加尔越来越感兴趣了？"

范德鲁尔说："他的故事足以写成一本书了，这可以帮助世人更加深入地了解他。可以在书里写一些他的过往经历，写他对足球的热爱，写他在工作中展现出的激情，写他和他的团队是如何风雨同舟、不断向前的……这些其实都是他的加分项。范加尔之所以被人误解，是因为他把他在工作中的那股子激情带到了生活当中。我猜他此前也许尝试和别人交流过，但似乎没有人愿意听他讲一堆大道理，所以慢慢地他也就变得不那么爱和别人交流了。"

我和范德鲁尔的聊天接近了尾声，我问范德鲁尔："范加尔身上就没有什么值得你羡慕的吗？"

范德鲁尔说："当然有啦，他的肢体语言很丰富。他还是一个很有风骨的人，我总会看到他笔直地站在球场边，无论刮风下雨，他就像一尊没有任何情感的雕像一样，站在那里纹丝不动。虽然他已不再年轻，可他的眼神仍然很清澈，这是很吸引人的一点。看到他的眼神，哪怕你们不认识，你也有一种想和他交朋友的冲动。"

我说："那我可得替范加尔谢谢你了，难得听见有人对他做出这样的评价。"

范德鲁尔说："没什么。还有一个建议希望你能帮我带给他：一个好的领导人绝不会以向别人求助为耻。我在 2012 年的时候采访过安南,当时他作为联合国观察员,在叙利亚进行居中调停的工作。我时常会听见他问别人'我该怎么办',几乎他每一天要说无数次'我该怎么办',无论是当地的官员,还是身边的随行人员,他都会问对方有没有什么解决的办法。向别人请教问题,听起来好像有些丢人,但是安南这一生所有的经验都是在不断地请教别人中积累下来的。"

我答应了范德鲁尔的请求,心里却在想:"你让我把你的意见告诉他,只怕他听不进去啊。范加尔只擅长对别人指手画脚,让他听取别人的意见,他还真不擅长干这活儿。"

2. 如何采访范加尔?

我一路小跑进了荷兰共同新闻日报社的新闻编辑室,把汽油钱交给了马尔腾·维弗尔斯。他是一名出色的足球记者,也是我的上司。几个月前,我在出门时忘记了给车子加油,而且还没带钱包,结果被困在了 A12 公路上。若不是维弗尔斯的及时出现,我可能就要在公路上过夜了。

把钱还给他以后,我准备向他求教一下如何才能顺利地对范加尔进行采访。他的经验可比我丰富多了,他简直就是一本活的采访指南,我想向他取取经。

"你不必那么心急,一上来就问他特别重要的问题。"维弗尔斯说,"我清楚你的职业习惯,你总是想在一开始就给采访对象一个下马威,好让他们对你说实话。可是你得根据采访对象是谁来采取措施。如果我没猜错的话,你总是把对范加尔的采访看成一场对决,你想让他把所有知道的毫无保留地告诉你,而又不希望范加尔对你太轻蔑或是不尊重。可你也知道范加尔是如何对待那些不尊重他的记者的,就凭你的态度,你还想和他打一架不成?如果我是你,就不会去激怒他，也不会去让他有一丝一毫不舒服的感觉，让采访对象能有一个舒服的采访过程是很重要的一点。"

"看样子，你对他的看法还不错？"我说道。

"范加尔是我见过的最为严谨也是最为出色的教练，他对于工作的态度无可挑剔，这是很令我钦佩的一点。几年前，拜仁慕尼黑在卡塔尔集训，当时我有幸跟队进行报道，我在拜仁慕尼黑的集训营里待了一段时间。有一次，他多次打断队内的训练赛，一次又一次地跪在草皮上给球员们讲战术布置和策略。他在一场比赛中跪下了十几次，不厌其烦地在草地上来回移动代表每一位球员的水瓶子。那天早上草皮刚刚浇完水，范加尔的裤子也完全湿透了，那个时候他已经60岁了，让一个老人这样做实在是让我看着有些难受。看在上帝的分儿上，我还能说什么批评的话呢？而且想一想范加尔留给拜仁慕尼黑的财富，如果没有范加尔，拜仁慕尼黑是不会发掘出大卫·阿拉巴（David Alaba）这样的天才的。"

"那为何媒体总会报道一些范加尔的负面新闻呢？"

"媒体总是喜欢落井下石，他们会利用范加尔的每一个敌人来对他进行攻击，而这些敌人都是曾经与范加尔共事过的，范加尔得罪了他们，然后他们就成了媒体用来攻击范加尔的枪。不光是范加尔，媒体总是喜欢对于所有主教练的决定指手画脚，如果主教练屈服于他们，按照他们说的去做，他们就会觉得自己特别英明神武。罗本和范佩西是欧洲顶尖球员，尽管他们都30多岁了，可范加尔还是有办法使他们能够拿出最佳的状态，那些自以为无所不能的记者可以吗？范加尔是一个不愿意向别人妥协的人，因此树敌众多，包括他的球员们。在执教俱乐部时，范加尔曾经试图引入一些曾与他共事过的球员，可那些球员听到他的名字便不假思索地拒绝了。可范加尔从没亏待过他的球员们，他只认能力不认人，范加尔出任国家队主教练的时候，根本不在乎入选的球员和他有没有仇，那些记者能做到如此不计前嫌吗？真是站着说话不腰疼。"维弗尔斯说道。

3. 会　诊

真是踏破铁鞋无觅处，得来全不费功夫！我终于联系上了布拉姆·巴克尔（Bram Bakker），他曾经为范加尔工作过。得知我的请求和目的之后，巴克尔热情地邀请我到他家去做客，他准备同我好好地聊一聊，把所有他知道的关于范加尔的消息告诉我。巴克尔是荷兰最出色的心理医生之一，他也是电视节目的宠儿，屡次被邀请去做嘉宾。他还出演过一部电视剧，好像叫《荷兰最糟糕的丈夫》①。不过他是一个蹩脚的演员，演技实在让人不敢恭维，他还是当一个心理医生比较好。

几天后，我登门拜访巴克尔。在巴克尔的家里，我和他中间仅隔着一张餐桌，他说道："最早的时候，我对足球一无所知。每当范加尔和我说起有关足球的事情时，我就如同在听天书一样，足球圈对我而言是一个遥不可及的世界。

"可是当我接触到那些球员的时候，我却总会感到有些心酸。他们疯狂地追逐着场上的足球，可那疯狂的背后却是一股无形的空虚。总有一些年轻的小伙子来找我，希望能让我帮他们开导开导。他们来找我的时候，浑身都是伤，不是膝盖蹭破了皮，就是胳膊上有瘀青。我很清楚他们都是天才，可残酷的是，并非所有的天才都会成功，他们永远不清楚什么样的命运在等着他们。我遇到过这样的情况，一个球员，从 8 岁就开始踢球，直到 16 岁以前，他的人生都是一帆风顺的。可是偏偏就在他 16 岁那年，他的膝盖在一次拼抢中被对手重创，韧带撕裂。他不得不养了一年的病。等他在一年后养好伤回到赛场时，他已经跟不上其他队员的节奏了，这对他的打击是灾难性的。随后他开始自暴自弃，那时他才 17 岁而已，别人的青春才刚刚开始，而他的青春已经结束了。他开始像个混混一样苟活于世，滥交、醉酒、吸毒，甚至是尝试自杀，

---

① 电视剧的正确名称为《荷兰最糟糕的司机》（*De Allerslechtste Chauffeur van Nederland*），作者把名字记错了。

最后我失去了他的消息。人们总是愿意谈论那些年少成名随后成大器的球员们，可他们只是冰山一角，在他们光鲜亮丽的背后，还有无数被遗忘的人们，而当初他们是一起踢球的伙伴。

"所以我开始理解他们，他们之所以看似风光但内心空虚，是因为他们不愿让别人看穿他们的脆弱，却又总会忍不住去回忆自己最艰苦的日子。过去所经历的苦难，既是他们的精神财富，又是他们不愿意回首的梦魇。"

我把一本范加尔的授权传记拿给他看，他大致地翻了翻，然后皱着眉头对我说："这本传记写得挺令我失望的。我一直在寻找范加尔脆弱的地方，我也在等他暴露出自己的弱点。可是这本书却没关注这些，只是简单地写了点2002年韩日世界杯的事情。我很清楚那段时间发生的事，当时范加尔极度自信，因为他是荷兰足协费了很大的劲儿请回来的，结果他和球员们之间爆发了严重的冲突，荷兰国家队陷入了内耗之中。最后荷兰队连欧洲区的预选赛都没能出线，范加尔最终也引咎辞职，事后范加尔对外声称他应当更强硬一些。尽管他狠话没少放，但那时候应该是他最脆弱的时候。这本书洋洋洒洒写了一堆，可怜范加尔的弱点一丁点儿都没写。"

巴克尔起身进了厨房，回来的时候手里拿着一壶咖啡。他给我倒了一杯，并说道："谦逊待人是一种美德，这会让别人清楚你是多么优秀的一个人。以前别人尊敬我，我会以为是因为我很优秀，后来明白，别人尊敬我是因为别人很优秀，因为他们懂得尊重。我当初以为范加尔并不明白这个道理，那个时候我还挺生气的。"

"但是后来我发现，范加尔如此自大，近乎狂妄，可极度的自大背后隐藏着的是极度的自卑。他为了填补心中那巨大的自卑感，就不断地做出自大的举动。他是一个成功的人，可他不是一个完美的人，他介意外界的评价，无论有多少人称赞他，只要有一个人不认可他就会不舒服，就如同强迫症一样。他无视了赞誉，却任由诋毁在他心上戳了一个个窟窿，不把那些窟窿填上他是不会罢休的。我认为，无论范加尔取得了怎样的成就，只要不把心中自卑的心魔根除,他是不会有所改变的。"

我说:"幼年丧父对他造成的影响还是很大的。"

巴克尔同意我的说法,说道:"你说得没错,父母对于孩子的影响是别人无法相比的,直接影响到孩子的身心能否健全地发展。范加尔很可怜,他父亲去世的时候他才 11 岁。那个年龄段的孩子还在无忧无虑地成长,他们还可以无忧无虑地生活至少三四年,然后才会去试着了解生活。在每一个周末,他们会被父母带去看电影,手里还拿着父母买的冰激凌。而范加尔则感受不到那些温暖了,他需要立即接受这一现实,甚至要马上变得比他父母还要成熟,回想那时候的范加尔,他简直成熟得不像一个孩子……"

"他曾经说过,他和他母亲比较亲近……"我打断了巴克尔的发言。

"那是传记里面写到的吧?"巴克尔继续他的发言,"就像他在传记里面所说的,'我父亲去世之后,我不得不赶快长大,好让自己尽早能够撑起家里的重担'。这和他其他的表态没什么区别,无非就是他是如何做好准备或是怎样让自己尽快接受现实之类的话。可是他从没有说过他心里是怎么想的,对吧?你认为他会愿意去接受父亲早亡的现实吗?你认为他会愿意看到这一切吗?他从来没有说过有人鼓励过他,或是有人拍着他的肩膀告诉他'路易斯,干得不错,我爱你'之类的话吧?恐怕除了特鲁斯以外根本没有人会这样做吧?这样一来,他的家庭状况我们就一目了然了。他的童年几乎没有幸福可言,也正是如此,他渴望和每一个人和睦相处,然而由于他自身的沟通问题和某些媒体的别有用心,才使得他一直无法如愿。"

"那么怎样才能让范加尔放下心理包袱,完全地展现自己呢?"我问道。

"算了吧,我们的职业决定了范加尔会一直对我们心存芥蒂。"巴克尔说道,"这一点我十分肯定。我最近遇到了一位熟人,也是一位记者,他刚采访完范加尔。他告诉我他在采访开始之前和范加尔聊了一会儿,看起来他们俩聊得很投机。可当采访开始之后,镜头前的范加尔就像换了一个人似的,顾左右而言他。在采访结束后,范加尔自己也说,他对镜头似乎有点儿打怵,只要有镜头，就感觉思维不受自己掌控一样。"

"难道他害怕镜头？"我问道。

"他只是有点儿偏执狂而已，看见了镜头就感觉四周都是监视器，感觉身边布满了别人的眼线，感觉自己被严密地监视起来了一样。可以看得出来，范加尔几乎要被记者逼疯了，他有些紧张，也许媒体针对范加尔针对得有些过分了。每一次召开新闻发布会，范加尔都在暗示自己，不要和对方吵架，不要和对方吵架……可越这么想，越会起负面作用，记者也是哪壶不开提哪壶，最后一言不合，双方吵起来了。"

巴克尔又拿希丁克同范加尔做起了对比。"希丁克和范加尔则不同，每次新闻发布会，他都会轻松应对，这主要在于他自己总会保持一种轻松的心态。不管什么时候，希丁克总是泰然自若，哪怕成绩不好的时候。这么多年来我只见过希丁克发过一次火，那还是在 1996 年的英格兰欧洲杯上，当时埃德加·戴维斯（Edgar Davids）当着全体队员的面骂了希丁克，气得面红耳赤的希丁克不由分说地把戴维斯赶回了荷兰。但我们都知道，希丁克的做法没毛病，我要是希丁克我也会那么做。范加尔则不一样了，他有时候做的事情会让你完全搞不懂他在想什么，我们完全不知道他做一件事情的目的是什么，意义何在。他是荷兰历任主教练里面最不按套路出牌的一位，不过我敢保证，他自己也不知道他在做什么。"

"他自己都不知道他在做什么？"我问道。

"我很肯定这一点。"巴克尔说道，"他的这种行为在心理学领域被称为'非理性主义倾向'，也叫'夸张性对立倾向'，是由弗洛伊德提出的。具体的解释一下，就是指他会把潜意识看得比意识重要，范加尔在潜意识中对别人有一种警戒的态度，当他遇见陌生人的时候，他会尝试在短时间内判断出一个人的意图或者目的，如果无法做出判断，他对那个人的警戒级别会一步一步地提高，最终他就会下意识地做出反应。"

"由此来看，他需要尽快地消除掉这些负面的潜意识？"我问道。

四十八　探寻范加尔（12）

"越快越好，现在他心中所存在的这种消极思想是一颗定时炸弹，你不清楚它什么时候会爆炸，与其等着这种消极思想慢慢地摧毁范加尔仅存的一丝理智，倒不如尽快地让他去除这块心病。我之前曾经说过，我认为范加尔是渴望融入他人的圈子当中去的，他一直努力让自己和别人友好相处，只是潜意识在不断地起着负面作用。"

巴克尔的一番话让我有些心慌，我虽然不怎么喜欢范加尔，可我和他也没到水火不容的地步。如今他的心里竟埋藏着这么一个隐患，我还真有些为他担心。

巴克尔继续说道："范加尔最需要的是同情和安慰，不是指责与诘问。如果现在能有人站在他那一边为他加油助威的话实在是再好不过了。不过任何问题的解决还要依靠自身。如果我是他的心理主治医师，我会对他说："路易斯，和我聊聊天吧，一个小时就够了，忘记足球，忘记范佩西，忘记一切，和我说一说那些你不擅长的事情。你不擅长什么就和我谈什么，因为是你最熟悉的足球带给了你最多的伤害，告诉我你的缺点，告诉我你的弱点。我们不会取笑你，整个荷兰都会拥抱你，上帝会怜悯你，费尔南达也会亲吻你，因为你不是一个人，你是所有荷兰人的财富。"

我问巴克尔："你认为有谁是范加尔完全信任的吗？"

巴克尔摇摇头："不，他生性多疑，这一点其实并不难理解。我见过来自世界各国的人，和他们多少打过一些交道。每个人都和我抱怨别人对他们的欺骗行为，都说他们生活的国家充满了欺骗，都抱怨说现在想完全信任一个人是很难的一件事。这个世界上，疑心不重的人毕竟还是少数。现在他信任的恐怕只有特鲁斯了，他每天巴不得早点儿下班回去和特鲁斯小酌几杯，只有特鲁斯能抚慰他心灵上的创伤。"

"你认为他是怎样看待自己的情感问题的？"

"我认为他很容易被人激怒，也很容易被人惊吓到。他的睡眠质量很差，别人蹑手蹑脚地从他身边经过他都会猛地醒过来。这不是因为他休息不好，而是因为在睡梦中缺少一种安全感。当年他的妻子费尔南达因胰腺癌去世之后，他变得如同惊弓之鸟一样，开始畏惧死亡。当初，我们为了不让他太悲伤，总是避免提及有关费尔南达的事情。现在看来这不是一件好事，因为他似乎还没有从费尔南达去世的阴影中走出。看起来冷酷无情的范加尔竟然也有如此重情义的一面，这是理所应当的，毕竟他也是人，他也有血，也有肉，也有感情。"

"你说得很对。"我附和道。

"很明显，他有他自己的情绪，"巴克尔继续说道，"每一个人都有爱与被爱的权利，每一个人也都可以展现出自己脆弱的一面以寻求其他人的怜悯与同情。但是范加尔是一个例外，他会让自己看起来无比坚强，他不会让别人看见他流眼泪的。"

"你认为范加尔是否有很重的自卑感？"

"如果你问范加尔本人对于自己的执教水平有何看法，他可能会给自己打上 100 分，尽管可能他并不是所有足球教练里面最优秀的人。我认为，范加尔的自卑感没有体现在工作上，而是体现在他的情感生活上。他之所以会感到自卑，是因为他的情感生活是不完整的，他至今仍会感到对费尔南达心中有愧，他会认为自己不是一个好丈夫，他欠了费尔南达太多。这才是他自卑的根源所在。"巴克尔回答道。

亲爱的读者朋友们，读到这里是不是觉得有些枯燥乏味了？千万别走开，因为废话没剩多少了。范加尔是不是真的快要疯了？如果他疯了会是怎样一个局面？那些媒体对于范加尔究竟造成了怎样的精神污染？范加尔除了在潜意识中有隐患以外，是不是还有其他类似于抑郁症、躁狂症等精神疾病？请休息休息，慢慢往下看。

"既然如此，那他为什么不在公开场合表达对费尔南达的思念之情呢？"

四十八　探寻范加尔（12）

我问道。

"雨果，我告诉过你，他不会在外界面前暴露出自己的脆弱的。"巴克尔回答道，"爱是人们与生俱来的情感，不需要人教便能学会。在你刚出生的时候，你甚至不知道爸爸、妈妈怎么拼写，但在他们的怀中你就会感觉到温暖。长大后，你会遇见一个你喜欢的女孩子，你会迫不及待地和她组成家庭，你会有你的孩子……这是常人再普通不过的情感历程了，但这却是范加尔的奢望，我认为范加尔比大多数人都渴望爱，他的父亲去世了，没有人能代替得了他父亲；费尔南达去世了，特鲁斯代替不了费尔南达。范加尔有一个能让他感觉到安全的地方，那就是家。范加尔总是强调团队的力量，其实他是想向外界暗示家庭的力量对他来说有多么重要，他一直在暗示自己的情感，只不过没有人能够意识到罢了。"

我又拿出那本范加尔的传记，并指给巴克尔看："你看，在他的个人传记当中，提到他父亲的部分寥寥无几。他还对这本传记的作者说过：'大多数男孩跟父亲的关系都很亲密，但我是一个例外。'"

巴克尔说："在我看来这有些可疑。不管我们问的问题有没有提及，他总是在强调这一点，与其说是在强调，倒不如说他在隐藏什么和他父亲有关的事情。这样的话我们不妨把思路逆转过来想一想，就会得到你想要的答案。"

我按照巴克尔说的去做了，一个问题出现在了我的脑海里。

"范加尔对他父亲有什么非反抗不可的理由吗？"

巴克尔回答道："对于任何一个人而言，青春期都是非常重要的一个阶段，它离不了父母的教育与指导。不幸的是，范加尔的青春期是不完整的，在他父亲去世之后，本应被父母教诲填满的地方却是一片空白。克鲁伊夫也是一样，他很小的时候就失去了父亲。我个人认为范加尔一直在思考这方面的问题，渐渐地，一个思想充斥了他的脑海，那就是'我不需要父亲也可以过得很好，我可以没有他'。我认为这是他所隐藏的东西。"

这个回答可着实令我大跌眼镜。

巴克尔继续说道："这种情况在那些和范加尔类似的少年身上是很常见的。他们的内心深处也是渴望父爱的。在孩子们的眼中，爸爸拥有老到的经验，拥有睿智的思想，也最懂得他们的心，在他们的心目中，爸爸是世界上最伟大的人。等他们成长为青少年的时候，对于父亲的认识又会发生改变，这个时候的青少年们认为自己有了和父母掰手腕的能力，就会产生抵触情绪，而当被抵触的一方不存在的时候，他们就会想成为自己命运的主人。当然，这只是一种心理上的满足感，真的遇上什么重大的挫折的话，他们还是不知道如何应对。就拿范加尔来说吧，他带领阿贾克斯拿到了欧洲冠军联赛冠军和丰田杯冠军，在他真的以为自己无所不能的时候，2001年的世界杯预选赛就给了他当头一棒，那一次失败给范加尔的打击就很大，他也开始重新审视起自己来，他没有自己想象中的那么坚强，像他父亲一样。"

巴克尔所指的是2001年荷兰队参加韩日世界杯欧洲区预选赛的事情。当时荷兰队兵强马壮，而范加尔也踌躇满志。可随后球队就陷入到了无休止的内耗之中，国家队的球员们各自为战，在预选赛中也形同梦游，最终被淘汰出局，无缘韩日世界杯。

欧洲老牌劲旅竟然被淘汰出局无缘世界杯，这一残酷现实让荷兰国内的民众无法接受，媒体对范加尔展开口诛笔伐，他们用"史诗级的大溃败"来形容荷兰队的表现，愤怒的民众高喊着"范加尔下课"的口号，在阿姆斯特丹的街头游行示威。在荷兰足协召开的新闻发布会上，范加尔低着头坐在那里，一言不发，任由记者愤怒地质疑着，他身边坐着荷兰足协主席，主席汉克·凯斯勒一直在焦头烂额地应付着记者的提问。他对于荷兰国家队的队员也是失望透顶。

当时荷兰国家队的心理咨询师正是巴克尔，回忆起当初的事情，巴克尔对我说："那时候不光范加尔，所有与范加尔有关的人都被拉出来兴师问罪。媒体也好，记者也好，都把焦点放在了球场以外的事情上了。在预选赛出局之后，荷兰国家队和丹麦国家队进行了一场友谊赛，可球员们的心思根本不在比赛上，比赛前一夜他们竟然在哥本哈根的一家酒店集体观看脱衣舞表演，克鲁伊维特（Patrick Kluivert）、戴维斯、弗兰克·德波尔等都去看了。媒体还不知道从哪弄到了克鲁伊维特的小黑本，上面密密麻麻地写满了召妓电话，克鲁伊维特的心思根本没在球场上，也许第二天踢球时他还在想前一天晚上和丹麦艳星基拉·艾格斯（Kira Eggers）的鱼水之欢吧。球场上的他就像一只软脚虾。克鲁伊维特辜负了范加尔的期待，枉费范加尔对他的一番苦心，他几乎把克鲁伊维特当成自己的亲儿子一样看待。我当时特意看了一眼范加尔，他的眼泪在眼眶中直打转，我不知道他费了怎样的力气才没有让眼泪流出来。他的眼神是那样的深邃，像一个痛恨自己儿子不成器的父亲……不，是一群儿子才对，国家队队员都是一群不成器的东西。范加尔还对记者们伤心地说：'球队在哥本哈根的表现令我失望透顶，我对同丹麦比赛的战术部署，根本就没有得到球员的贯彻。'"

"他对于克鲁伊维特倾注了太多的情感，几乎真的把克鲁伊维特当成了自己的儿子，可惜克鲁伊维特并没有把他当成父亲一样看待，真是坑爹啊。"我说道。

"这也难怪，那时候的克鲁伊维特还年轻，精力旺盛。他是很难招架住基拉·艾格斯的诱惑的，他几乎想死在基拉·艾格斯的身上。范加尔和性感的基拉相比，不过是个教他踢球的老头儿罢了。"巴克尔说道。

"你认为克鲁伊维特没错吗？"我问道。

"年轻人的性欲都很旺盛，想让他们自己抑制住，就如同指望猫狗不发情一样不现实。这个道理你不可能不明白，当然希丁克也明白，所以他才会对那些在停车场或是高速公路休息区和妓女们厮混的球员们睁一只眼闭一只眼。可范加尔才不管这一套，他几乎希望他的球员们没有性生活。"

我和巴克尔又开始讨论起范加尔的心理状况来。我问道："看样子范加尔的这些心理疾病已经出现很久了是吧？"

巴克尔点了点头："没错，已经可以算得上是顽疾了。"

"看样子，想治好他的心理疾病，需要好好地对他进行一次会诊，再叫上其他医生来出出主意……"

"没那个必要。"巴克打断了我的话。

"没必要？"我有些疑问。

"他对于心理医生本来就抱有抵触的态度，如果他本人有咨询心理医生的意愿，他就早去看了。我说过，他是一个疑心很重的人，对任何人都抱有戒备的心理。他的心理疾病是小事，用不着大费周章地去找一个医疗团队来对他进行会诊，我自己一个人几分钟就可以把他搞定，可前提是范加尔不会相信我所说的话。他若是把我当朋友的话还好办，如果他拿出一副偏执狂的态度来，那就别指望了。范加尔总是认为心理医生是一群只会耍小把戏的江湖骗子。他还曾在记者面前说：'我手下那群心理医生只会纸上谈兵，他们对于足球一无所知。'这不是废话吗？如果范加尔能意识到我们从事的是风马牛不相及的两个职业，我们是不同领域的专家，他和我没有可比性，他不比我强我也不比他差，那样的话我才能对他进行治疗。"

我笑着说："看来你还是不习惯他的作风。他牢骚满腹不假，可是那是因为他会有一些不情愿，等他那股小情绪发泄完了之后，不管多么不情愿，他都会配合你进行治疗的。"

巴克尔摇摇头："那可不是情绪在作祟。范加尔配合别人的前提是别人肯按照他的意愿来行事，如果你按照他说的那样去做，我敢保证他会很开心，对你的态度将非常友好，他甚至会主动讲笑话给你听。荷兰《自由报》著名记者科恩·沃尔布拉克（Coen Verbraak）在采访范加尔的时候并不会强加自己的意愿给范加尔，而是先征求范加尔的意见，按照范加尔的意愿来提问，这种采访方式令范加尔很舒服。结果沃尔布拉克在那次采访中收获颇丰，他与范加尔也成了好朋友。其实通过这件事你也应该会明白，为什么你同范加尔的关系会闹得那么僵，虽然你们曾经是朋友，但是在有些时候，你并没有给予他足够的尊重。"

四十八　探寻范加尔（12）

"怎么又扯到我身上了？"

"你是一个很强势的人，雨果。你有自己的主见，在足球方面，你也绝不仅仅是一个球迷那样简单，你自认为很懂足球而且看样子的确如此。每当你与别人讨论起足球的时候，你就会变得咄咄逼人，你认为这样会让别人觉得你是这一领域的专家。你拿这种心态应付球迷还说得过去，范加尔不会吃你这一套的。不管你平时为人怎么样，一谈到足球你就像要吃了对方一样，可是你选错了对手，范加尔是一个对别人戒备心很强的人，不巧的是，足球也是他擅长的领域——确切地说他就指着这一行吃饭呢。你的种种表现让范加尔认为你是在挑衅他，既然如此，他只能对你报以敌视的态度了。"巴克尔说道。

"所以他之所以对我有些敌视，是因为他觉得我在挑战他的权威？"

"正是。他虽然敌视你，但是他不会冲过来把你暴打一顿，他只是对你抱有一个警戒的态度。"

我对此有些不服气："他觉得我对他不尊重，真是岂有此理，还是应该怪他太傲慢了才对吧？无论什么时候我去采访他，都会感到他对我透露出一丝不屑之情，仿佛在说：'你只不过是个小记者而已。'而当我问他战术上的问题时，那种不屑之情就更加明显，你几乎都能感受到那种嘲讽的神情。我不喜欢傲慢，傲慢会让人迷失自我。我认为比我厉害的记者大有人在，我张嘴就能叫出来一堆比我强的记者的名字，范加尔可以吗？"

巴克尔说："不是可不可以，而是根本不会有这种情况的出现，范加尔才不会承认有人比他更出色。'老子天下第一，老子是这世界上最牛的教练！'范加尔怎么想的你还不清楚？"

我哈哈大笑："没错，赫内斯都拿他没办法，他说范加尔有一股谜一样的自信，感觉就像他是上帝的老爸一样。"

巴克尔也笑了："你还记得那个有关于足球运动员的笑话吗？罗纳尔多对球员们说：'我是上帝派来的，他让我教你们怎么踢球。'梅西站起来说：'奇怪了，这世界上已经有我了，上帝还派你来干吗啊。'克鲁伊夫站起来说：'奇怪了，我记得上帝明明让我来做这件事的啊。'范加尔站起来说：'奇怪了，我啥时候派你来了？'"

我们两个笑了好一会儿，又把话题唠了回来。

我说："说真的，刚才你说我对范加尔缺少尊重，我感觉多少有一些，但是这不是范加尔对我傲慢的理由吧？"

巴克尔说："我刚才说过，傲慢是对别人的一种防范。你以为范加尔的傲慢对你来说是一种攻击，可是攻击也分侵略性和防备性两种类型。人之所以会攻击他人，是因为他感觉自己受到了威胁，想保护自己，多数人都会在受到威胁时选择先发制人。没有恐惧与威胁，就没有任何攻击性的行为出现。所以接受你采访时看似傲慢的范加尔，其实正处在惊吓之中。"

"他有什么好恐惧的呢？"我问道。

"很简单，他恐惧失败。足球陪了他大半辈子，我想每当夜深人静的时候，他也会被一个问题困扰得睡不着：'我有我想象的那么优秀吗？'当然，他的球员时代实在是乏善可陈，他在阿贾克斯的经历算不上成功，在鹿特丹斯巴达踢得倒是挺不错。可在教练圈子里面，比他更优秀的教练真心没有多少，他在教练生涯中取得的一系列成功让他的自信心不断地增长。而他在阿贾克斯取得的成功使他的内心开始膨胀，他开始认为自己是世界上最伟大的教练。可随后在巴塞罗那，他发现尽管他带领球队获得了不少荣誉，可并不能完全地融入这支球队，因为这支球队已经被克鲁伊夫打下了烙印，他的性格又导致他和管理层，还有球员们交恶，最终只能黯然离开；接手荷兰国家队后，他又遭受到一系列失败，这不由得让他对自己的能力产生怀疑，他显然没有足够的心理准备去接受如此的大起大落，只得再一次灰头土脸地离开；等他再一次回到了巴塞罗那的时候，他发现他对这支队伍已经完全不熟悉了，球迷不喜欢他，媒体不喜欢他，球员也不喜欢他，他绝望地发现不管走到哪里，都无法走出克鲁伊夫的阴影。恐惧与梦魇就在那一瞬间吞噬了他，他的脆弱的自信心从此荡然无存……"

四十八　探寻范加尔（12）

"是克鲁伊夫造就了这一切？"

"克鲁伊夫是独一无二的，荷兰足坛因他而熠熠生辉。和范加尔不同的是，克鲁伊夫的成功都是在他球员时代取得的，克鲁伊夫作为球员在球场上大放异彩的时候，有几个人知道范加尔是谁？范加尔是一名优秀的足球教练，不过和克鲁伊夫相比他还称不上伟大二字，这是毋庸置疑的。如果你问一个人范加尔和克鲁伊夫谁更伟大，绝大多数人会告诉你，克鲁伊夫更伟大。这样一来，范加尔就有些不舒服了，他不会甘心屈居于别人之下，他开始不断地向克鲁伊夫发起挑战，结果你也知道了，范加尔连连受挫。有的时候麻烦真是人自找的，一辈子总想着和别人比较，这样活着该有多可悲。"

我说："这样来看，范加尔活得很痛苦啊……"

巴克尔说："范加尔的生活方式就是工作、工作、工作，不断地工作，不断地忙碌，这对他来说是一种解脱。他一旦忙碌起来，就会忘记自己的种种软弱。我们看他站在场边指挥比赛，他手舞足蹈、高声咆哮、嬉笑怒骂、逍遥快活，像极了一个摇滚明星。要说他生活得很痛苦，这话说出去谁敢信？某些方面来看，范加尔的确如同上帝一样，在别人的眼中活得很潇洒，可背后的辛苦与孤独只有自己知道。"

我有些同情地说："的确，范加尔不是那种敢抛弃一切去做自己的人。"

"话虽如此，不过他正在很努力地成为那种成功的人，那种受公众关注的人，他还是没有屈服于命运。"

聊到这里，我本来还有些问题想请教巴克尔，这时候餐厅的门打开了，巴克尔的太太把头探了进来，尖声嚷嚷道："布拉姆！你是不是忘了去学校接孩子了？"

"哎哟！"巴克尔一拍大腿，下意识地看了一眼手表，紧接着猛地起身冲到了客厅，穿上大衣，戴上帽子，准备立即赶到他们家附近的一所学校去接孩子，看样子他已经晚了。

巴克尔回头冲我嚷嚷道:"下次吧,有什么问题你先想好了,咱们两个以后再聊,我必须走了。"

我急忙说:"就一两个了,其实你回答一下这个问题就好,你认为范加尔是个疯子吗?"

我抬起头再看过去,门已经"砰"的一声关上了。

四十九　哦，路易斯（16）

1. 阿斯伯格综合征

有一天，我在完成采访任务后回到家，我老婆皱着眉头看了会儿我的采访记录后，蹦出来一句话："你觉得范加尔有自闭症吗？"

我老婆说出这番话我一点儿也不吃惊。其实不光足球运动员，这世界上的绝大多数人都或多或少存在着一些心理疾病，就像心理医生所说的那样，人人皆有病。曾经有人怀疑过范加尔是不是有什么心理疾病，但是没有引起多大的注意，也许公众们对于自己的心病尚不知道该怎么处理，哪有工夫去管别人呢？

我老婆非常清楚自闭症患者都有哪些特征，毕竟她已经和1.5个自闭症患者生活了许多年。我在前文中提到过，我的儿子患有未分类广泛性发展障碍，那是自闭症的一种。而就当得知这个消息以后，我这个当父亲的也变得有些自闭起来了。为了能够尽快地治好我儿子的病，我阅读了不少这方面的书籍，我估计再读一些的话我都可以当心理医生了。

有的时候，我会陷入深深的沉思之中，总会去想一些无关紧要的琐事，而且有强迫自己去想这些事情的倾向，我希望自己可以回忆起一些我和儿子在一起时的事情，可当我完全回忆起来的时候，一股无力感迅速地占据了我的身体，悲伤一遍又一遍地冲击着我的脑海，我的情绪变得不稳定起来。幸好好几次我都及时控制住了自己，否则这样下去过不了多久，我也会成为一个彻头彻尾的自闭症患者。

回想起我老婆说的话，倘若她说的是对的呢？倘若范加尔真的有自闭症呢？

自闭症也分很多种，最为常见的有两种，一种是未分类广泛性发展障碍，又称 PDD-NOS，通常伴随着智力低下作为并发症一同出现；另外一种叫阿斯伯格综合征。我不知道范加尔有没有阿斯伯格综合征，反正他肯定不会患上 PDD-NOS，毕竟他不是智障。

万一范加尔患的是阿斯伯格综合征呢？我立即登录了一个关于阿斯伯格综合征的交流网站，网站上有关于这一症状的具体描述，我一字一句地读了起来。"阿斯伯格综合征患者比常人更加多愁善感，但是缺乏合理排解自己情感的渠道；同时，该病患者大多数愿意与人交往，但是缺乏交往技巧，难以与他人和社会维持良好的人际关系，难以发展友谊。行为模式刻板，兴趣爱好单一且特殊。"

"嗯……"

接着往下读，我不由得倒吸了一口凉气："该病患者情绪极易激动、紧张，易产生焦虑、重度抑郁、注意力不集中等情绪，严重者会产生多疑、易怒、急躁等过激情绪，最严重者会变得具有侵略性，极易仇视他人并做出过激举动。"

全中！看样子范加尔是得了这种病没跑了。这本应是一个巨大的发现，但我却一点儿也高兴不起来，因为我又一次想起了我的儿子，再想一想可怜的老路易斯，这个世界上自闭症的患者何其多，怎么你就成了他们中的一员了呢？

当然，这只是我的猜测而已。因为正常情况下，无论是阿斯伯格综合征也好，还是其他类型的自闭症也好，发病人群主要集中在儿童身上。范加尔若是真的患上了这病，那可真算是医学界的大发现了。

作为一个自闭症领域的非著名权威专家，我觉得范加尔和这病多少还是有点儿关系的。路易斯要是知道我怀疑他有自闭症，也许会骂我："你才有病呢！"可如果他知道我在网上查到的那些资料的话，也许他就会感谢我了，因为根据我所查询到的资料，历史上许多的伟人都多少患有点儿自闭症，比如阿尔伯特·爱因斯坦、艾萨克·牛顿、拿破仑·波拿巴、乔治·华盛顿、亚伯拉罕·林肯、杜鲁门总统、叶卡捷琳娜大帝、埃及艳后、彼得大帝、莱昂纳多·达芬奇、文森特·梵高、路德维希·贝多芬、猫王、苏格拉底（希腊哲学家，而非巴西球员）、比尔·盖茨、弗吉尼亚·伍尔芙、威廉·莎士比亚、歌德……看样子这病，没什么名气的人还得不了呢。当然这只是一句玩笑话，而且我也不知道看到这些名字的路易斯会不会感到有一些安慰。可如果路易斯真的患上了自闭症的话，那就要自求多福了，治愈自己心病最好的医生就是自己。

有的时候我会想，如果我是范加尔的话，我会怎么处理一件事情。因为范加尔的所作所为是常人无法理解的，一般人干不出来他做的那些事情。他有一颗勤于思考的心，渴望学习，渴望知识。有的时候我真想把他的大脑剖开看看里面长什么样，是怎样工作的。不过范加尔本人认为自己和普通人没什么不一样，他常常在采访中说："我和其他人没什么两样"。这让我有些好笑，真要是和其他人没什么两样的话，那为什么他总被别人当成疯子？也许是因为自闭症患者对于自己形象的认知存在一些问题吧。

总而言之，我弄不清楚范加尔到底有没有自闭症。如果他要有自闭症的话，那他将会是荷兰现存的最著名的自闭症患者，反正荷兰人总被别人当成神经病，再多一个也无所谓。正应了荷兰的那句老话："世界上没有疯子，只有天才。而天才总是无法被人理解的。"

2. 酒　话

我和我的好哥们儿莱奥·维赫尔坐在一间啤酒屋里，我们两个都没少喝。莱奥的手里举着一大杯啤酒，他的身体有些不稳，眼神都变得迷离了，看样子他是真的喝高了。

"喂，莱奥！"我满嘴胡话，对他说道，"我竟然三次做梦梦见了范加尔，你敢信不？我走在街上，总会发现长得和他很像的人，有的鼻子很像，有的嘴很像，但是他们都不是他，他是独一无二的。还有一次我在一次拍卖展览上看到了一座石膏像，那鼻子简直和范加尔是一个妈生的……呸，我的意思是鼻子很像范加尔，我还拍了照片，你看。"

我都不知道我在说什么。

"你拍那玩意干啥啊？好看啊还是咋的？"莱奥举起酒杯喝了一大口，啤酒从嘴角漏了出来，酒杯也没拿稳，差点儿溅我一身。

我问莱奥："你猜猜，你和范加尔，你们俩我最烦和谁喝酒？"

"范加尔呗。"莱奥回答道。

"你俩都是一路货色。"我骂道，"你喝点儿酒就开始装诗人，满嘴跑火车。范加尔呢，喝多以后睡得跟头死猪似的。2009年的时候，我和他参加了一次酒会，结果他喝多了，睡得一塌糊涂。人们还说他喝多了以后很安静，我都纳闷那种场合他怎么可能喝多。"

"良辰美景啊，让我徜徉在你的怀抱当中，伴着美酒一路高歌，和你在一起并不觉得快乐，等到酒醒的时分，才明白那样的时日早已无多……"

莱奥那个浑球，根本没听我说话，他又喝多了。

五十　哦，雨果（2）

法斯宾德

我又来找我的心理医生了，和他聊起了天。

"你看没看过一部电影，名叫《我只希望你们爱我》（*I Only Want You to Love Me*），法斯宾德（Rainer Werner Fassbinder）拍的。"心理医生问我。

"没有，从来没看过。"我回答道。

"这部电影不错，标题很吸引人。我大致给你讲一讲吧。一个很孝顺父母的儿子，为父母做了很多事情，为父母盖房子之类，等等。他做这些的目的只是想听父母说一句我爱你而已，后面的我就不说了，我觉得这电影的主人公和你很像，我不知道你会不会同意，你可能会说了：'这些都是你随便说的吧？'当然，我是认真的。你一直在想：'我父亲会一直爱我吗？那是因为我在他眼中还小的缘故吧？是因为我总祈求他的缘故吧？可万一我要是和他作对，他还会爱我吗？'所以你有时候会和你父亲作对，可你发现他仍然爱你。我想当你发现这一点时，感觉一定很美妙。"

我没有说话，示意他接着说。

"看，你对于某些事情看似无所谓，其实还是有所期待的，比如这本书。一方面，你会对有关于范加尔的这本书的前景如何感到疑惑，你会想：'人们会喜欢这本书吗？它会成为畅销书吗？'有这种疑惑很正常，也可以理解，因为它代表了你对未来的一种期望。但是,你在考虑完这些事情以后,就会去想范加尔看到这本书以后会怎么想,他会高兴还是怎么的,这时候你思考的就不是你的书的问题,而是范加尔将怎么回应你的问题。你写这本书的意义不是想挣钱,只是想让范加尔多少回应你一下而已。可他要是对你这本书无动于衷的话,那你恐怕就要失望了。

"那好吧,真要是如你所说的话。我把书送给特鲁斯好了,或送给范加尔身边的人。让他们告诉我他们是如何评价这本书的。"我说道。

"这不是你的真实想法,你想让范加尔读这本书。"医生说道。

我有些语塞:"呃,我不清楚,也许……大概……好吧,我当然希望他能读这本书!但天知道他会不会读,就算读了,他会不会回应我,我也不敢肯定。他一天日理万机,哪有时间读一本敌人写的书呢?"

"但是你还是希望他读这本书,对吧?你还希望他能够夸奖你。"医生说道。

"算了,我还不如指望让更多读者去读这本书才好,至于范加尔,他爱怎样就怎样。他喜欢的话更好,反正我要在这本书里面把他那些小故事全部抖搂出来,好好发一笔横财。"我说道。

真是奇怪,我竟然咬牙切齿地说出了这番话,就像谈论我的一个死对头一样,字里行间充满了恨意。什么时候我变得和范加尔一样了?

五十一　哦，路易斯（17）

1. 假　牙

在一个星期三的下午，闲来无事的我来到了鹿特丹斯巴达的训练场。我看见了哈立德·西努赫（Khalid Sinouh），便向他招手。西努赫现在为斯巴达队效力，而在 7 年前，他效力于阿尔克马尔，当时是范加尔的手下。

在一场比赛后，范加尔拒绝和他握手，而场边的记者用相机记录下了这一瞬间，我还看到过那张照片，当时西努赫的脸上写满了尴尬。多年以后，我终于有机会问一问他的感受了。

那场比赛发生在 2006 年 11 月 29 日，阿尔克马尔在主场对阵捷克的利贝雷茨，那场比赛事关阿尔克马尔能否晋级欧联杯淘汰赛阶段，比赛的最终比分为 2 : 2，阿尔克马尔被对手逼平，跌跌撞撞地进了淘汰赛。

在比赛结束之后，西努赫跑到范加尔身边，伸出手想和范加尔握手庆祝，结果范加尔愤怒地看了他一眼，冲他嚷嚷了半天，没有和他握手。

我说："当时他和你说了什么？"

西努赫回答："他说'咱们可没赢！'"

我说："那又怎样？"

西努赫苦笑着说："没赢球的话他不会和球员握手的，只有赢球了他才会握，而且会攥着你的手摇个不停。"

我说:"可是明明你们已经晋级了啊,为啥他还这么生气呢?"

西努赫说:"可能只有范加尔才会在球队晋级了以后还生气吧,他对于胜利的渴望无人能比。虽然他骂过我,可他还是我遇到过的最好的教练,和他在一起永远不会觉得无聊。"

我很不理解:"可是他明明骂了你啊,还骂得那么难听,你竟然还替他说话?"

西努赫说:"他其实很温柔的,只是有点儿人格分裂而已。他对待训练很严格,如果他认为有球员在训练中偷懒了,就会大发雷霆,他的声音听起来就像鱼缸里的小黄鸭子一样。有一次,他认为我在训练中偷懒,冲我大吼大叫,什么难听的话他都骂了出来,还骂我是门前的十字架、没长腿的门将,等等,这就够难听的了;第二次的时候他又大发雷霆,他嘴张得很大,你几乎都能看见他的喉咙,结果他的假牙都喷出来了。他立即把假牙塞了进去,继续大声地骂着我,可我根本没法生气,我都快笑死了,只不过在他面前强忍着才没笑出声来。"

2. 言论自由

"真是够了。"我对我的好哥们儿莱奥·维赫尔说道,"范加尔的大嘴巴真是一天也不消停,他可真是生命不息,得罪人不止啊。"

莱奥看着我,也无可奈何地咧着嘴笑了。

那还是在2006年,当时范加尔执教阿尔克马尔。在一场同格罗宁根的联赛结束之后,范加尔接受了《体育周刊》杂志的采访。在这次采访中,范加尔畅所欲言……不,应该说是胡说八道。他把格罗宁根的主帅隆·扬斯(Ron Jans)贬得一文不值,说莱奥·本哈克是欺世盗名之徒,还批评了一番时任荷兰国家队主帅范巴斯滕,这次采访也在球迷当中引起了巨大的反响。

五十一 哦，路易斯（17）

在采访中，当记者问到，他对范巴斯滕有怎样的看法时，范加尔说："许多人都说范巴斯滕是一个出色的教练，可我不这样认为。范巴斯滕的球队目前还没有发挥出他们应有的水平，他们虽然有很大的上升空间，但是目前却仍未能突破瓶颈。入范巴斯滕法眼的都是一群什么样的球员啊，我真是搞不清楚他在选拔球员这块儿是怎么做的。"随后范加尔还对荷兰队在世界杯上的糟糕战绩幸灾乐祸了一番："虽然被葡萄牙淘汰了，可如果这能让范巴斯滕和他的球队有所成长的话，那这还算是一件好事呢。塞翁失马，焉知非福。"

莱奥又看了一遍那篇报道，对我说："范加尔没有全盘否认范巴斯滕，看样子他对范巴斯滕还是有所期待的。"

其实我也是这么想的，可问题是范巴斯滕不这样想，他觉得范加尔的幸灾乐祸实在是差劲透顶，他对记者说："我用不着一个糟糕的教练来告诉我怎么做。是的，我的荷兰队是在八分之一决赛就被淘汰了。但是可别忘了，2002年的荷兰队可是连世界杯都没进去，那时候的主教练是谁来着？"

范加尔的发言在荷兰足坛引起了众怒，后来他不得不向范巴斯滕道歉。但这并不代表范加尔会停止对别人的批评。没过多久，范加尔又开始对别的教练开炮了：谈到罗纳德·科曼，他说"我早都忘了这人是谁了，咱们聊一聊那些值得咱们讨论的人吧"；谈到里杰卡尔德，他说"里杰卡尔德是个寡廉鲜耻的小丑"；他甚至又把范巴斯滕狠狠地羞辱了一番……就这样，范加尔几乎把荷兰所有的教练得罪了个遍。后来，甚至范加尔自己一手创办的荷兰足球职业教练协会也倒戈了，协会内的所有成员（除范加尔以外）集体对范加尔进行了谴责，而他自己俱乐部的主席和官员也要求他对他的言论做出解释，这下没有人站在范加尔的这一边了。

要求范加尔道歉的提议是希丁克提出的，他本来也不怎么喜欢范加尔。至于本次事件的"受害者"莱奥·本哈克则什么也没说，就当没听到范加尔所说的话一样。其实范加尔说的话从来都是说说而已，只能说这群教练员们太当回事了。范加尔就因为自己的那张破嘴，把自己弄得像要同整个世界宣战一样。

后来范加尔在荷兰足球职业教练协会的内部会议上要求撤销对他的谴责，否则他就放弃自己的会员资格，可协会的成员们没有理会他的要求。范加尔说到做到，退出了教练协会，在临走的时候，他当着所有教练的面留下了这样一段话：

我不会闭嘴的，我想说什么就说什么，言论自由是我们与生俱来的权利，言论自由万岁！我不会向你们屈服的，无论什么时候再见到本哈克，我都不会正眼看他，也别指望我对他露出一丁点儿笑容！

回想起这些，莱奥笑着对我说道："没想到，挑拨离间这口黑锅，他竟然主动替我们背了。"

我猛地抽了一口烟，大声喊道："对啊，范加尔说得多好，言论自由万岁！"

当然我很清楚，范加尔替媒体背了这口黑锅，可我俩也因为这件事闹掰了，仔细想想，我觉得有点儿得不偿失。

3. 谁才是传奇

好吧，范加尔的谜之自信几乎众所周知。然而，在同几位心理医生聊过天以后我才明白，这股谜之自信的背后却是强烈的自卑，他和我说过，他是一个缺乏安全感的人。我想，让自己看起来很自信也许会让他觉得更有安全感一些，也许在这一方面，我和他差不多。

在伊布拉希莫维奇的自传《我，兹拉坦》当中，他写了许多质疑范加尔的话，他还在书中写到有一次，范加尔在训练中批评他，说他在防守中不够努力，让他多回撤参与防守，这令伊布拉希莫维奇有些恼火。

伊布拉希莫维奇没惯着范加尔，直接对他进行了回击："范巴斯滕说过，9号位上的球员应当把体能留在进攻上，这样才能够保证在关键的时候可以给对手致命一击；然后你又让我多参与回防。那么问题来了……"

伊布拉希莫维奇把嗓门提高了一些,说道:"我该听谁的?你们俩谁更厉害?谁才是传奇?你,还是范巴斯滕?"

最后伊布拉希莫维奇几乎咆哮着对范加尔喊道:"天啊,我都不知道该怎么做才好了,你都把我整糊涂了!"

五十二　探寻范加尔（13）

重新定义

在上一次和布拉姆·巴克尔见过面后不久，我又一次拜访了他。上次和他交流的时候，我曾经问过他是否会建议范加尔·路易斯寻求心理医生的帮助，他毫不犹豫地回答了"是"。他还告诉我，范加尔的心理有些问题，他是一个有些偏执的人。其实巴克尔没好意思直说范加尔有一些神经质，要是让其他国家的媒体知道荷兰国家队主帅的精神有问题，那可就热闹了。

上次和巴克尔的谈话进行到一半，他就急忙跑出门去接孩子去了。今天我准备继续我们没完成的话题。我问道："除了他的心理有点儿小问题以外，你认为范加尔还有什么更严重的问题吗？比如说，曾经有足球记者声称范加尔是个精神病患者，你认为这是真的吗？"

"不。"巴克尔回答道，"荷兰足球界没人了还是怎么着，还能让个精神病患者当荷兰国家队主教练？范加尔一不缺良心，二不缺心眼，他唯一缺的可能就是和别人相处的技巧……不对，他压根儿就不知道怎么和别人相处，范加尔待人确实强硬，不过他更多是刀子嘴豆腐心。范加尔在道德方面对自己的约束还是比较严格的，有的时候他做错一点小事都会忏悔，前提是他自己觉得自己错了。"

我问道："我和一些曾和他共事过的球员和教练聊过，他们说他喜怒无常，有时候很温柔，有时候又会暴跳如雷，看起来就像是拥有双重人格一样。你觉得他有没有可能患上了精神分裂症？"

巴克尔回答道："绝对不可能。精神分裂症主要表现为一个人拥有两种矛盾的性格和行为，说白了就好比是两个人生活在一个躯体里。精神分裂症也分三种类型：第一种，你会认为这世界上有另外一个你存在，你会和他对话，或者给他打电话，可实际上你所设想的那个'他'是不存在的，你对世界的认知会由于这种精神分裂的情况而出现障碍，这会对你的思维、情感和行为产生很大的负面影响；第二种和第一种类似，你会由于这种类型的精神分裂产生幻觉，并进而导致一系列妄想症状的出现，比如被迫害妄想症、疑病妄想症等；第三种类型则会让你感觉到紧张，你会由于过度紧张从而产生一种紧张的兴奋状态，伴随这种状态你会做出一系列极端行为，而且你自己是无法控制的。参照以上这三种精神分裂症的类型，再看看范加尔，这三种类型他多少都有点儿，可是还远远达不到患病的程度。"

"那他就是有一点儿自恋性障碍。"我猜测道。

"这也不太可能。"巴克尔说道，"范加尔虽然到处得罪人，然而他有一个稳定并且牢不可破的朋友圈，范加尔会同其他人紧紧依附在一起，他们彼此之间会产生一种依赖感，谁没几个知心的朋友呢？可如果范加尔要是有自恋性障碍的话，谁还会理他？就如同坐在友谊之船上的两个朋友，一旦其中的一人关心自己胜过关心对方，那友谊的小船说翻就翻了。至于范加尔，他算不上是自恋，只能说是有些自大或者狂妄而已，虽然他自己不会承认这一点，但是他很清楚他是什么样的人。自恋就不一样了，自恋的人几乎忘了自己是谁了，整天都活在梦里。"

我问道："为什么范加尔在说话的时候总会用第三人称，比如他从来不会说'我很生气'，而是会说'路易斯·范加尔很不开心'。"

巴克尔说道："或许是因为克鲁伊夫就是这样的说话方式？我觉得这没什么，不值得咱们考虑太多。当初范加尔领着国家队去打巴西世界杯的时候，克鲁伊夫几乎天天给《电讯报》撰写专栏批评范加尔的战术太保守，而里面用的都是第三人称，比如：'克鲁伊夫认为范加尔的荷兰队早已不是全攻全守的荷兰队'云云，范加尔可能认为这样说话会让自己显得很特别，也算是对克鲁伊夫的一种回击吧，毕竟每个人都有自己的说话方式。"

巴克尔转身从书架上取了一本他的著作给我，我大致翻了翻，脑海中冒出一个念头："为什么不让他谈谈对我和范加尔产生矛盾的看法呢？"

我把我的想法告诉了巴克尔，巴克尔说："我是这样想的。在最开始，他笃定你是有责任的一方，所以他才会非常地生气。最后你俩的矛盾无法调和并且决裂了。在刚开始，范加尔很满意这样的结果，因为他认为他又一次取得了胜利，而且他觉得他的胜利是理所应当的。可随后他发现他的胜利仅仅停留在道德层面，而在精神层面上，失去你这个朋友又让他感觉到如此地失落，可是他不会回头看过往的故事，他深知你们两个已经决裂了，破镜难圆，覆水难收，所以他不会回头祈求你的原谅，只有继续与你所期望的方向背道而驰。后来你给他寄了那封道歉信，我相信他会仔细地阅读里面的每一个字，我也相信那种感觉一定很复杂。我猜测他非常渴望对你的那封信做出回应，但他又不敢这样做。因为你是一个记者，是他的天敌，一旦他对你说了对不起，就等于将自己的过去全部否决，宣布他在同记者的斗争中完全地落败了。相信我，虽然他没有表示过，但是范加尔在心理上已经向你认错了。"

我说："其实当时我也很生气，因为他本应向我道歉，他误会了我，但是他没有道歉。于是在气头上的我在电视节目上说了很多他的坏话。后来特鲁斯从葡萄牙打来电话，说范加尔看到了我的节目，他对我说的话很生气，也很失望。仔细想想，我们双方都不够冷静，也没有尽快地消除误会，最后误会进一步加大了。"

巴克尔说："没错。在私下里，你们两个是朋友关系，他或许还会向你低头认错。可是在公众面前，你们都有自己的角色，你是记者雨果，他是教练范加尔，你就必须分清什么是工作，什么是生活，二者不能混为一谈。如果你把你们私人的谈话作为新闻素材公布于众，他就会觉得你这个人别有用心，你之所以和他交朋友就是为了从他的嘴里面套话，那样他就不会再信任你了。而在电视上，出于报复心理的你把他的那些小秘密全部抖落了出来，而他对你的信任也就降到了冰点。这件事情你们两个人都有责任，但是你在电视上让他出丑，这事儿办得可不怎么聪明。也正因为这样，他才会更加不信任媒体工作者。"

我又想起当年范加尔在中国接受采访时所说的话："你们总想提出一些具有诱导性的问题，好把我往沟里面带。可是，我！偏！不！上！当！"他似乎觉得自己拆穿了记者们的把戏，因此显得很神气。这大概也是因我而起吧？

我之前猜测过范加尔可能患上了自闭症，我觉得是时候把我的发现……也许说成是"猜测"更加准确，我准备把我的猜测告诉巴克尔，让他分析一下。"通过我的观察，我猜测范加尔可能患上了自闭症中的阿斯伯格综合征。"

巴克尔想了想，说："这倒是有点儿可能。可是这年头儿自闭症都算不上是病了，因为许多人就因为在同别人交流的时候遇到了点儿挫折，就说自己有自闭症。声称患有自闭症或类似症状的人实在是太多了，可他们都没搞清楚自闭症到底是怎样一回事，都有哪些症状。"

看来他还不太相信，我只好把自闭症患者体现的症状当着他的面背了一遍，毕竟我对这方面有所研究。

巴克尔说："你以为他有这些症状就代表他患上自闭症了？听着，他有点儿强迫症，他不擅长社交，他容易发怒，但是这些症状只在他面对你们媒体的时候才会体现出来。在平时，我认为他还是很正常的一个人，一点儿也不像一个有精神障碍的人。"

我和巴克尔聊了许多，最后巴克尔问我："通过我说的这些，现在你明白范加尔是怎样一个人了吧？我对他的分析不知道你能不能完全理解，还是说你只明白了个大概。"

巴克尔的话令我陷入了沉思，我低着头嘟囔道："你分析得很到位，不过你说的这些话我得仔细地琢磨琢磨。"

五十三　哦，路易斯（18）

很受伤

　　约翰·德尔克森的雪茄冒出了一缕青烟，在我的面前缭绕，那根雪茄只剩下短短的一小截了。德尔克森狠狠地吸了一口，然后有些心不在焉地对我说："你知道吗？国家队的新闻官这段时间已经多次拒绝我的采访申请了。在此之前他曾经找到过我，说：'能不能闭上你那张臭嘴？别再在电视上对范加尔品头论足了。'"

　　我没有回话，德尔克森的雪茄很快就抽完了，他又从盒子里面取出一根上好的雪茄，然后慢悠悠地说："看来我的小玩笑，让主教练先生的玻璃心碎了一地啊……"

五十四　世界杯

1. 郁金香雪耻

如果你问我是不是范加尔的脑残粉，那么我想有一段时间，我确实是范加尔的脑残粉。时间也不算久，就在2014年的巴西世界杯上，在圣保罗，范加尔仅用一场比赛就征服了我，自那之后的很长一段时间，我对范加尔的景仰之情就如同滔滔江水，连绵不绝，千言万语都表达不出我对他的崇拜之情。

那一年，范加尔领着一群小毛孩子去打世界杯。那届荷兰队的阵中只有三个大牌球星：罗本，范佩西，还有状态不是很好的斯内德。而在球迷们看来，只有罗本和斯内德才有资格进国家队，其他的球员不是经验不足就是能力不够。

然而范加尔偏不信这个邪，除了用人以外，范加尔坚信，与胜负相比，风格是否华丽、优雅根本不重要，这几乎是对克鲁伊夫战术思想的全盘否定。事实证明了只有偏执狂才能取得成功。2014年6月13日，星期五，荷兰队在范加尔的指挥下以5∶1的比分痛宰西班牙队，一雪4年前决赛失利之耻。那一天是我生命中最美好的一天，此后的很多天我都会找出那场比赛的视频，不厌其烦地观看。我的朋友们对我的这一举动都有些不解，而我还是会像看现场直播一样兴奋，并激动地对我的朋友们喊道："看啊，伙计，荷兰踢了西班牙一个5∶1！"

2. 神　棍

"相信我，同西班牙的比赛结果将会出乎所有人的意料。"在同西班牙的比赛前，范加尔对记者说道。好吧，事实证明，他真说对了。范加尔就像是一个算命先生一样，他会在赛前说出他对一场比赛的预测，起初没有谁会相信他的鬼话，可随后……见鬼，局势还真像范加尔所说的那样发展了。

其实罗宾·范佩西自己对于这场胜利也显得有些难以置信，而范加尔的一语中的更是令范佩西始料未及。范佩西在采访中说："进球的感觉真好。万万没想到啊，主教练的预言成为现实了，我还以为他逗我玩儿呢。"

这是因为你以前没遇见范加尔啊，罗宾。以前与你共事的主教练虽说也都是世界名帅，比如贝尔特·范马尔维克、马尔科·范巴斯滕、阿尔塞纳·温格，还有弗格森爵士，可他们都无法和范加尔相比。都说范加尔是名帅，可主教练只是他的副业，他的主业其实是一个算命先生（好吧，我开玩笑的）。

我是个无神论者，对于那些天天依靠信仰得救的人们，我总是会对他们不屑一顾。上帝？上帝只是人们创造出来用于安慰自己的工具罢了。有的时候人们会说因为上帝，才会有奇迹的出现。可在我看来，一切只不过是偶然罢了，如果真的有奇迹存在，那么缔造者也只会是人类自己。

可或许是由于这场比赛的缘故，范佩西竟然认为范加尔真的能够预测未来。我从未见过范佩西如此惊讶过，小时候他也是一个无神论者，后来他皈依了伊斯兰教，不过那只是表面上的，如果他真有什么信仰的话，可能也只有足球而已。但范加尔这一次让他开了眼界，范佩西如此评价范加尔道："他说到做到，他会提前告诉你某件事情会是怎样一个结果，然后你发现，结果果真如此。"

如果荷兰队真的能在巴西夺得世界杯冠军的话，那范加尔就可能真的封神了。可范加尔取得成功的原因真的是因为这个神棍有预测未来的能力吗？当然不是，那是因为范加尔做的准备要比其他所有球队都要细致，这个世界上之所以有奇迹，真正的原因在于相信有奇迹并肯为之努力的人，比如说范加尔。

我的思绪回到 1991 年，那时范加尔刚刚接受阿贾克斯时任主席阿里·范奥斯（Arie van Os）的邀请，成了阿贾克斯的新任主教练，在新闻发布会上，范加尔笑着对范奥斯说道："恭喜你，主席先生，你请到了世界上最优秀的教练。"

如果在当时看的话，可能人们会认为这不过是范加尔的一句大话罢了。可谁能想到范加尔会真地兑现了自己的承诺，他带队夺得了 1994/1995 赛季的欧洲冠军联赛冠军，又在东京击败了格雷米奥，登上了世界之巅。我们厌恶他的自大，受够了他的虚张声势，对于他的过度自信无可奈何，可是范加尔有狂妄的资本。记者与他水火不容，球员对他又敬又怕，这世界上又有几个主教练能做到他这样呢？

范加尔用自身的经历讲述了一个道理：有些奇迹，只有先去相信才会存在。

3. 和平鸽

自打南非世界杯开幕以来，范加尔还没在媒体面前露过面，这可能也是因为荷兰队也没什么新闻可以报道，范加尔想表现自己也没什么机会。这股平静一直持续到荷兰同西班牙的比赛开始之前。

在比赛中，范加尔在媒体面前又一次大出风头，只不过这一次和以往不同。场边的范加尔一点儿也不急躁，反而很有耐心，他没有对着球场大喊大叫，也没有咒骂，就像一个在织毛衣的老太太那样慢条斯理。等到比赛结束之后，范加尔又恢复了他的本性，他笑得像个傻子一样，比哭还难看。

一时间，所有人都有些懵，这还是那个暴跳如雷，发起怒来如同火山喷发一样的残忍老头儿吗？

我可不认为范加尔是什么凶神恶煞般的人物。反正他肯定没练过功夫，1995 年冠军杯决赛，阿贾克斯对阵 AC 米兰，范加尔飞身就是一脚……当然，他是对着空气踢出了一记弹腿。当时利特马宁在禁区内被 AC 米兰的球员铲得飞了起来，范加尔向裁判示意那是一个犯规，想要一个点球，而裁判并没理睬他，生气的范加尔在第四官员的面前来了一记飞腿，想告诉他利特马宁被飞铲了，这本应该是一个点球。而在今天再来回顾范加尔的那一记飞腿，你一点儿也不会感到暴力，反而会觉得有些可笑。

范加尔奉行"君子动口不动手"的原则，能吵吵尽量不动手，可怜的第四官员可没少领教范加尔的狮子吼，有的时候范加尔的吐沫星子会溅得他们满脸都是，但这是范加尔最为过激的行为了。除此之外他不会碰别人哪怕一根手指头，他对别人构不成任何安全上的威胁，至少范加尔不会用齐达内的招数——头槌去砸对手。范加尔做过的最失礼的一件事也不过就是拒绝和队员握手而已，他实在算不上是一个好战分子。

在大胜西班牙之后，所有的荷兰球迷都沉浸在喜悦和幸福之中，而这幸福正是范加尔带给他们的。这个为他人带来幸福的老头儿，却正孤独地品尝着胜利，他的专注与努力终于为他带来了回报，他证明了自己绝非浪得虚名，我不知道战胜西班牙的那一天，范加尔是否睡了个好觉，但我猜范加尔应该像以往一样，他会很快地从喜悦中走出，继续考虑下一场比赛的战术布置，思考中的范加尔只会考虑足球，除此之外他什么都听不见，什么都看不见，他甚至会忘了地球还在不停地转动着。

范加尔把自己的全部都献给了足球，他从不沉迷于以往的辉煌，也没有时间去考虑足球以外的东西，而是把全部心思放在了比赛上。荷兰战胜西班牙的这场比赛对于他来说只不过是一场普通的世界杯小组赛而已，他不会躺在功劳簿上睡大觉。因为他爱足球，所以他会把全部精力放在足球上，至于名利是非、恩怨情仇、明争暗斗，那不是他所关心的。

综上所述，我认为，如果有人能够解决世界上所有的争端，为这个时代带来和平的话，这个人只可能是范加尔，只有无视所有争端的人才能解决所有争端，他就是那只叼来橄榄枝的鸽子。

当然了，也有可能是我看走眼了。

4. 变　革

　　2010 的南非世界杯开始之前，我曾坚定地站在范马尔维克一边，认为他会带领荷兰队踢出漂亮的足球，对于他的能力，我深信不疑。而在南非世界杯上，荷兰队一路过关斩将，最后杀入了决赛，这战绩看起来还不错，可是他们的比赛风格却着实让我喜欢不起来。在我看来，荷兰队越踢越乱，毫无章法可言，在同巴西的比赛中，荷兰队就被完全压制住了，若不是梅洛自毁长城，恐怕荷兰队没什么机会；而对阵乌拉圭的比赛更是杂乱无章，直到今天，乌拉圭人还对那场比赛怨言颇多，我们没有让他们输得心服口服；至于同西班牙的决赛，那简直就是一场闹剧，场面乱成了一锅粥，毫无章法可言，球员们纯粹是为了踢球而踢球，输了纯属活该。对我而言，输赢不是最重要的，最重要的是要不断地进步，让场面变得更加好看。任何一支球队都值得我们去学习，无论是西班牙、英格兰、德国，还是意大利、葡萄牙，甚至是新西兰都有值得我们借鉴的地方。放弃进步等于自取灭亡。

　　我最喜欢的 4 支队伍分别是参加 1970 年墨西哥世界杯的巴西队、参加 1974 年德国世界杯的荷兰队、参加 1982 年西班牙世界杯的巴西队和 1984 年欧洲杯的东道主法国队。我甚至认为不会有球队踢得像他们那样充满艺术性和观赏性了，现在的比赛风格变得充满功利性。可还有一个人在不断地尝试让球队踢得更加流畅、赏心悦目，那就是范加尔，这也是为何我愿意与他共事的原因。他对于知识的渴望近乎贪婪，对于自己的能力永远不会满足，他会锐意进取，不断地提高自己的水平。这种永不止步的精神使他成了教练当中的佼佼者。

　　南非世界杯结束 4 年之后，荷兰和西班牙在巴西世界杯上再度相遇。在下半场的时候,我终于看到了荷兰队的那股锐意进取的风范,球员们越踢越自信,他们不断地进球并改写比分。当记分牌上的比分定格在 5：1 的时候,我整个人先是一惊,随后立即变得激动起来,因为这才是我梦寐以求的比赛,我的心跳加快,整个人激动得说不出话来,甚至快要哭出来了,我感觉自己是这个世界上最幸福的人。在比赛结束后,我骄傲地听着解说员们对于荷兰队表现的看法,很显然他们也惊呆了。阿兰·希勒说这是一场令人难以置信的比赛;亨利则惊讶地说他根本不敢相信他所看到的一切,简直惊讶得说不出话来;而莱因克尔则激动得不知道说什么好了……

然而这种漂亮的比赛风格并没有持续多久。小组赛第二轮,荷兰在同澳大利亚的比赛中陷入了苦战,罗本率先进球,但蒂姆·卡希尔（Tim Cahill）在一分钟之后闪电般把比分扳平,之后荷兰队踢得畏首畏尾,他们在强壮的澳大利亚人面前束手无策。中场休息的时候,我和其他评论员都认为我们可能无法取胜,甚至想拿 1 分都有些困难。到了下半场,当耶迪纳克（Jedinak）打入那粒点球的时候,我几乎都要绝望了,直到范佩西把比分扳平。幸运的是,我们最终还是赢得了比赛,在全场比赛的第 68 分钟,孟菲斯·德佩（Memphis Depay）一脚机警的远射帮助荷兰队再度将比分超出,我们在袋鼠军团的身上吃尽了苦头,小伙子们一度有些不知所措,好在我们及时调整战术才赢得了最终的胜利。

在赛后的采访中,范加尔认为比赛的胜利应当归功于中场铁栅德容（Nigel De Jong）而不是德佩,他在中场对对手屡次绞杀才使得对手的攻击节奏没有打出来。看了他的采访,我突然觉得他有些陌生。"他也成为那种功利性的主帅了。"我想。但是这一次,我突然理解了他,也理解了范马尔维克。范加尔不可能让每一场比赛都赏心悦目,但他会尽量拿下每一场比赛。虽然做出改变有些难,但是我还是决定,从此不再执着于对场面的苛求,只要范加尔能为我们带来胜利就足够了。

5."有文化是很可怕的"

世界杯期间，国家队的队员们站在训练场上，他们刚刚进行完一场训练赛，荷兰足协的主席范普拉克正准备给他们开个会。

范加尔则在场边蹲下来，他手里拿着"照相机"，看样子他在给他的队员们拍照。当然，范加尔并不是真的在拍照，他只是在摆pose而已，他示意我把他这个姿势拍下来。

不过话说回来，范加尔的手里其实什么都没有，他假装自己手里拿着照相机，看样子，我们的教练想象力还蛮丰富的。

这让我有点儿吃惊，原来范加尔还没古板到一点儿想象力都没有啊。

范加尔生性多疑，可好奇心却不怎么重。他曾说过："我对别人怎么想的不感兴趣，除非那个人或那件事和我有什么直接联系。"可在世界杯期间，他在接受《荷兰日报》的记者特罗夫（Trouw）采访时，说他特地研究了人们的好奇心："每个人都对别人的想法感兴趣，想了解别人是怎么想的，或者想知道别人会怎么做。这样的话他们就可以根据别人的想法来进行自己的计划。好奇心对于一个领导者来说是必不可少的，它将会让你更加容易、直观地管理你的员工。"听听，这话简直像是一个老学究说的。

这番话引起了特罗乌的注意，特罗乌问他是否读过什么文学作品或是哲学书籍。范加尔摇摇头，说："我在学校里只学会了认字，能让我知道试卷上写的是什么就行，其他的课程我觉得都没有什么意义。"

范加尔曾说过，他才不会去读什么小说，在他看来，天天泡在图书馆拿着一本小说看得津津有味的人，都是在浪费时间。他是个现实主义者，几乎无视小说对生活的影响，"里面都是一些不切实际的想象和幻觉，看这种书籍纯粹是在浪费时间。"

然而那一天，范加尔却笑得像小孩子一样，他对我喊道："快！快！雨果，快把我这个姿势拍下来，回头把照片给我！这个姿势让我有一种小伙子们刚刚夺得了世界杯冠军，在拍摄合影的感觉！"

也许是忘了曾经对想象力的不屑一顾，紧接着你就在世人面前展示了自己特殊的拍照技巧，当站在场边时，你会假装手里拿着照相机，在为球员们拍照？这不是自己打自己的脸嘛……

范加尔对于文学不感兴趣，对于绘画却有很浓厚的兴趣。卡雷尔·阿佩尔（Karel Appel）是20世纪荷兰最伟大的印象主义画家，整个荷兰都为他倾倒。只有范加尔对他不屑一顾，范加尔曾经说过："我根本看不懂他画的是什么，他想表达什么我也搞不懂，我还是喜欢那些现实主义画派的作品。"

范加尔到底有没有艺术细胞呢？这一点我也说不好，不过他是荷兰国立博物馆的常客，荷兰国立博物馆被誉为博物馆中的至尊，包罗万象，无所不有。而范加尔这个平时连夜店都不去的家伙，竟会在闲暇之余选择去博物馆来陶冶情操。在世界杯开始之前，荷兰国立博物馆进行了一次翻新，在翻新结束之后，博物馆方面邀请荷兰国家队的球员们前来参观。等球员们到那里后，他们惊讶地发现博物馆的馆长维姆·皮波斯正热情地和范加尔聊着天，他们是老朋友了。而当看见范加尔如数家珍的对博物馆内的藏品进行评论的时候，球员们都懵了。

6. 以父之名

有一天，我去拜访我的母亲。在母亲家的客厅里，我打开了电视："妈，今天有比利时队的比赛！"

看着电视里的比赛，我突然想起了我的父亲。这届世界杯又是我独自一人在看，在以前，他会坐在我的身边和我一起观看比赛，并且时常会对球员的表现进行评价。2008年他去世了，自此以后，电视机前就只剩下我自己的身影，2010年南非世界杯的时候，我自己观看比赛还有一些不习惯，直到现在，我仍然有些不习惯，我还是很想念他。

我想我的父亲会对这届世界杯感兴趣的，每一粒进球都是如此的精彩，范佩西的鱼跃冲顶、罗本的千里走单骑……不光荷兰队，这届世界杯，每一支球队都敢于打攻势足球，这让比赛精彩了许多。德国队的表现最为出色，我猜我父亲一定会对他们大加赞赏，如果他还在世的话。

母亲端来了一杯咖啡，放在了我的面前。看见她那双手，我想起了我父亲的那双手，那双手曾经和范加尔的手紧紧地握在一起。那一次是鹿特丹斯巴达为俱乐部的退役球员举办的欢送派对。范加尔坐在我们旁边的桌子上，正聚精会神地和其他球员一同高声唱着俱乐部的队歌，脸上洋溢着笑容。我的父亲刚开始有些拘谨，但随后他也融入了那群球员之中，和他们一起放声高歌，我记得他很享受那个欢聚的时刻。那次握手是他们第一次握手，也是唯一的一次。

我安静地坐在母亲的身边，和她一起看着电视，在比利时的比赛开始之前，电视里又播放了一段荷兰队的世界杯集锦。

集锦里的范加尔笑对镜头，皱纹爬上了他的脸颊。"他真的老了。"我暗自想道，他的面容变得比以往和蔼了许多，随着时间的流逝，他看起来不再像一个独裁者或是军官，也绝不仅仅是一名主教练那样简单。他的笑容永远地定格在了我的脑海里，他像一位父亲那样慈祥而又从容，就像当初我的父亲一样。

没错，一位父亲，一位细心的、睿智的父亲。对于孩子们的出色发挥，他不吝惜自己的表扬和鼓励；看见了孩子们犯的错误，他会要求他们及时改正；对于孩子们的愿望，他会尽量去满足；对于孩子们的疑惑，他总是不厌其烦地去解释；当孩子们陷入低谷的时候，他会微笑着鼓励他们；当看见孩子们开心的时候，他也会爽朗地大笑起来……他对孩子们的信任变多了，威慑减少了。他慈爱地看着他的孩子们……那群承载他全部梦想的孩子们，包括斯内德、罗本等在内的所有球员，都是他最爱的孩子。

路易斯，你是一个好父亲，我为你感到骄傲。

7. 利特巴尔斯基和沃勒尔

我坐在电视演播室的红色沙发上,身旁坐着的是荷兰国家队的前任主帅范马尔维克。那一天我和他受邀作为评论嘉宾,来为观众们解说世界杯小组赛最后一轮荷兰队同智利队的比赛。

在比赛中,荷兰队的小伙子们踢得有板有眼,十分稳健。尤其是在防守端,他们一次次让智利队的球员无功而返,表现令人印象深刻。在上一场比赛结束之后,我发觉我已经可以忍受范加尔这种功利性的踢法了,而且我发觉功利性踢法与艺术足球原来并不冲突,尽管荷兰队看起来并没有什么进攻的欲望,可他们的配合仍然非常娴熟流畅,让人看起来很舒服。

不过范马尔维克并不这么想,他说:"范加尔抛弃了荷兰足球的传统。"其实 4 年前,他自己也这么干过,他启用 4-2-3-1 阵型,而且效果还不错,只不过在决赛之中这套战术没有继续发挥威力,而荷兰队也陷入了和西班牙队的苦战,并最终丢掉了冠军。相比范加尔,范马尔维克在变阵方面还是稍逊一筹。

范加尔对于每一名球员的了解都非常深刻,而他手下的荷兰队要比以往任何一支荷兰队都更注重团队配合,就拿罗本和范佩西来说。罗本的速度已经没法和当年的他相比,但他的团队意识已经有了显著的改变;而范佩西在对球的掌控、防守的意识、突破的时机等方面已经很成熟了,现在的罗本和范佩西之于荷兰队,就如同当年的利特巴尔斯基或是沃勒尔之于德国队一样,是真正的球队大脑。面对卫冕冠军西班牙,正是他们二人联手,加上其他球员的配合,才掀翻了斗牛士们。现在的荷兰队,踢得更像德国队。

我把我的想法告诉了范马尔维克,他耸了耸肩说道:"是啊,这种风格的比赛可不像荷兰人能踢得出来的。"

比赛进入到了下半场,范马尔维克指着屏幕说道:"你看,智利队已经有些吃透荷兰队的打法了,不过荷兰队应该也会对对手的打法有所了解了吧。"

荷兰队又获得了几次机会,可惜都没有把握住。

比赛进行到第 77 分钟的时候，费尔接队友的传球高高跃起，把球砸进了球门。范马尔维克有些赞许地说道："我曾搞不明白范加尔为什么会用费尔来顶替斯内德，现在我明白了。费尔的身高很有优势，这球进得很漂亮。"

在终场之前，孟菲斯·德佩接罗本的传球再次打入一球，荷兰队 2 ∶ 0 取胜。

范马尔维克无奈地摇摇头："真是功利主义足球的胜利啊……"说完，他咧着嘴笑了。

我一句话也没说，转身又坐回到沙发上——我懒得理他。

8. 足球理念

以下言论出自我们荷兰主帅的金口，摘选自 2009 年出版的两册装图书《路易斯·范加尔——传记与见解》：

"有的时候，我甚至怀疑自己是'美丽足球'的创始人。进一步说，如果球队的表现很糟糕，无论我们最终获胜与否，我都不会感到开心的。"

"我总会另辟蹊径，因为我把足球比赛的质量看得比什么都重要。在我看来，所谓的比赛质量等同于攻势足球。"

让我们先澄清一件事：路易斯·范加尔可不能把这些话"栽赃"到传记作者的头上。这些言论来自迄今为止唯一一本关于范加尔的书，而该书也获得了范加尔本人的正式授权。也就是说，这些言论是范加尔本人授意发表的。

还有许多类似的言论供君"鉴赏"：

"我对古斯·希丁克的战术风格丝毫不感冒。"

"只要我是主帅,球队的战术风格就只有一种:攻势足球。换句话说,我会选择更困难的比赛方式。"

"我希望自己带领的球队被人们铭记。我希望人们会这样评价我的球队:这些球队踢得很漂亮,他们是伟大的球队。他们的战术风格让人难忘。"

"我觉得1974年的那支荷兰队比1988年的那支荷兰队要好得多。……1988年的那支荷兰队违背了我们的足球传统;我对他们的战术打法丝毫不感兴趣。"

"1988年,荷兰队踢爱尔兰队的时候,我正在比尔特霍芬跟一群体育学院的朋友打垒球。这说明了一切。这说明那场比赛对我来说有多么的无聊。"

"我这个人挺奇怪的,我对那些靠龟缩足球赢得比赛的球队没有什么好感。"

9. 运 气

荷兰队击败了智利队。替补出场的费尔(Leroy Fer)和孟菲斯(Memphis Depay)用两粒进球帮助荷兰队取得了开赛三连胜。赛后,阿尔扬·罗本在接受荷兰主持人杰克·范吉尔德(Jack van Gelder)采访时,用一个非同寻常的词组来评价范加尔对胜利的直觉,这也引起了观众们的兴趣。现在该轮到我们的荷兰主帅接受采访了。

范吉尔德的第一个问题是一句评论。我们都很清楚,范加尔不喜欢这种提问方式。

范吉尔德说:"恭喜您啊,路易斯·范加尔。刚刚罗本告诉我一件新鲜事。他说您的运气总是很好。"

路易斯听后,脸上闪过了一丝不易察觉的恼怒之色。他思考了一会儿,给我的感觉就是从巴西传到荷兰的电视信号延迟了5秒钟。

之后,范加尔做出了一个绝妙的答复。就像罗本连过对方三名后卫一样,既致命又从容。

"我还真不知道这事,"路易斯答道,他沉思了一会儿,"特鲁斯可从来没跟我提起过。"

我听后立即放声大笑。演播室里的所有人也都笑作一团。

这证明范加尔可以三思而后行。

这证明范加尔还是有幽默感的。

这证明他甚至能够自嘲。

10. 变　通

一位比利时记者正通过电话就荷兰队偏重防守一事对我进行询问。他问我荷兰队的战术打法是否可以称为"荷式 4-3-3"?

好吧,我觉得这比"破坏性足球"听上去要友好一些。"荷兰队现在的打法是对荷兰传统打法的一种冲击。"我答道,"您知道,我对这种打法也还没有完全适应呢。"

他问我是否对范加尔的战术打法表示反对。

"呃……不……反对可说不上。"

话已出口。我居然说出了这种话。显然我正处于一种转变之中。这是一个被迫适应的过程。它正将我逐步驯化。估计再过 3 个星期,我就要喜欢上橙色避孕套了。

但我不明白,像范加尔这样的人,他的理念怎么会发生这种 180 度转变呢?整个巴西世界杯期间,我都在琢磨这件事。一个圣战分子怎么会失去自己的信仰呢?

在前妻费尔南达悲惨离世之后,路易斯选择了离经叛道。他不想再与这个无缘无故"赐"人癌症的上帝有任何瓜葛。

我不禁自问，过去几年中，范加尔的职业生涯究竟发生了什么重大变故？他为何如此毅然决然地背离了自己旧日的足球信仰？

《图片报》将荷兰赢下智利的比赛称作一场不光彩的胜利。这群该死的德国人！但反对他们的观点也确实需要一些勇气。对阵智利的比赛中，荷兰队的控球率仅为37%。

曾几何时，范加尔的球队空有63%的控球率，却最终输掉了比赛。曾几何时，范加尔极具讽刺意味地批评对方球队根本不是来踢足球的，却只能得到对方主帅"我对此丝毫不感兴趣"的回复。

现在，却轮到范加尔去扮演那些满不在乎的"对方主帅"了。对于路易斯，也对于我自己的想法，我都感到很困惑。如果自命清高的路易斯·范加尔都能摒弃自己的教条，我又为何不能喜欢上他全新的足球风格呢？

11. 孟菲斯

在他自己看来，他的父亲早已不存在了。这也是他为何不愿再身穿印有加纳姓氏的球衣上场比赛。他球衣上的名字是孟菲斯，不是德佩。也许他的父亲的确很糟糕，但就这样把父亲的印记从脑海中抹去真的好吗？我在表示怀疑的同时也尊重孟菲斯的决定。这是他自己的人生。

年轻的埃因霍温球员孟菲斯·德佩在巴西世界杯上获得认可并不断闪光，对此我并不感到惊奇。另一个"父亲"以荷兰国家队主帅路易斯·范加尔的身份走进了他的人生。这对孟菲斯和路易斯来说都是好事。缺少父爱的孟菲斯终于有了一个发泄内心感情的窗口。

我希望孟菲斯能有朝一日再度回到范加尔的羽翼之下。与非亲生父亲的重聚对于孟菲斯来说一定是一段美好的经历。他是一个颇有个性的小伙子，需要一道严格的凝视的目光和一个冰冷的发号施令的声音。我发誓，如果让孟菲斯在范加尔手下效力半个赛季，他就会身穿印有"范加尔"姓氏的球衣骄傲地奔上球场。

12. 克鲁伊夫主义

"雨果，你在电视上说这是一个时代的终结，我倒觉得可以换个说法。"

电话里是弗雷克·德容格的声音。这位荷兰左翼公知正行驶在回家度假的路上。电话里传来呲呲啦啦的杂音。"弗雷克，您刚刚说什么？"

"我再说一遍，"弗雷克说道，"这是克鲁伊夫主义的终结。现在范加尔才是荷兰历史上最好的主教练。"

"但是……"我刚想插嘴。

弗雷克把我的话拦了回去："别再说什么美丽足球了，雨果。你不就是想说这件事吗？美丽本身并不是目的。在足球领域，美丽只是一种达成目的的方式。有些人为了艺术而艺术，拒绝用对于胜利的真实渴望去替代他们不切实际的浪漫。"

弗雷克的话还在继续，我的脑中却猛地蹦出一个词语——渴望！用这个词来总结范加尔带领的荷兰队再适合不过了。渴望。这是一支贪得无厌、冷酷无情的荷兰队。他们有着最多的犯规数，最快的跑动速度和最精彩的进球。

"我们仍然是约翰·克鲁伊夫的信徒，"弗雷克说道，"但这只是因为我们不敢承认，路易斯·范加尔才是我们真正的上帝。"

他这句话的意思是：是时候让那些陈腐的东西见鬼去了。"你还记得世界杯之前最后一场对阵威尔士队的友谊赛吗？"弗雷克说道，"有一个画面是克鲁伊夫和他的老队友沙克·斯瓦特（Sjaak Swart）坐在看台上说笑。他们依仗着自己光辉的历史，嘲笑着眼前这支表现糟糕的荷兰队。这就是幸灾乐祸。

这是胜利者的特权。"

我们的弗雷克一向很欣赏自己的妙语连珠,而他刚刚的一句话也的确引起了我的共鸣:"克鲁伊夫主义的终结。"

13."向您致哀"

荷兰队刚刚在点球大战中击败了哥斯达黎加队,这要归功于范加尔用扑点专家蒂姆·克鲁尔(Tim Krul)换下一号门将贾斯帕·西莱森(Jasper Cillessen)的决定。此时,我正在等待一条来自特鲁斯(特鲁斯·范加尔)的短信。

事情的起因是这样的。就在小组赛最后一场对阵智利的比赛结束后一分钟,我的手机响了。那是一条来自特鲁斯的短信,这让我始料不及。

上面写着:"向您致哀!!!"

世界杯期间,她给不少记者都发过类似内容的短信。她这样做的主要原因是:谁敢抨击哪怕是批评荷兰队的防守战术,谁就是跟路易斯过不去。谁敢跟路易斯过不去就是跟特鲁斯过不去。

作为一个不可治愈的浪漫主义者,我在被"驯化"的道路上走得十分艰辛。我正试图为路易斯怪异的 1-5-3-2 阵型在荷兰足球史中找到一个合理的地位,不过很显然,特鲁斯可没有这个耐心。但我以童子军之名起誓,特鲁斯,我真的开始发现这种足球中所蕴含的美感了。活力足球也好,荷式 4-3-3 也好,无论人们怎么称呼它。随着世界杯的逐渐深入,我开始慢慢接受并喜欢上了范加尔的技战术安排。我当然能理解他采用这种打法的原因。当紧急情况(比如你的球队中有太多平凡的球员)出现时,你不能墨守成规。我也必须承认,我有时会被荷兰队的这种打法深深地打动。漂亮!罗本又带球冲刺了 60 码。我很想看看尤塞恩·博尔特能否做到这些。

这回我没有再收到特鲁斯的短信。估计是因为她已经表明了自己的观点。

现在，我们只需要去无条件地认可这种由范加尔创建的崭新足球法则。弗雷克，这位曾经同为浪漫主义足球拥护者的国民公知，如今也已正式改旗易帜。

14. 平　反

我曾非常希望身为足球记者的瓦伦丁·德里森能在世界杯期间让路易斯·范加尔彻底爆发一次。不过他至今没能做到。

在荷兰日报《电讯报》的体育版中，德里森和他的老板亚普·德格鲁特（Jaap de Groot）仍在坚称这支荷兰队的踢法有问题。不得不说，随着离决赛越来越近，他们的抗议也显得越发无力。让人意想不到的是，就在荷兰队赢得与墨西哥队的肉搏战后几天，人们发现《电讯报》的头条变成了："路易斯·神加尔"，还有用粗体写着的："整个世界都在赞扬荷兰主帅。"

过去几十年里，这份平民主义报纸都在自己设立的神龛前膜拜约翰·克鲁伊夫。克鲁伊夫本人也经常作为特邀评论员为该报体育版撰写专栏文章。现如今，该报的读者们都紧紧团结在以范加尔（克鲁伊夫的死敌）为领导的荷兰国家队周围。这让这份固执己见的报纸处于尴尬的境地。

该报采取的应对方案也可谓出人意料：《电讯报》的责编和体育版的编辑们开始各行其是。在该报的第3页，距离挑衅意味十足的体育版文章较远的地方，有这样一份社评："国家队主帅范加尔和他的教练组成员理应受到赞扬。他们成功地将这支荷兰队捏合成了一个充满自信和对胜利有着无限渴望的整体。主帅基于自己对足球的深刻理解和丰富的国际大赛经验采取了非常规的战术打法。目前，他已经证明了自己的领导力和职业素养。"

天啊！他们居然如此不吝自己的溢美之词！那些家伙居然能说出这种话，这无异于给范加尔平反。时隔两年（我说什么呢？范加尔受到该报的鞭挞讨伐可不止两年了），路易斯·范加尔终于战胜了他的挑衅者——《电讯报》，或者更准确地说，是《电讯报》的体育版。

德里森和德格鲁特继续在体育版面喋喋不休，他们将荷兰队比作一个全靠核心球员扛着走的投机分子，说他们的领袖球员一旦累倒，他们就将难逃被淘汰回家的命运。

约翰·克鲁伊夫也为《电讯报》撰写了一篇专栏文章，里面甚至都没有提到路易斯·范加尔的名字。路易斯的死敌在整个世界杯期间都没有表现出应有的风度。

前任荷兰主帅马尔科·范巴斯滕（2004—2008年在任）的评论也很有意思。8年之前，他曾抨击范加尔是"统计学而论过去20年中最差的荷兰主帅"，而如今他却公开表示范加尔理应获得赞誉："毫无疑问。他是主帅，他要负全责。在场上扭转比赛的是球员，但他也起到了关键的指导作用。范加尔的执教能力被一遍又一遍地证明，我们不需要担心路易斯的能力。"

范加尔的声誉再次得到恢复。并且，发表这些言论的又是范加尔的"肉中刺"《电讯报》。这届世界杯给荷兰国内留下了深刻的记忆。而它还没有结束。

15. 尖　刻

世界杯期间，曾有许多外国同行给我打来电话。其中一个曾特地让我谈一下那些跟路易斯·范加尔交恶的球员。我的答案自始至终都没有变，这些球员用两只手就能数得过来。

请准备好你的手指吧：

1. 卢卡·托尼（"范加尔的确有种。这太疯狂了。"）

2. 里瓦尔多（"我为范加尔感到遗憾"以及"他嫉妒我赢得了世界杯冠

军，而他甚至都没有杀入决赛圈。"）

3. 卢西奥（"在足球世界里，范加尔伤我最深。"）

4. 吉奥瓦尼（"范加尔根本不懂足球。"以及"他是病态的，他有点儿神经病。"）

5. 温斯顿·博加德（"范加尔在他自己和周围的世界之间筑成了一堵墙，他永远不会向别人敞开心扉"。还有他曾当着范加尔的面说："你就是个变态狂！你个禽兽。"）

6. 克莱伦斯·西多夫（Clarence Seedorf）（"这是我事后才知道的：我本以为他是个讲诚信的人，结果根本不是那么回事……对于安排我打替补，他的解释含混不清，总是拐弯抹角，想法让其他球员开心。简而言之就是玩一些可悲的小把戏。对此我无法忍受"以及"他接人待物的方式让我觉得他毫无信用可言。"）

在30多年的职业生涯里，范加尔执教过大概1000多名球员。如此看来，这些尖刻的言论实在微不足道。我想知道参加2014年巴西世界杯的这23名荷兰球员是否会发表以上类似的言论？我想不会的，毕竟就连已经身为教练的西多夫对范加尔的看法相比于他授权撰写的传记也有了微妙的不同。

16. 好孩子

事前，人们有理由感到些许担心。毕竟球员们都精力过剩，即便是那些毛都没长全的第三门将都想在场外"破门得分"。加之巴西的那些沙滩女孩们又都"花开待折"，似乎为发生某些事情做足了铺垫。这不禁让人瞬间想起了"大咖"罗马里奥（Romario de Souza Faria）的爆料。他曾告诉传记作者罗杰·林赛（Rodger Linse），他在职业生涯中曾"阅女"过千，其中大多数是巴西女孩。

2000—2001年，在范加尔首掌国家队帅印时，他曾将一名保安人员补充进了工作团队。"我这么做有自己的理由，"范加尔在传记中如是说道，"我听说有球员曾在1998年法国世界杯半决赛前，以及2000年荷兰欧洲杯半决赛前偷偷溜了出去。我可不允许这种事情再度发生。我鄙视这种不专注于比赛的传统。"

那位保安人员的工作很难做。范加尔的首次国家队主帅经历以彻头彻尾的失败而告终，其中一部分原因就是球员们性欲难禁。但现在情况不同了。

"我不需要控制他们的人身自由，"路易斯·范加尔曾在接受广播一台（Radio 1）采访时说道，"我没对他们搞过什么突击检查。如果要我拿他们跟我之前执教过的球队相比……"

这太令人不可思议了。巴西世界杯期间，球员们居然只跟自己的老婆或女友过夜，没有人在外乱搞。这届世界杯似乎打破了荷兰队的每一项"传统"。不过荷兰队"无冕之王"的美誉倒还在继续。

17. 去死吧浪漫

今天的报纸上，一个标题吸引了我的眼球——《去死吧浪漫》。我这些日子醉心于足球，先入为主地将这个标题与4-3-3阵型，与不断进攻以及给对手施压联系在了一起。但我错了，这是一篇关于性爱的采访。

"浪漫主义的观念认为，性爱应该是美好恋情的象征：如果恋爱双方如胶似漆，性爱是水到渠成的。不过在大多数情况下，事情根本不是这样。"这是埃斯特·佩瑞尔（Esther Perel）的观点，她是一位旅居美国的比利时裔心理学家。她曾著有一部名为《情色智慧》（*Erotic Intelligence*）的书，"这是一部有关恋爱和性的可读性很强的作品"，其中有一部分关于禁欲夫妻彼此相爱却很少甚至从未发生性关系的记载。

在采访中，佩瑞尔继续说道："浪漫的故事总是美妙的，但就像你总有一天会知道圣诞老人是虚构的一样，你总有一天也会发现那些浪漫主义的观点只是水月镜花。这对我们西方社会有着深远的影响。人们以前曾羞于谈及自己的性生活，而如今大家认为没有性生活才值得羞愧。性欲缺失的危机普遍存在于那些浪漫主义盛行的地区。这是一场全球范围内的危机。"

这些理念也适用于路易斯·范加尔吗？我对此表示怀疑。这位心理学家说："如果一个人感到焦虑、卑微、渺小或是一事无成，他的性欲就会受到影响。"那么，如果一个人感到强大、成功……路易斯已经跟德国电视台说过了，他和特鲁斯的性生活很和谐。

我之所以写下这些东西，主要原因是这届世界杯让我开始思考"美丽足球"是否也是一种无益的意淫。路易斯和他的全新战术理念让我们——至少是我——开始有了这种想法。

我现在只是觉得他应该对我们这些外行人解释一下，他的理念为何会发生这样的转变。他究竟何时才能给出一个正式的解释呢？当然，他没有义务向任何人"汇报工作"。他的防守足球已经为他正名。况且，启用 1-5-3-2 的战术体系也并不代表他完全违背了自己的足球理念。看来我的"驯化"过程已经结束了。我现在已经能够理解，这支荷兰队无法驾驭其他更漂亮的打法。

但我们是荷兰人，有刨根问底的习惯。我们需要一个官方的解释。"范头儿"不仅仅需要向自己手下的球员们解释这些问题，也需要给我们这些无知大众一个说法。

我现在就能想象出那样的情景：在从巴西归来之后，路易斯·范加尔在全国媒体代表面前举行一次新闻发布会："这种怯懦的，有时甚至是极端的战术体系绝对不该在荷兰队身上重现。就像我们应该教育自己的孩子永远不要学苏亚雷斯（Luis Suarez）咬人一样，我们也应该尽一切努力防止他们效仿我采用的这种 1-5-3-2 体系。只有在极端特殊的情况下（比如欧洲杯，世界杯或是冠军联赛的赛事中），这种战术才可以被原谅。而且这种战术只能使用 18

岁以上的成年人。把这届世界杯从你们的记忆中抹去吧。我们之所以这么踢，只是因为罗宾、阿尔扬和我不想丢脸。多谢大家的关注。"

18. 几　乎

我有些不知所措。这是世界杯的半决赛，而我突然发现范加尔居然没有应急预案。鉴于荷兰队在本届世界杯中的表现，这实在让人难以置信。

荷兰队与阿根廷队的比赛还是0∶0的僵局，路易斯已经专注于寻找愿意第一个罚点球的球员。摄像机镜头捕捉到了他的举动。我们能看到他的动作，听到他的声音。第一个点球主罚者的人选依旧不明朗。看着真折磨人。

另一个难题是，贾斯帕·西莱森不得不肩负扑点的重任。我们已经无法再使用最后时刻换门将的妙计了。克鲁尔没有上场的机会了。对阵哥斯达黎加时第一个罚点球的范佩西已经在90分钟结束后被亨特拉尔（Klaas-Jan Huntelaar）换下。范加尔希望亨特拉尔能扮演超级替补的角色，在加时赛中破门得分。但亨特拉尔也无法改变比赛。现在是点球决胜时间，而身材高大、令人生畏的蒂姆·克鲁尔只能跟我们一样成为看客。演播间里，我和我的同事都有不好的预感。蒂姆·克鲁尔带来的心理优势如今开始反噬其主。你几乎能看出阿根廷人的想法：荷兰人自己都不觉得西莱森能扑出点球。

我们的希望又寄托在了罗本身上。他是点球主罚名单上的排在第二位的球员，路易斯应该会把他的主罚顺序前移一位。也许罗本不想，或是不敢作为那个首开纪录的人。连他都拒绝做第一个点球操刀手。

最终，第一个站在12码点前的是罗恩·弗拉尔（Ron Vlaar）。他整场比赛发挥极为出色，这点毫无疑问。但那些头球和滑铲此时也派不上用场了。他射失了。

我的思绪突然转回到荷兰与西班牙比赛的赛后采访，兴奋不已的罗宾·范佩西将自己的世界杯归功于范加尔的先见之明。

范加尔的先见之明在世界杯赛中一直发挥着重要作用，直到半决赛对阵阿根廷的第 90 分钟。

去他妈的。决赛泡汤了。

有些自以为是的家伙会说："至少我们不用面对德国队了。"

不过我们同时也失去了首次问鼎世界杯的机会。

路易斯，我们原谅你了。这是一次快乐的经历，几乎可以算得上完美了。

19. 荷兰体系 2.0 版

世界杯赛中的荷兰队很少能表现得如此有活力，如此有纪律性，如此平衡，如此强韧。他们曾在 3 场比赛中处于弱势地位却最终获胜。团队精神——荷兰队什么都不缺，但却经常忘记团队精神的重要性。球员们为了彼此将自负撇在一旁。他们毫无怨言地坐上替补席，绝不挑起事端。而他们的忠诚也受到了奖励，所有 23 名球员都获得了上场的机会。范加尔的换人明智且果决。我们在这届杯赛中控球时间很少，但重要的是，只要我们想夺回球权我们就能做得到。甚至我们似乎曾一度掌握了点球决胜的秘诀。但最终，点球点还是成了我们与决赛之间的分隔符，我们的旅程也戛然而止。

我很清楚，相比于其他主帅，路易斯·范加尔率领他的弟子为这届世界杯做了更多的准备。他并不是完人，当然不是。路易斯不是弥赛亚，不是上帝，也不是上帝之父。

这支荷兰队十分强调防守，几乎时刻保持着 5 人的防守体系。这并不是我们所熟知的荷兰体系。也许我们可以将其称为荷兰体系 2.0 版。因为在世界杯期间，我们曾多次向世人展示出足球中最纯粹的快乐。荷兰队在防守反击中绽放出了夺目的光辉并多次依靠防反战术破门，这也是屯兵后防进而在前场创造空间的必然结果。

宁可在美丽中失败，也绝不丑陋着获胜。这曾是我不可动摇的座右铭。但随着世界杯的进行，我为它打下的牢固根基开始动摇，它变得摇摇欲坠。最终，它在荷兰与墨西哥队的比赛结束之后彻底坍塌。我仍然记得自己对儿子说："就这一次，这次我想尝尝世界冠军的滋味。"

这届世界杯给了我一双发现防守艺术的眼睛，而我们荷兰人在足球场上并不擅长防守。这很奇怪，因为防守其实就植根于我们民族的基因之中。多少个世纪以来，我们都在不断修建堤坝水库。正是凭借着在防御工事上的天赋，我们才能一次次地战胜奔涌而来的洪水。那些洪水泛滥的国家都来向我们取经，由我们这些治水高手帮助他们建立防守。

防守没有丝毫的美感可言。这是我另一句口头禅。现在我想做一些补充：也许防守并不美丽，但它却可以让人铭记。弗拉尔那些精妙绝伦的抢断，他在危险区域冻结梅西所用的技巧，德弗赖（Stefan De Vrij）盯人时的招数，以及克鲁尔"鬼封门"般的防守。

这是我们从本届世界杯中学到的最重要一课：从现在起，我们荷兰人也能把防守做到最好。这是路易斯·范加尔作为荷兰主帅所做出的最大贡献。他的贡献给荷兰足球的传统又添上了浓墨重彩的一笔。

《电讯报》仍在吹毛求疵，他们抱怨范加尔一直都只是一个学习者："他不像克鲁伊夫或瓜迪奥拉那样有创新精神，他只是一个见招拆招的人。"他们要么是看走眼了，要么就是不愿意放弃那些心胸狭窄的成见。因为路易斯·范加尔既是创造者，也是学习者。

如今，范加尔本人在面对理想主义的抨击或道德批判时只会耸耸肩一笑而过。这届世界杯上，范加尔告诉大家："足球中的一切都已被发明，根本没有什么新鲜的东西。"

五十五　哦，路易斯（19）

我真该死

"足球中的一切都已被发明，根本没有什么新鲜的东西。"

在我整理自己的办公室时，我又想起了自己与精神病专家布拉姆·贝克的对话。感觉那都是上辈子的事儿了。

"也就是说，这一切都是因为他年少丧父？"在贝克家中，我坐在主人的对面小声嘀咕着。

精神病专家重复道："那是一切的源头，时至今日，它依然有一定的影响。"

突然，我想起路易斯的母亲曾说过的一句话。2000年，在接受新闻周报《自由荷兰人》（*Vrij Nederland*）采访时，她曾说："孩子，如果你的父亲能活着看到现在的情况。哦，他肯定会说你干得棒极了。"

天啊！

我立即将范加尔授权的传记从书架上取下，又看了一遍该书的第一章：童年。我个浑蛋！一段我在动笔之前几乎没有注意到的文字跃然于我的眼前。

"我们父子之间几乎没有时间和机会进行一次透彻的谈话。"

这话给人的感觉就像一个主帅眼睁睁看着自己球队被对手碾压后的失望，而不是在假装漠不关心或是根本对这个问题没有兴趣。难道不是这样吗？

"我仍然能记得父亲的样子。他总是大清早就起床，很晚才回家，我对此记忆犹新……他工作时间很长，也十分努力。"

路易斯·范加尔工作时就是这个样子。他总是十分拼命地工作。他们父子简直太像了，范加尔在努力模仿自己的父亲。我是因为不小心才忽视了这些内容吗？抑或我只是对它视而不见？

这还有另一段："我只有在复活节、圣灵降临节和圣诞节的时候才被允许晚睡，因此我对父亲的印象主要就集中在这些节日里。他是我们的'训导员'，塑造我们的生活和灵魂……在他的影响下我喜欢上了棋类游戏和卡牌游戏。他十分严格。就像我曾经说过的那样，每个人在他的生命中都负有一定的义务，他需要去履行这种义务。"

这让我想起了路易斯·范加尔在斯巴达、阿尔克马尔、阿贾克斯、巴塞罗那和荷兰国家队组织过的那些节日晚会。

再看这一段："之后我有了自己的孩子，我跟父亲的做法完全相同，组织大家一局接一局地玩牌，直到孩子们都玩烦了。"

路易斯·范加尔就是在扮演跟自己短暂相处的父亲。

"啊，午夜弥撒。之后那个清晨，还是小孩子的我坐在那里看着父亲和哥哥们玩牌。我仍然能记得那个情景，真是太美好了。"

路易斯·范加尔如今仍愿意跟朋友们玩牌。莫非那些玩牌的夜晚让范加尔联想到了过去的时光，联想到了家的感觉？

这里还有最后一段："父亲很爱他的孩子们，他是一个铁腕的形象；他的存在使得家中既充满温馨又严守道德标准。"

好吧，我真该死！范加尔所描述的父亲形象其实就是他本人，处处都有路易斯的影子。

五十六　黄昏终点站

拿破仑与特拉维斯·比克尔

世界杯结束后 5 天，我窝在鹿特丹机场的椅子上。距离飞机起飞还有 45 分钟。我将偕妻子和亲爱的儿子一起飞往葡萄牙度假。"你自己在那儿嘀咕什么呢？"妻子面带戏谑地问我。

我知道如今在机场里提到跟可燃物有关的词汇是犯忌讳的，但我还没来得及把话拦住，它就已经脱口而出："这次没有爆发。"

妻子的表情从戏谑变为了困惑。

"我是说范加尔！他在世界杯赛中居然一次都没有失控过。"

"亲爱的，这都一整个夏天了，只要是有关范加尔的事情，某人都会一件不落地说给我听。"她叹道。

我的兴致却并没有因此减弱，又给她讲了一件她未曾听闻的轶事。这件事我自己也是刚刚听说："有天晚上，路易斯在进入球场时忘戴他的世界杯认可证了。他将它忘在了大巴车上。荷兰国家队的其他成员都顺利步入了球场，路易斯却被保安拦住了。他生气了吗？根本没有！路易斯对保安说他做得很对，然后转过身去，走回大巴车里，将他的认可证戴在了脖子上。"

妻子耸了耸肩，她似乎不怎么感兴趣。

她的漠不关心逼我打出了王牌。

"那你知道路易斯为什么能在整个世界杯期间保持冷静吗?"

"为什么?"她假装很感兴趣地问道。

"特鲁斯!"我喊道,"是因为特鲁斯!"

我将那天早上从电话中听到的内幕讲给了妻子。我的"线人"告诉我,特鲁斯曾在世界杯之前请求,或者说是乞求路易斯不要在巴西乱发脾气。她对路易斯解释说,虽然他可以对自己乱发脾气的后果不管不顾,但她却要去承受人们的品头论足。她求路易斯为了她收敛一下脾气,尽量保持冷静。

"路易斯听进去了,他允许特鲁斯表达出自己的感受,之后也居然照办了。他是为了特鲁斯才将脾气收敛了起来!"

我充满期待地看着博斯特夫人。"所以说,男人听老婆的话总是没错的。"她说道,"我要去趟厕所,帮我看着点儿包哈。"

自我牺牲是一种高尚的行为。飞机已经升入云霄,我的思考还在继续。但当你身处如此重压之下,一切就不那么简单了。身为荷兰队主帅,范加尔只需要在两个月的时间里保持冷静。而他跟曼联的合同长达三年之久,路易斯到了英格兰之后,是否能再接再厉呢?

一个范加尔身边的消息源向我保证:"路易斯现在已经意识到,对人友善一些是有甜头可尝的。"

假设路易斯真的能将那些恼火和委屈憋在肚子里,难道他就不会突然崩溃吗?我想我们都清楚,当一个人的委屈和怒火积累到一定程度时,他就需要发泄一下心中的压力。永远不要打碎了牙齿往肚子里咽。路易斯一直在服用心脏病药物。我也是。在这种情况下,你不能过于在乎别人的看法。也许他可以时不时地释放一下自己内心的愤怒。

"你这就算自相矛盾了。"在我跟博斯特夫人分享自己的想法时,她慢慢放下书说道。六英里的高空中,她用严厉的眼神盯着我。儿子坐在靠窗的座位上安静地听着音乐。多年以来,我一直在说:"他也该学着为自己的行为负责了。"现在却一时冲动,给路易斯偶尔发发火开了后门。

我试着转移话题,掩盖自己的错误:"但是如果无法在英格兰看到一个完整的路易斯·范加尔,那岂不是一件很遗憾的事情吗?毕竟范加尔的那些怒火可以在全球范围内引起轰动的。"

"我们在度假呢,亲爱的,能别提那个人的事儿了吗?"

"好吧,好吧。我自己已经下决心了,不用你再提醒我了。"

妻子温柔地轻抚了一下我的膝盖以示安慰,然后继续读书。

我现在觉得自己真的已经把这一页翻过去了。在我探寻路易斯·范加尔真实内心的旅程中,我心中的伤痕也得到了治愈。积怨已了。我的父亲,我个人专属的"科菲·安南",一定会为我感到骄傲。

我希望路易斯一切顺利,希望他能够将曼联重新建设成世界上最好的俱乐部。我已不需要他的道歉。只有记仇的狂妄年轻人才会去要求别人道歉。而我已经 52 岁了,干吗要跟自己过不去呢?现在这样就挺好的。

妻子看了我一眼,见我心事重重的。"要不你听点儿音乐,亲爱的?"她说。

希望路易斯能加把劲,多活几年。我内心深处还是想知道,生活到底会如何对待路易斯。执教曼联之后,在他最后的时光里究竟会发生些什么?他会在阴冷潮湿的祖国荷兰和阳光明媚的葡萄牙海滩之间来回奔波吗?他会像自己曾不止一次承诺过的那样,跟特鲁斯一起享受与世无争的安静时光吗?

路易斯是一位天生的斗士,他能够从与老友们玩牌,与博纳文图拉打高尔夫,照顾孙辈,为慈善事业筹款这些事情中汲取到快乐和满足吗?

纵观他的整个职业生涯,路易斯一直在跟年轻人打交道。他想让他们变得更优秀,想帮助他们成长,刺激他们,给他们设置挑战。莫非这些事情就要这样结束了吗?有些教师会选择早早退休,而有些教师则会诲人不倦,一直工作到 65 岁。他们会对学生进行单独辅导,或是到处担任代课老师。对于这些教师来说，教学就是他们的生命。我觉得路易斯就是这样的人。纵马四方，挥洒激情是约翰·克鲁伊夫的风格。而路易斯则是那种"春蚕到死丝方尽"的人。

至于宗教信仰，路易斯早就已经下定了决心。我觉得他应该不会再重新回到教堂里了。在他内心深处，他一定有这样的想法：我才是我自己的神。

他会去执教其他的俱乐部吗？他会去别的国家担任主帅吗？甚至他是否能够在曼联俱乐部待满三年？在拜仁慕尼黑，他与俱乐部发生的正面对抗让他丢掉了工作。而与亚历克斯·弗格森爵士（Sir Alex Ferguson）发生冲突的事情也不是完全没有发生的可能。

在我探寻范加尔思想和灵魂本质的旅途上，我总会问"旅伴"们一个问题：范加尔的结局究竟会如何？

比利时剧院导演卢克·帕西弗认为，范加尔最终会是一个被放逐者的形象："他这一辈子都是拿破仑，他的结局也会是拿破仑式的。这也是他的魅力所在。"

喜剧演员提奥·马森说："我喜欢类似于电影《出租车司机》（Taxi driver）中特拉维斯·比克尔（Travis Bickle）的角色。这类人可以称作美丽的输家。范加尔是一个丑陋的赢家，因此他也是一个美丽的输家。"

"路易斯·范加尔没有自甘平凡的能力。"精神病专家布拉姆·贝克信誓旦旦地说。"我们对此已经十分了解。他心中藏着的那个巨人，时刻准备着逃出他的身体，向世人展示自己的强大。他永远无法拒绝这种诱惑。"他继续说道，"路易斯·范加尔很难改变自己。因此他的夫人可谓责任重大。她是否能让他变得足够冷静？冷静到说出：'我这辈子已经够成功，是时候该退下来休息休息了。'这样的话。抑或他对于工作所带来的压力是如此沉迷，沉迷到他将最终马革裹尸？恐怕那种想被人依赖的渴望会一直缠着他。这本身就是一个悲

五十六 黄昏终点站

剧,你在用一辈子的时间去填补一个几乎无法填补的缺口。失去的东西再也无法找回了,缺乏认可这种心理问题真的很难治愈。"

飞机已经开始倾斜着降落。我向窗外望去。数以百计的小游泳池在我眼前闪闪发光,我的身体开始不由自主地放松起来。一阵倦意向我袭来。我开始渴望一把阳光躺椅,开始渴望防晒霜的椰子味,开始渴望一次足底按摩,开始渴望读一本闲书。想到自己在接下来几周的时间里都不用再把手指累成筷子,心里不禁涌出了一阵幸福感。

而路易斯呢?世界杯结束后3天,他就开始了在曼联俱乐部的工作。我即将享受在葡萄牙的假期,而他却带领着新接手的球队飞到了北美洲。他会在飞机上翻开自己的笔记本电脑。他会阅读,他会沉思。他已经为自己的新俱乐部制订了合适的战术。我的天啊,他哪来这么旺盛的精力?他也将再次面对记者们的簇拥,就像海鸥簇拥着拖网渔船飞行,以为范加尔能把沙丁鱼扔进海里。只有这样一个傻瓜,他在过去几年之中每天都在思考关于范加尔的问题,却最终选择了放手。

谁知道呢,也许在未来三四年的时间里我会给他打电话的。我相信自己能要到他新的电话号码。在这件事上,我的同事克里斯·范尼纳滕也许就义不容辞了。我将会问问路易斯,他是否能救救我们的老俱乐部斯巴达队,它现在已经是一片废墟了。也许他能来这里担任足球总监,抑或成为一个投资者?在曼联的三年任期内,他将拿到240万欧元的巨资,只要从中拿出一部分钱来就足够收购荷兰这家历史最悠久俱乐部的全部股份。我想求他帮助斯巴达队——这家他在近30年离开的俱乐部,这家曾经震惊欧洲的西鹿特丹黑马重现荣光。如果路易斯·范加尔愿意挽救鹿特丹的命运,我甚至乐意将我写书用的手献给他,助他一臂之力。

呃……仔细想想,要不还是献给他右手的小指吧……

致 谢

＊＊＊

首先，我要感谢愿意为本书提供素材的每一位受访者。他们在用自己的思想为这本书添砖加瓦的同时也很耐心地听我念叨范加尔的事情。

我还要感谢金·范哈德维尔德（Kim van Hardeveld），金·李邑（Kim Lee Yap），斯蒂芬尼·霍根博克（Stephanie Hoogenberk），柯尔特·韦斯特曼（Koert Westerman），莱奥·维赫尔，马特·菲利普斯（Matt Phillips）以及大卫·勒克斯顿（David Luxton）。我最要感谢的是本书杰出的编辑哈明克·梅登多普（Harminke Medendorp），声名卓著的译者大卫·多尔蒂（David Doherty）。除此之外，我要特别感谢好友西蒙·库珀给我的鼓励。

参考资料

***

书籍类：《我在阿贾克斯的日子》（*Mijn jaren bij Ajax*）——路易斯·范加尔；

《路易斯·范加尔——传记与见解》（*Louis van Gaal, Biografie en Visie*）——罗伯特·胡克尔斯；

《路易斯·范加尔与他的执教理念》（*Louis van Gaal, de man en zijn methode*）——马尔滕·梅耶尔（Maarten Meijer）；

《孤独的冠军》（*De eenzame kampioen*）——埃德温·温克尔斯；

《克鲁伊夫的政治》（*De coup van Cruijff*）——门诺·德加兰（Menno de Galan）；

《转瞬即逝的生命——罗伯特·恩克的悲剧》（*Robert Enke, Een al te kort leven*）——罗纳德·伦；

《我，兹拉坦》（*Ik, Zlatan*）——兹拉坦·伊布拉希莫维奇与大卫·拉格克兰茨（David Lagercrantz）；

《鹿特丹斯巴达的职业足球史》（*Sparta Rotterdam In het betaalde voetbal*）——Z.W. 萨沙（Z.W.Cassa）与 J.P.E. 斯诺克（J.P.E.Snoek）。

报刊与杂志：《通用日报》，《硬草皮》，《埃姆兰时报》（*Gooi-en Eemlander*），

《渴望自由的民族》(*Het Vrije Volk*)，《镜报》(*The Mirror*)，《新闻回顾》(*Nieuwe Revu*)，《新鹿特丹商报》，《新竞技》，《风景》(*Panorama*)，《假释》(*Het Parool*)，《职业竞技》(*ProSport*)，《鹿特丹小报》(*Rotterdams Nieuwsblad*)，《电讯报》，《忠诚报》，《国际足球周报》以及《荷兰人民报》。

电视与媒体:《足球工作室》(NOS 电视台)，《国际足球》(RTL7 电视台)，2003 年荷兰与白俄罗斯比赛赛后分析 (SBS6/Infostrada 电视台) 以及《沿线》(NOS 电视台)。

网络: You Tube 网站上一些关于范加尔的视频资料。